영미문학 산책

김현숙 지음

신아사

머리말

이 책은 영문학과에 입학한 신입생들에게 영미문학에 대한 관심을 불러일으키려는 목적에서 기획되었다. 영문학과에 들어온 학생들은 대체로 영어를 좋아하고 잘 해보겠다는 마음은 많은데 막상 영미문학 작품에 대해서 별로 많이 알고 있지 못한 것이 현실이다. 그래서 문학 수업을 할 때면 서로 원활한 소통이 잘 되지 않는 때가 많아 늘 안타까운 마음이 들어서 학생들이 상급학년이 되어 본격적으로 문학을 공부하기 전에 영미문학에 대한 기본적인 소양을 쌓게 하고 싶어 이 책을 기획하게 되었다.

이 책의 제목을 "영미문학 산책"이라고 한 것은 재미있는 영미문학 작품을 가벼운 마음으로 돌아보면서 산책하듯이 슬슬 기웃거려 보기도 하고, 또 좀 깊은 생각을 할 기회도 만들어보려는 의도에서다. 대부분 소설 작품을 선택한 이유는 본인의 전공이 소설이기 때문이기도 하고, 분량이 많은 소설에 학생들이 쉽게 접근할 수 있도록 도움을 주기 위해서이다. 학생들이 번역본 소설을 읽는 것을 전제로 하되 영상을 통해서도 그 내용을 알 수 있도록 기왕에 영화로 만들어진 작품을 선정했다. 19세기부터 현대까지의 작품을 선택해서 큰 주제별로 나누었고, 각 작품의 시대적 배경, 작가소개, 줄거리 소개, 작품 비평, 원작의 영상작품 소개, 토론 주제 등을 실었다. 막상 책을 완성하고 보니 더 포함하고 싶은 작품도 있고 손볼 부분도 있어 틈틈이 수정하여 보완할 기회가 있기를 바라며, 이 책을 통해 학생들이 영미문학에 대한 도움을 얻는다면 그만큼 보람을 느낄 듯하다.

2012년 가을

저자 김현숙

목차

Ⅳ. 인종적 정체성과 갈등

Ⅴ. 인간과 비인간의 갈등

I.
여성과 결혼

1장
제인 오스틴: 『오만과 편견』

● 오스틴 시대의 사회적 배경

제인 오스틴Jane Austen(1775-1817) 소설의 배경이 된 시기는 18세기 후반에서 19세기 초이다. 당시의 국왕은 하노버Hanover 왕가의 조지George 3세로 그는 1760년에서 1820년까지 60년간을 통치했다. 그러나 왕이 광기를 보이자 황태자Prince of Wales가 섭정이 되어 1811년부터 조지 3세가 사망한 1820년까지 통치했는데, 이 시기를 섭정기the Regency라고 한다. 황태자는 1820년에 조지 4세로 등극해서 1830년에 사망했으며 왕위를 이을 적자를 남기지 못해 동생인 윌리엄William 4세가 1837년까지 통치하였다. 그러나 윌리엄 4세 역시 적자를 남기지 못하고 사망하자, 이미 세상을 떠난 에드워드Edward 공작(조지 3세의 넷째 아들)의 딸인 빅토리아Victoria(1819-1901)가 1837년 18세의 나이에 여왕으로 등극하여 1901년까지 통치하게 된다.

오스틴이 살던 시기는 유럽에 정치적으로 중요한 사건이 많이 발생했던 혼란스러운 시기였다. 1776년 미국 식민지는 전쟁을 일으켜 영국으로부터 독립을 선언했다. 1789년 프랑스에서는 시민들이 왕정을 전복하고 공화정을 수립하는 시민혁명을 일으켰으나 혁명의 어수선한 과정에 평민 출신인 나폴레옹Napoleon이 프랑스의 황제로 집권하여(1804년) 왕정이 이루어진다. 이후 나폴레옹이 유럽전역을 상대로 정복전쟁을 일으키자 영국은 주변 국가들과 연합하여 프랑스에 대항하는 전쟁에 돌입하게 된다. 영국은 1815년 워털루Waterloo 전투에서 나폴레옹을 물리치고 그를 세인트 헬레나Saint Helena 섬에 감금하여 긴 전쟁을 끝내게 된다.

경제적으로 이 시기는 변화와 발전의 시기였다. 영국은 1750년대부터 공장의 산업화를 촉진시켰고, 원자재를 제공하면서 동시에 생산물을 소비해 줄 식민지를 계속 확장하여 유럽에서 가장 부강한 국가로 입지를 굳히게 된다. 그런 한편 경제적 발전을 추구하는 과정에 생긴 부작용도 적지 않았다. 농업 중심의 경제에서 산업 중심의 경제로 변하면서 소작지를 잃은 농민들이 일자리를 찾아 도시로 몰려들었고, 기계로 인해 일자리를 잃은 장인들은 1811년과 1812년 기계를 파괴하는 럿다이트 폭동Luddite Riots을 일으켰다. 1815년에는 곡물법Corn Law 반대운동이 활발하게 일어난다. 자국의 농산물을 지키기 위해 외국의 농산물에 높은 관세를 매기는 곡물법으로 인해 서민들은 비싼 값에 농산물을 사야했고 많은 농토를 가진 지주들만 이익을 누렸기 때문이었다. 이런 부작용은 19세기 중반이 되면서 더욱 심화되어 극도의 빈부 차이로 인한 계층간의 갈등이 심화되면서, 영국은 부자와 빈자의 나라인 "두 개의 나라Two Nations"로 나누어져 있다는 비판을 받게 된다.

문화적으로도 이 시기는 전시대와 획기적인 변화를 모색하는 격동의 시기였다. 18세기는 신에서 인간에 이르는 모든 존재가 하나의 큰 질서를 이루고 있다는 "존재의 대 사슬The Great Chain of Being" 개념을 근본적인 철학으로 삼았으며 이성적인 사고를 중시하던 시대였다. 그러나 1798년 윌리엄 워즈워스William Wordsworth는 사무엘 테일러 콜리지Samuel Taylor Coleridge와 함께 『서정담 시집*Lyrical Ballads*』을 출판하면서 이성이 아니라 인간의 감성을 중요한 개념으로 내세웠다. 18세기의 문학관은 문학을 훈련된 재주로 여기면서 일상 언어와는 격이 다른 시 언어가 따로 있다고 본 반면, 워즈워스는 문학에서 가장 중요한 요소는 인간의 상상력이며 보통사람이 쓰는 평범한 언어가 곧 시언어가 될 수 있다는 혁명적인 선언을 하면서 낭만주의 문학을 이끌었다.

오스틴이 소설을 쓰던 19세기 초반은, 정치, 경제, 사회, 문화적으로 이처럼 격동의 시기였지만, 그런 격동적이고 개혁적인 분위기와 더불어 18세기의 보수적인 질서관이 여전히 공존했다. 오스틴의 소설에서도 그 시대의 양면적인 성향이 잘 드러난다. 워즈워스 같은 작가의 낭만주의 문학에 관심을 보이지 않은 오스틴은 이성과 질서를 중시하는 18세기적인 세계관을 고수하고 있는 보수적인 작가인 듯 보이지만, 한편으로는 계층의 경계가 무너지는 격동의 현실을 민감하게 기록하면서 시대의 변화를 그려내고 있다.

● 젠트리 계층의 결혼

오스틴이 소설에서 주로 다루는 계층은 젠트리Gentry 계층이다. 19세기의 영국의 계층은, 왕, 귀족, 젠트리, 요먼Yeoman(소지주, 자작농), 중산층Middle class, 농민(소규모 자영농과 소작인), 일용노동자(도시, 농촌) 등으로 구별된다. 그 중 귀족의 수는 단지 수백 명에 불과하고 장자에게만 작위가 상속되므로 그 수가 늘어나는 일이 거의 없이 한정되어 있어 영국사회에 크게 영향을 끼치지 못한다. 대규모로 농사를 짓는 자영농인 요먼 계층은 나중에 중산층에 흡수된다. 중산층은 19세기 중반 이후로 수적인 면에서나 영향력 면에서 크게 힘을 얻게 된다. 그러나 19

세기 초반의 영국에서 가장 영향력이 있는 계층은 젠트리 계층이었다. 스스로도 젠트리 계층에 속했던 오스틴은 당대 사회의 중심을 이루던 젠트리의 삶을 주로 그리면서 당대 사회를 조망한다.

영국의 독특한 계층인 젠트리 계층은 귀족과 중산층의 사이에 있는 계층이다. 젠트리는 귀족의 작위는 없지만 대체로 큰 저택과 영지를 가진 지주 계층이다. 이들은 시골의 대저택에 거주하며 토지를 소작인에게 임대하여 소작료를 받거나 현금자산의 이자를 받아 수입을 얻는다. 영국은 이자율과 소작률이 오랜 기간 동안 일정했으므로(연 5%), 1년의 수입을 알면 이들의 전체 재산을 짐작할 수 있다. 젠트리 계층의 남자는 젠틀맨gentleman이라고 하며 이들의 주 업무는 집안의 재산을 관리하는 일이다.[1] 젠틀맨은 영지를 관리하는 것 이외에 다른 직업을 갖지 않는 것이 당연했으나 점차 직업을 가지는 젠틀맨이 늘어난다. 이 계층에서는 장자상속제를 통해 장남에게 저택과 영지 등의 부동산을 전부 다 물려주어 집안의 규모를 원래대로 온전히 유지하려고 했다. 재산을 상속받지 못한 차남 이하의 아들들은 동산만 상속받았으므로 주로 법정변호사barrister, 군인, 목사 등의 점잖은 직업을 가져야 했다. 그러나 그 직업에서 나오는 수입만으로는 젠트리 계층의 여유로운 삶을 누리기에 충분하지 않을 경우가 많았으므로, 이런 남성들은 지참금을 많이 가져올 수 있는 여성과 결혼하기를 희망하는 것이 보통이었다.

젠트리 계층의 여성은 저택이나 대지 등의 부동산 상속에서 배제되는 것이 보통이었고[2] 직업을 가지고 경제적인 활동을 하는 것도 거의 불가

1 영지의 구체적인 관리는 집사와 같은 관리인들이 하지만 주인이 집사를 잘 감독하지 못할 경우에 많은 문제가 생긴다. 젠틀맨의 미덕은 자신의 영지를 얼마나 잘 관리하는지에 달려 있었다.

2 당시 유행한 한정상속은 딸들에게 토지와 저택이 물려지지 않게 하는 제도이

능했기 때문에 결혼을 잘 하는 것이 안정된 생활을 영위할 수 있는 거의 유일한 길이었다. 여성이 지참금을 많이 물려받은 경우는 결혼할 때 절대적으로 유리했지만 지참금이 별로 없는 경우는 상당히 불리한 처지에 처하게 된다. 이런저런 이유로 결혼에 성공하지 못한 여성은 곤란한 처지에 놓이게 된다. 오빠나 남동생이 있어 그에게 기대어 살 수 있으면 그나마 다행이지만 그렇지 못하면 하녀나 다름없이 경시되던 가정교사로 생계를 도모하거나, 아니면 가난한 독신여성의 비참한 삶을 이어가야 했다. 당시의 여성에게 결혼은 인간답게 생존하기 위한 중요한 발판이라고 해도 과언이 아닐 것이다. 따라서 젠트리 계층의 여성의 연애와 결혼을 주로 다루는 오스틴의 소설이 여성의 생존의 문제를 심도 있게 다루는 장이 되고 있는 것이다.

● 제인 오스틴 소개

제인 오스틴은 1775년 영국의 햄프셔 주에서 태어났으며 국교회 목사인 아버지의 영향으로 일찍부터 책을 읽고 글을 쓰는 생활을 했다. 그녀는 얼마간 기숙학교에 다니기도 했으나 주로 집에서 아버지의 가르침을 받았다. 1805년 바스Bath에서 아버지가 세상을 떠나자 남은 가족은 몇 번의 이사를 한 후 1809년 오빠인 에드워드가 마련해 준 초턴Chawton의 작은 집에서 살게 된다. 이곳에서 오스틴은 언니 커샌드라Casandra와 함께 독신으로 살면서 오빠 가족과 자주 왕래를 하며 안온한 생활을 즐겼으며, 마음껏 글을 썼고 자신의 소설이 출판되는 것도 보게 된다.

다. 할아버지 대에서 아들에게 재산을 물려주면서, 손녀만 있을 경우에 재산을 친척 남성에게 물려주도록 조건을 다는 제도이다.

오스틴은 1797년 22세가 되던 해에 『첫인상*First Impression*』이라는 제목의 소설을 완성해서 가족에게 읽어 주었다. 이 이야기가 마음에 든 아버지는 출판사를 하는 친구 커델Cadell에게 원고를 보내어 출판해 볼 것을 제안했지만 거절당했다. 이후 오스틴은 『첫인상』을 대폭 수정해서 『오만과 편견*Pride and Prejudice*』이라는 걸작으로 출판하였으니 커델의 거절이 문학적으로는 오히려 다행이라 하겠다. 이후 오스틴은 『이성과 감성*Sense and Sensibility*』(1811)을 "어느 숙녀"라는 익명으로 자비로 출판하며, 『오만과 편견』(1813), 『맨스필드 파크*Mansfield Park*』(1814), 『에마*Emma*』(1816)를 차례로 출판했고, 『노생거 애비*Northanger Abbey*』와 『설득*Persuasion*』은 그녀가 죽은 해인 1818년에 출판된다. 오스틴은 심한 병에 걸린 오빠 헨리Henry를 간호하며 무리한데다 그가 파산하자 충격을 받아 건강이 악화되었다. 그녀는 『샌디턴*Sanditon*』을 마무리하지 못한 채, 1817년 43세의 나이로 언니 커샌드라의 팔에 안겨서 숨을 거두었다.

당대 뿐 아니라 현재까지 독자의 변치 않는 사랑을 받고 있는 오스틴은 한때는 경험이 적고 폭이 좁은 여류소설가로 폄하되기도 했다. 오스틴이 살던 당시는 프랑스 혁명이나 나폴레옹 전쟁 등 유럽 전역에 큰 영향을 미친 사건들이 많았던 격동기였다. 그러나 오스틴의 소설에서는 그런 역사적 현실이 거의 드러나지 않은 채 젠트리 계층의 결혼이야기만 등장하기 때문에 역사적 현실에 대한 인식이 부족하다고 여겨졌던 것이다. 사실 오스틴은 지엽적인 역사적 사실을 구체적으로 묘사하는 것에 집착하지는 않지만, 등장인물들이 급변하는 사회적 상황 속에서 갈등하고 변화하는 모습을 그려내어 진정한 역사적 흐름을 통찰하는 리얼리스트로서의 역량을 보여준다. 오스틴은 남녀의 결혼 이야기를 통해 개별 인물의 구체적인 삶을 박진감 있게 그리면서 18세기 후반과 19세기 초의 사회의 변화를 예리하게 통찰하기 때문이다. 그러므로 오스틴은 여성의 좁은 경험 속에 갇혀있는 작가가 아니라 자신의 경험을 이용하여 역사적 현실을 우리 눈앞에 생생히 재현시키는 작가이며, 찰스 디킨즈Charles Dickens, 조지 엘리엇George Eliot, 헨리 제임스Henry James, 조셉 콘래드Joseph Conrad, D. H. 로렌스Lawrence까지 이어지는 영국소설의 위대한 전통[3]을 시작한 작가로 여겨진다.

● 『오만과 편견』 줄거리

베넷 가족The Bennets이 살고 있는 롱본Longbourn의 이웃에 있는 네더필드Netherfield 저택을 돈 많은 미혼 신사, 찰스 빙리Charles Bingley가 임대했다는 소식에 베넷 부인은 흥분한다. 베넷 씨에게는 딸만 다섯이어서 베넷 씨가 죽고 나면 한정상속으로 인해 이 저택과 토지는 먼 친척인 콜린즈 씨Mr. Collins에게 상속되므로 가족들은 집을 내주고 떠나야 한다. 베넷 씨는 딸들에게 줄 지참금을 충분히 모아두지도 못한 상태이므로 불안한 베넷 부인은 부자인 빙리와 딸 하나를 꼭 결혼시키려고 계획한다.

무도회에서 빙리가 제인 베넷Jane Bennet에게 눈에 띄게 호의를 베풀자 베넷 부인은 두 사람의 결혼이 확정된 듯이 즐거워한다. 빙리와 함께 온 다아시Darcy가 빙리보다 훨씬 더 부자라는 소문이 돌면서 그도 집중적인 관심을 받지만 말이 없고 거만한 태도 때문에 곧 이웃들은 그를 냉

3 영국의 비평가 리비스F. R. Leavis는 영국에는 러시아의 톨스토이와 같은 위대한 역량의 소설가는 없으나, 위에 언급한 일군의 작가들이 영국소설의 위대한 전통을 이루고 있다고 평가한다.

담하게 대한다. 다아시는 빙리에게 엘리자베스 베넷Elizabeth Bennet이 같이 춤추고 싶을 정도로 예쁘지 않다고 하는데 우연히 그 말을 들은 엘리자베스는 다아시에게 반감을 가진다. 반면, 만나는 기회가 많아지면서 다아시는 명랑하고 지적이고 재치 있는 엘리자베스에게 매력을 느끼게 된다. 제인이 빙리 양의 초대를 받아 네더필드로 가다가 비를 맞아 독감에 걸려 네더필드에 머물게 되자 언니를 간호하러 간 엘리자베스도 피치 못해 거기서 머물게 되고 이때 다아시는 더욱 엘리자베스의 매력에 끌리게 된다.

롱본을 방문한 콜린즈는 엘리자베스에게 청혼했다가 거절당하자, 자신을 위로하는 샬롯 루카스Charlotte Lucas에게 청혼하여 허락을 받는다. 평소 샬롯을 현명한 친구라고 여기던 엘리자베스는 샬롯이 멍청하고 자만심에 가득 찬 콜린즈의 청혼을 받아들인 것에 충격을 받는다. 엘리자베스는 잘 생긴 장교 위컴Wickham을 새로 알게되어 그에게 매력을 느낀다. 위컴은 자신이 다아시와 잘 아는 사이라며 그의 비인간적인 행위를 얘기해준다. 위컴의 진실성을 믿는 엘리자베스는 다아시의 인간성과 도덕성까지 의심하며 더욱 다아시를 싫어하게 된다. 그러던 중 제인과 좋은 관계를 지속할 것 같았던 빙리가 일행과 함께 갑자기 네더필드를 떠나자 제인을 비롯한 롱본 가족은 우울해진다.

엘리자베스는 콜린즈와 결혼한 샬롯의 집에 초대를 받아 방문했다가 그 영지의 주인인 레이디 캐더린Lady Catherine을 방문하는데 그곳에서 레이디의 조카인 다아시와 마주쳐 다시 사교적인 만남이 시작된다. 다아시는 더욱 엘리자베스를 좋아하게 되지만, 엘리자베스는 다아시가 빙리를 부추겨서 제인과 헤어지게 했다는 것을 알게 되면서 극도로 분노한다. 마침 그때 다아시가 찾아와 그녀의 낮은 위치에도 불구하고 자신의 사랑을 도저히 억누를 수 없었다며 청혼을 하자 엘리자베스는 단호하게 거절하고 언니와 위컴의 일에 대해 그를 비난한다. 그러나 다아시가 쓴 편지를 받아보고 위컴이 거짓말을 했다는 것을 알게 된 엘리자베스는 자신의 편견을 반성하고 부끄러움을 느끼며 다시는 다아시를 만날 일이 없기를 바란다.

외삼촌인 가드너 부부Mr. and Mrs. Gardner를 따라 더비셔Derbyshire로 여행하던 엘리자베스는 외숙모의 청에 따라 다아시의 펨벌리Pemberly 저택을 구경하다가 갑자기 돌아온 다아시와 마주쳐 당황하지만 정중하게 예의를 지키면서도 친절한 다아시의 모습에 마음을 열게 된다. 서로의 호감이 느껴질 무렵 엘리자베스는 막내인 리디아Lydia가 위컴과 야반도주를 했다는 편지를 받고 급히 집으로 돌아가면서, 다아시야말로 진정 자신이 사랑할 수 있는 사람이라는 것을 깨달았는데 이런 수치스러운 일이 생겼으니 이제는 정말로 두 사람의 관계는 끝이라고 절망한다. 그러나 다아시가 도피했던 위컴과 리디아를 찾아내어 결혼을 성사시켜주었으며 자신의 판단이 실수라는 것을 인정하면서 빙리와 제인을 다시 만나게 해 주자, 엘리자베스는 다아시의 사랑을 확인하며 다아시의 두 번째 청혼을 받아들인다. 결국 베넷 부인은 짧은 기간에 세 딸을 결혼시키는 행운을 낮게 되어 그녀의 노력의 결실을 보게 된다.

● 『오만과 편견』 비평

오스틴의 소설은 젠트리 계층을 주로 다룬다. 같은 젠트리 계층이라해도 그 재산과 집안의 내력에 따라 서로 큰 차이가 있다. 『오만과 편견』에서 대저택과 연 10,000 파운드의 수입을 내는 영지가 있는 다아시가 맨 위의 층에 있고, 그 다음이 작위와 큰 영지가 있는 레이디 캐더린, 상업으로 돈을 벌어 연 5,000파운드의 수입이 있는 빙리, 연 2,000파운드 수입의 베넷 씨, 상업을 해서 시골에 저택을 마련한 루카스Lucas가문, 집사의 아들인 위컴,[4] 상업을 하는 가드너 씨에 이르기까지 다양한 계층이 있으며 이들의 차이는 상당히 크다. 따라서 젠트리 계층 내에서도 재산이나 지위에 따른 차이는 큰 것이며 이들 간의 결혼은 중요한 사회적 갈등을 드러낼 수 있는 계기가 된다.

결혼은 젠트리 계층의 여성에게 중요한 기회로 작용한다. 결혼을 통해서 안정된 정착을 할 수 있기 때문이다. 적당한 액수의 지참금이 없는 여성인 경우에는 결혼하기에 상당히 불리하며, 혹시 결혼하지 못하는 경우는 남자형제의 집에 빌붙어 살면서 살림을 도와주거나 아니면 가정교사로 나가야하는 한정된 선택의 기회가 있을 뿐인 비참한 삶을 살게 된다. 『오만과 편견』은 이런 상황에 처한 여성들이 어떤 선택을 하는지를 탐구하면서 당대 여성의 삶의 현장을 포착하고 있으며 동시에 건전한 삶의 방식에 대한 탐구를 이루어가고 있다. 우리는 엘리자베스 베넷과 샬롯 루카스를 통해서 오스틴의 견해를 살펴 볼 것이다.

베넷 부인에 대해서 오스틴은 "그녀의 평생의 사업은 딸들을 결혼시키는 것이었다"[5]라고 묘사하면서 베넷 부인의 과도하고 때로는 주책없는 모성을 풍자한다. 그러나 베넷 부인의 행동은 제대로 된 삶을 영위하기 위해서는 결혼을 잘하는 것이 필수적이었던 여성들의 보편적 절박성을 대표하는 것이다. 여성에게 결혼은 생존을 건 "사업"이었던 것이다.

---

4 위컴의 아버지는 다아시 집안의 집사인데, 전직이 변호사라는 것에서 알 수 있듯이 엄청난 자산을 다루기 위해서는 법적인 문제나 경제적인 문제에 있어 상당히 전문적인 지식이 필요했으므로, 위컴 씨는 집사이기는 하나 젠트리 계층에 속한다.

5 Jane Austen. *Pride and Prejudice*. Ed. Donald J. Gray (New York: Norton, 1966), 3. 이후는 인용문 옆에 쪽수만 표시함.

아이러니로 유명한 『오만과 편견』의 첫 문장인, "재산깨나 있는 독신 남자에게 아내가 꼭 필요하다는 것은 누구나 인정하는 진리이다"(1)라는 묘사는 풍족하지 못한 아가씨들은 돈 많은 독신남을 꼭 잡을 필요가 있다는 진리를 역설적으로 강조한다. 그래서 베넷 부인은 빙리가 이웃에 이사 온다는 소식을 듣자마자, "엄청난 재산이 있는 총각이래요. 연 수입이 사, 오천은 된대요. 우리 딸들에게는 얼마나 잘된 일이에요"(1)라며 반가워하며, 베넷 씨는 베넷 부인의 주책을 비웃으면서도 아내가 시키는 대로 빙리를 방문하는 것이다.

샬롯 루카스는 엘리자베스가 "지각 있고 똑똑한 아가씨"(11)로 인정하며 가장 좋아하는 친구이지만 아주 현실적이다. 그녀는 "좋은 교육을 받았지만 재산이 없는 아가씨에겐 결혼이 유일한 명예로운 생활 대책이고, 결혼이 가져다줄 행복 여부가 아무리 불확실하다 해도 결혼이 가장 좋은 가난 예방책임이 틀림없다"(86)고 믿으면서 결혼을 인생 최대의 목적으로 삼고 있는 여성이다. 샬롯은 재산이 없을 뿐 아니라 심지어 예쁘지도 않고 나이도 27세로 이미 노처녀가 되어버린 상황에서 남동생에게 얹혀사는 독신녀가 되지 않기 위해서는 결혼만이 유일한 해결책이라는 점을 잘 알고 있기 때문이다. 따라서, "남자나 혼인관계 그 자체를 중시한 것은 아니었지만, 결혼은 언제나 목표였던"(86) 샬롯은, "다른 마음 없이 순전히 정착하려는 욕구"(85)에서, 엘리자베스에게 거절당한 콜린즈에게 접근하여 다정하게 위로해 주다가 그의 청혼을 받게 된다. 그런 점에서 샬롯은 결혼을 경제적 고려의 대상으로만 생각하는 대표적인 여성이다.

이런 샬롯을 어떻게 보아야 할까? 콜린즈는 우스꽝스러울 정도로 우둔하면서도 부를 가진 자에게는 굴욕적일 정도로 아첨하고 자신에 대한 그릇된 오만으로 가득 차 있는 사람으로 풍자된다. 이런 남성을 남편으로 선택한 샬롯을 우리가 긍정적으로 보기는 힘들다. 작가의 공감을 받고 있는 엘리자베스는 샬롯의 선택에 대해 눈앞에 있는 안정만을 찾는 이기심에서 비롯된 것이라고 비판하면서, 아무리 여성이 열악한 처지에 있더라도 편안한 가정을 구하겠다는 욕구만으로 결혼하는 것은 비도덕적이라고 여긴다. 콜린즈의 아내가 되어 있는 샬롯을 상상만 해도 "정말 창피스러운 그림"(88)이라고 엘리자베스가 말할 때 우리 독자도 엘리자베스의 의견에 공감하면서 샬롯의 결혼을 비판적으로 보게 된다.

그러나 샬롯과 콜린즈의 결혼을 "정말 창피스러운 그림"으로 무조건 비판할 것인지는 다시 생각해볼 필요가 있다. 어쩌면 아직 20세이며 뛰어난 미모의 엘리자베스는 27세의 노처녀이며 예쁘지도 않은 샬롯이 꼭 결혼해야 하는 절박한 처지라는 것을 실감하지 못하고 간과하는 것은 아닐까? 엘리자베스와 달리 샬롯의 가족은 모두 그녀가 결혼하게 된 것을 몹시 반가워한다. 부모님은 샬롯에게 지참금을 주지 못하는데도 그녀가 결혼하게 된 것을 기뻐하고, 남동생은 부양할 책임이 없어져서 좋아하고, 여동생은 언니가 결혼한 덕분에 자신이 더 빨리 사교계에 나가서 청혼 받을 기회가 생긴 것을 기뻐한다. 샬롯의 결혼 생활도 그리 불만스러워 보이지 않는다. 샬롯은 남편이 주로 정원에서 일을 하게 장려하여 그와 함께 있는 시간을 줄이면서, "자기만의 방"에서 조용하고 안정된 시간을 많이 보내는 자신의 삶을 만족스럽게 생각한다. 샬롯의 결혼 생활을 직접 목격한 엘리자베스는, 처음과는 달리, 샬롯의 결혼이 "신중함이라는 관점에서 보자면 확실히 아주 잘한 결혼인 것도 사실이지요"(123)라고 다소 유보적인 판단을 한다. 이런 묘사를 보면 작가 오스틴은 여성들이 자신의 감정적 진실을 억제한 채 안정적인 삶을 살기 위해 어떤 남성이라도 붙잡을 수밖에 없는 현실을 잘 파악하고 있으며 또 연민을 느낀다는 것을 알 수 있다.

그러나 오스틴이 여성의 열악한 현실을 잘 파악하고 있으며 또 그 상황에서 나름대로 현실적인 선택을 하는 여성을 이해한다고 해서 그런 선택을 한 여성의 도덕성까지 합리화하는 것은 아니다. 오스틴은 샬롯과 같은 여성의 보편적인 상황에 대한 이해를 하는 것과는 별도로, 샬롯과 마찬가지로 힘든 상황에서도 자신의 도덕성과 정체성을 지킬 수 있는 선택을 하려는 엘리자베스를 통해 바람직한 여성의 생존방식을 그려내고자 한다. 그런 점에서 오스틴은 정직하고 성실하게 삶을 탐구하는 도덕적 작가로서의 면모를 보이는 것이다.

엘리자베스 역시 결혼을 잘 하기에는 몹시 불리한 입장에 있다. 엘리자베스는 샬롯보다 외모가 뛰어나기는 하지만 지참금 문제에서는 전혀 나을 것도 없다. 샬롯은 신세를 질 남동생이 있지만 엘리자베스는 아버지가 돌아가시면 그녀의 어머니와 다섯 자매들 모두 롱본 저택을 떠나서 아버지가 물려줄 5천 파운드의 이자에 의존해서 살아야 한다. 이런 조건을 가진 엘리자베스가 결혼을 잘 하기 힘들다는 것을 콜린즈는 다음과 같이 지적하는데, 이 말은 현실을 정확하게 지적하는 말이다.

> 당신에게 여러 가지 매력이 있음에도 불구하고, 당신이 다른 청혼을 영영 못 받을지도 모른다는 점도 고려해야겠지요. 불행히도 상속 유산이 너무나 작기 때문에 아마도 당신의 사랑스러움, 당신의 장점이 가져올 효과가 상쇄될 테니까요. (76)

엘리자베스는 지참금이 없을 뿐 아니라 젠트리 중에서 격이 낮은 집안에 속한다는 약점까지 가지고 있다. 다아시는 엘리자베스가 어머니 쪽

친척의 신분이 낮으며, 런던의 저급한 상업구역인 칩사이드Cheapside 근처에 살면서 상업을 하는 외삼촌 가드너 씨와 메리튼Meryton에서 변호사[6]를 하는 이모부가 있기 때문에, "실질적으로 웬만한 신분의 남자와 결혼할 가능성이 많이 줄어드는 건 사실"(24)이라고 지적한다. 실제로 다아시 자신도 엘리자베스에게 상당히 매력을 느끼면서도, "그녀의 집안이 그렇게 열등하지만 않았더라면 자신이 [그녀와 사랑에 빠지는] 위험에 상당히 빠졌을 것이라고 확신했다"(35)라는 묘사에서 보이듯이, 엘리자베스가 집안이 낮기 때문에 그녀에게 향하는 호의를 자제하고 있다.

이처럼 지참금도 없고 집안도 낮다는 점에서 샬롯과 비슷한 처지인 엘리자베스는 두 번의 청혼을 받고 그것을 다 거절하는 등 샬롯과는 전혀 다른 선택을 하는데, 여기에 엘리자베스의 도덕적 우월성이 드러나므로 엘리자베스의 청혼을 자세히 살펴보자. 엘리자베스는 먼저 콜린즈에게서 청혼을 받는다. 콜린즈는 현실적인 조건으로 볼 때는 적절한 남편감이다. 그는 롱본 저택을 상속받을 것이며 현재 일정한 재산도 있고 목사라는 안정된 직업도 있기 때문이다. 지참금도 거의 가져갈 수 없는 엘리자베스로서는 안정을 위해서 충분히 받아들일 수 있는 청혼이다. 그러나 사람됨을 중시하고, 또 서로간의 사랑의 감정을 중요하게 여기는, 즉 결혼에 있어서 "감정과 견해"(1)를 중시하는 엘리자베스는 우둔하면서도 우쭐대는 콜린즈를 좋아할 수 없으며, 그러므로 그를 거절한다. 우리 독자는 그런 엘리자베스의 선택에 공감하면서 그녀의 도덕적 결단을 존중하게 된다. 베넷 부인은 "이런 식으로 청혼이 들어오는 족족 거절한다면, 절대로 시집은 못 갈 줄 알아. 그러면 아버지께서 돌아

---

6 영국의 변호사는 법정변호사(barrister)와 사무변호사(solicitor)로 나누어지는데, 여기서 말하는 변호사는 사무변호사로 아직은 존중받지 못하는 직업이었다.

가신 다음 누가 너를 부양해 줄 건지 난 정말 모른다"(79)며 엘리자베스를 위협하는데, 사실 그 위협은 앞으로 얼마든지 닥쳐올 현실적인 위험이기도 하다. 그러나 엘리자베스는 샬롯과 달리 자신이 가진 더 나은 감정을 "세속적인 이익"(88)에 희생하지 않는 단호함, 사회적 관례에 저항하는 도덕적 힘을 보여주고 있다. 그런 점에서 엘리자베스는 여성에 대한 당대의 전형적인 이미지를 탈피하는 신여성의 면모를 가지고 있다.

엘리자베스가 두 번째로 받는 청혼은 다아시의 청혼인데, 이 청혼은 콜린즈의 청혼과는 비교도 안 될 정도의 큰 유혹이다. 콜린즈와 같은 우스꽝스러운 사람도 아닌 다아시는 외면적으로 볼 때 신랑감으로서 부족한 점이 없고, 게다가 엄청난 부자[7]라는 점에서 베넷 부인이 원하던 진정한 "합법적인 재산"(1)이 될 수 있는 사람이다. 다아시가 위컴에게 비열하게 행동했다는 비난[8]은 어찌 보면 별로 큰 잘못이 아니라고 대수롭지 않게 넘겨버릴 수도 있고, 제인을 빙리와 헤어지게 관여한 행동도 다아시의 말처럼 친구의 행복을 걱정했기 때문이라고 슬쩍 눈감아 줄 수도 있는 행동이다. 엘리자베스와 같은 처지에 있는 여성에게 다아시의 청혼은 신데렐라의 꿈을 이루어주는 엄청난 기회를 제공하는 것이기 때문에 사소한 잘못들이야 얼마든지 간과될 수 있는 것이다. 따라서 다아시는 엘리자베스에게 청혼하면서 당연히 그녀가 자신의 청혼을 받아들일 것이라고 생각한다.

---

7 『이성과 감성』에서 다소 풍족한 삶을 원하는 마리앤Marianne은 연 2,000파운드가 있으면 충분하겠다고 생각하는데 실제로 브랜든 대령Colonel Brandon의 수입이 그 정도 된다. 연 10,000파운드를 버는 다아시는 그에 비하면 엄청난 부자라고 하겠다. 실제로 1790년대에 다아시는 대지주 400가문 안에 든다고 한다.

8 다아시가 청혼할 무렵에는 아직 위컴이 거짓말을 했다는 것이 밝혀지지 않았을 때이다.

> 다아시의 말은 훌륭했다. 그러나 그에게는 가슴에서 우러나오는 사랑의 감정 외에도 자세히 설명할 다른 감정들이 있었다. 애정에 대해서보다도 자존심에 대해 말할 때 더 열변이었다. 그녀의 신분이 열등하다는 것, 그런 결혼은 집안에 수치라는 것, 그녀의 집안을 생각하면 이성은 언제나 감정에 제동을 걸었다는 것 등을 하나하나 열심히 설명했는데, 그렇게 열을 올리는 것은 지금 자신이 스스로 손상시키고 있는 그 신분 때문인 듯했지만, 그의 청혼에는 도움이 될 것 같지 않았다….
>
> 그는 이렇게 말할 때 긍정적인 대답을 들을 것에 대해 추호의 의심도 하지 않고 있다는 것이 그녀가 보기에 명백했다. 말로는 걱정이니 불안이니 했지만, 받아들여질 것을 추호도 의심하지 않는 표정이었다. (131)

다아시의 청혼의 말은 엘리자베스에 대한 사랑의 감정보다는 자신의 집안과 엘리자베스의 집안이 차이가 나서 갈등이 심했다는 내용을 더 많이 포함하고 있으므로 다아시가 사회적 관례를 따르고 있으며, 엘리자베스의 개인적인 감정, 여성적 자존심을 거의 고려하지 않고 있음을 알 수 있다. 그러므로 이 청혼을 엘리자베스가 받아들인다면 엘리자베스는 평생 자신을 신데렐라로 만들어준 다아시에게 감사하며 순종하면서 살아야 할 것을 짐작할 수 있다. 바로 이 지점에서 엘리자베스는 다른 사람들이 도저히 상상할 수 없는 일을 한다. 즉 과감하게 그 청혼을 거절하는 것이다.

여기서 엘리자베스가 다아시의 청혼을 거절하는 이유를 분명히 짚고 넘어갈 필요가 있다. 엘리자베스는 자신이 다아시를 거절하는 것은 위컴과 언니의 일 때문이 아니며, 자신은 처음부터 절대로 다아시 같이 신사답지 못한 사람과 결혼할 생각은 없었다고 말한다. 즉 다아시가 엄청난 재산가임에도 불구하고 자신이 존중할 수 없는 인간성의 사람이기 때문에 결혼하지 않겠다는 것이다. 바로 이 점이 엘리자베스의 정신적 독립심과 도덕적 우월성을 보여주는 부분이며 엘리자베스가 추구하는 참된 결혼의 기준과 연결되는 부분이다.

그렇다면 자신을 신데렐라로 만들어줄 수도 있는 결혼을 거절하는 엘리자베스가 추구하는 진정한 결혼은 어떤 것인가? 그것은, 결혼을 안정과 재산을 획득하는 과정으로 생각하는 물질적 사고를 보이는 베넷 부인과 샬롯이 전혀 고려하지 않는, "감정과 견해"를 우선으로 하는 결혼이라는 것이 밝혀진다. 이때 "감정"은 두 사람 사이의 사랑을 의미하는 것으로 엘리자베스는 조건보다는 결혼 당사자인 두 사람 사이의 사랑을 무엇보다 중시한다는 것이 여러 장면에서 나타나 있다. 그렇다고 해서 엘리자베스가 사랑의 감정만 중시할 정도로 낭만주의적인 인물은 아니다. 그녀는 서로의 감정과 더불어 서로의 도덕적 "견해"를 중요하게 생각한다는 점을 분명히 한다. 그래서 리디아와 위컴, 베넷 씨와 베넷 부인처럼 충동적이며 감정적인 사랑만을 기초로 한 결혼에 대해서는 비판적이다. 엘리자베스가 바람직하게 생각하는 결혼은, 서로의 감정에 기초를 두고 있으면서 서로의 견해도 존중하는 이성적이고 신중한 결혼이다. 따라서 다아시의 청혼을 받은 시점에서 다아시의 감정과 견해를 오해하고 불신하는 엘리자베스는 당연히 그의 청혼을 거절하고, 그런 점에서 엘리자베스의 선택은 샬롯과 달라지는 것이다. 엘리자베스는 다아시가 이전과는 완전히 달라진 행동과 태도를 보이며 자신을 존중하는 태도가 되어 청혼을 할 때에야 청혼을 수락함으로써 자신의 정체성을 지키게 된다.

그런데 엘리자베스는 이전과 달라진 다아시가 다시 청혼하자 그것을 수락한 후 그 사실을 제인에게 알리는 과정에서, 언제부터 다아시를 좋아하게 되었느냐는 질문을 받자, 다아시의 아름다운 펨벌리 저택을 보고 난 후부터라고 대답한다(258). 놀라는 제인에게 엘리자베스는 이 말은 농담이며 사실은 다아시에 대한 사랑을 확신한다고 진지하게 말하기는 하지만, 이 말은 상당한 논란을 일으켰다. 펨벌리의 우아한 풍경과 저택에 매료된 엘리자베스는 펨벌리의 여주인이 된다는 것은 굉장한 일이라며, "이런 집의 여주인이 될 수도 있었는데"(167)라며 청혼을 거절한 것에 대해 일말의 후회를 느끼기도 하기 때문이다. 월터 스코트는 엘리자베스가 펨벌리를 방문하고 나서야 청혼을 거절한 것이 바보짓이었다고 깨닫는다면서, 엘리자베스가 속물적인 면이 있다고 비판했다. 그러나 엘리자베스가 펨벌리라는 거대재산의 상징을 보고 다아시의 청혼을 받아들였다고 단정하는 것은 소설 전체의 맥락을 외면하는 것이다. 엘리자베스는 펨벌리에서 다아시를 만나지 않기를 바라고 있으며 멋진 펨벌리에 대한 엘리자베스의 감탄은 "심미적 반응"이었을 뿐이기 때문이다. 펨벌리는 다아시라는 인물을 새로이 보여주는 장치라는 점에서 의미가 있다. 레이디 캐더린의 로징스 저택도 멋지기는 하나 그 풍경은 인위적이며 가구도 번지레하게 화려한 반면, 다아시의 펨벌리 저택은 자연스럽고 편안한 풍경 속에 들어있으며 고풍스럽고 우아한 가구가 배치되어 있어 다아시의 부와 지위뿐 아니라 그의 세련된 안목과 점잖음을 나타내는 표상이다. 펨벌리는 숨겨져 있던 "소유주의 진짜 성격"을 나타내는 상징물로 등장하는 것이다.

펨벌리에서 다아시의 새로운 면모는 여러 방식으로 확인된다. 펨벌리의 가정부인 레이놀즈 부인Mrs. Reynolds은 다아시가 "최고의 지주이자 최고의 주인"(169)이라면서 인간적으로도 훌륭한 미덕을 지니고 있다고 증언한다. 엘리자베스는 그곳에서 다아시와 위컴의 미니어쳐 초상화를 본 후 곧 다아시의 실물초상화를 마주하게 된다. 다아시가 웃고 있는 얼굴로 등장하는 "더 멋지고 더 큰 초상화"(168)는 다아시의 성격이 사실은 고결하다는 것을 시사한다. 이보다 앞서 엘리자베스는 다아시의 편지를 읽은 후 다아시가 위컴을 부당하게 대했다는 오해를 풀었으며 제인에 대한 다아시의 평가가 일부 맞다는 것을 인정하면서, 자신이 "눈이 멀었고 편파적이었으며 편견에 가득 차고 어리석었으며"(143), "나는 선입관과 무지를 따르고 이성을 쫓아낸 거야. 지금 이 순간까지 난 나 자신에 대해 모르고 있었던 거야"(143)라는 각성을 이룬 상태이다. 이제 펨벌리에서 이런 여러 경험을 한 후 엘리자베스는, 다아시가 "아주 불쾌하고 고약한 인간"(8)이라는 자신의 견해가 완전히 틀렸다는 것을 확신하게 되는 것이다.

그러나 다아시의 인물됨에 대한 견해가 바뀌었다고 해서 엘리자베스가 금새 다아시에 대한 사랑의 감정을 가지게 되지는 않는다. 그녀는 또한 가지 점에서 다아시에게 불만을 느끼고 있기 때문이다. 즉 다아시가 자신의 별 볼일 없는 인척관계를 경멸적으로 보고 있을 것이라는 엘리자베스의 생각은 변함이 없다. 따라서 펨벌리에서 다아시와 마주쳤을 때 엘리자베스는 당연히 다아시가 지위가 낮은 가드너 부부를 멸시하며 소홀하게 대할 것이라고 생각한다. 그런데 이 부분에서 다아시는 놀라울 정도로 달라진 모습을 드러낸다. 다아시는 상인계급인 가드너 씨와 함께 한 자리에서, "놀랍도록 변했고," "그토록 위엄을 부리지 않는 태도," "그런 다정함"(172)을 보이므로, 가드너 씨마저 다아시에 대해, "사람이 행동거지가 나무랄 데 없고, 예의바르고 겸손하더구나"(175)라고 칭찬한다. 가드너 씨에 대한 다아시의 태도에서 그가 전통적인 신분 개념을 다소나마 극복했음을 알 수 있으며, 이런 변화는 새로운 도덕적 가치를 다아시가 수용할 가능성을 시사한다. 그러므로, "그렇게 자만심 가득한 사람의 그러한 변화"(181)를 몸소 느낀 엘리자베스는 다아시를 새로이 보게 된다. 그래서 리디아가 위컴과 도주한 사건으로 인해 자신과 다아시의 인연이 완전히 끝났다고 낙담하면서 엘리자베스는 두 사람이 만약 결혼했더라면 정말 바람직했을 것이라고 안타깝게 생각하게 되는 것이다.

> 두 사람 모두에게 도움이 될 것이 분명했을 결합이었다. 자신의 편하고 활기 있는 태도로 그의 마음은 부드러워질 것이고 태도는 개선될 것이며, 그의 판단력, 지식, 세상에 대한 식견으로 자신은 매우 소중한 이익을 얻게 될 것이었는데. (214)

결과적으로는, 다아시의 두 번째 청혼을 받아들이면서 엘리자베스는 다아시와 서로에게 도움을 주면서 도움을 얻는, 사랑과 존경에 기초를 둔 진정한 결혼을 이루면서도 베넷부인이 그토록 바라던 "합법적인 재산"을 얻은 셈인데, 그것은 눈앞의 안정을 거부하고 자신의 "감정과 견해"를 지켜내는 도덕적 결단을 통해서 가능해진 것이다. 이런 힘겨운 투쟁이 있었기에 다아시는 엘리자베스에게 군림하는 자세가 아니라 그녀의 이해를 구하는 자세로 변한 것이다. 다아시의 첫 번째 청혼을 받아들여서 결혼했더라면 엘리자베스는 열등하고 수동적인 처지에서 순종적인 결혼생활을 했을 테지만, 이제는 엘리자베스가 자신의 견해를 합리적으로 주장하며 주체적인 결혼생활을 유지할 것으로 짐작할 수 있다. 그런 점에서 엘리자베스는 힘든 도덕적 결단을 통해서 자신의 정체성을 지켜내는 결혼을 성취했다고 할 수 있다. 오스틴은 『오만과 편견』에서 샬롯을 통해 여성의 어려운 현실을 이해하고 그 속에서 생존해야만 하는 여성의 현실적 선택을 이해하면서도, 자신의 도덕적 정체성을 잃지 않고 끝까지 지켜나가는 엘리자베스를 통해서 바람직한 결혼, 이성적 사랑과 상호이해, 존경에 기반을 둔 결혼을 성취할 가능성을 열어두고 있다.

● 영화 <오만과 편견>

오스틴의 소설은 영화화의 대상으로 큰 인기를 누리고 있다. 사랑과 결혼이라는 오스틴 소설의 주제가 20세기와 21세기의 관객에게도 공감을 얻고 있다는 것은, <이성과 감성 1995>, <에마 1996>, <오만과 편견 2005> 등이 흥행에서 성공한 것에서 짐작된다. 폭력과 성이 거의 필수조건으로 포함된 할리우드 영화가 난립하는 중에 오스틴의 소설을 영상화한 것이 대중의 인기를 끈 것은, 오스틴의 핵심적인 주제인 사랑과 결혼이 현대에도 여전히 유용한 관심의 대상이기 때문이다. 또 오스틴의 소설에 나타난 절제된 삶, 질서 있고 안정된 삶이 현대인의 향수를 불러 일으켰을 수도 있다. 소설로서도 가장 대중적 인기를 누린 오스틴의 『오만과 편견』은 여러 차례 제작되어서 인기를 끌었다. 그 중 1996년도 BBC에서 만든 6부작 영화는 원작의 재미와 풍자를 제대로 살리면서, 19세기 초반의 저택과 복장에 대한 철저한 고증을 통해 시대적 분위기를 정확하게 드러내었으며 뛰어난 영상미를 이루었다.

1940년.
감독: 로버트 레너드Robert Z. Leonard
주연: 그리어 가슨Greer Garson(엘리자베스)
로렌스 올리비에Laurence Olivier(다아시)

1967년.
감독: 조안 크래프트Joan Craft
주연: 실리아 배너만Celia Bannerman(엘리자베스)
루이스 피앤더Lewis Fiander(다아시)

1980년. 미니 시리즈.
감독: 시릴 콕Cyril Coke

주연: 엘리자베스 가비Elizabeth Garvie(엘리자베스)
데이비드 린토울David Rintoul(다아시)

1996년. BBC 6부작.
감독: 사이먼 랭턴Simon Langton
주연: 제니퍼 얼Jennifer Ehle(엘리자베스)
콜린 퍼스Colin Firth(다아시)

2003년. 현대물로 각색된 영화.
감독: 앤드류 블랙Andrew Black
주연: 캠 헤스킨Kam Heskin(엘리자베스)
올란도 실Orlando Seale(다아시)

2005년.
감독: 조 라이트 레이팅Joe Wright Rating
주연: 키이라 나이틀리Keira Knightley(엘리자베스)
탈루라 라일리Talulah Riley(다아시)

토론 주제

1. 이 소설에 나타난 아이러니를 논하시오.
2. 엘리자베스와 샬롯을 비교하며 논하시오.
3. 젠트리 계층의 특징을 논하시오.
4. 이 소설에 나타난 다양한 결혼의 양상을 논하시오.
5. 남성인물의 묘사를 논하시오.

2장
제인 오스틴: 『에마』

● 『에마』 줄거리

제인 오스틴 소설의 대부분의 여주인공들은 지참금이 별로 없어 결혼 시장에서 불리한 상황에 처해 있는데, 유일하게 『에마』의 여주인공인 20세의 에마 우드하우스Emma Woodhouse는 자신 몫으로 30,000파운드라는 큰 돈을 가지고 있다. 우드하우스 씨는 딸을 애지중지하지만 몸이 허약해서 모든 것을 딸에게 맡기므로, 에마는 아버지를 대신해서 하트필드Heartfield 저택의 여주인으로서 원하는 대로 하고 살아가는 남부러울 것이 없는 여성이다. 결혼한다고 해서 현재의 위치보다 더 나은 위치에 있게 될 가능성도 없다고 여기는 에마는 진실한 사랑에 빠지지 않는다면 굳이 결혼할 필요가 없다고 여긴다. 대신 에마는 다른 사람들을 맺어주는 일에 몰두한다. 그녀는 자신의 가정교사였던 테일러 양Miss Taylor이 웨스턴 씨Mr. Weston와 결혼하게 된 것이 자신의 공이라고 여기며, 앞으로는 해리엇Harriet을 교구 목사인 엘튼 씨Mr. Elton와 엮어주려고 여러 가지 계획을 짠다. 그래서 해리엇이 부유한 자영농인 로버트 마틴Robert Martin의 청혼을 받았다는 말을 듣자 그 청혼을 거절하게 유도한다.

나이틀리 씨Mr. Knightley는 이웃인 Donwell Abbey에 사는 지주로 에마의 형부의 형님이다. 그는 에마보다 17세 연상이므로 에마가 어릴 때부터 친하게 지내면서 아껴주었고 그녀가 잘못하면 꾸짖고 가르치는 것을 즐긴다. 나이틀리 씨는 에마가 해리엇과 친하게 지내는 것이 에마에게 도움이 되지 않을 것이라 여기고 걱정한다. 게다가 마틴이 해리엇에게 거절당한 것이 바로 에마의 영향 때문임을 알고 화를 내며 두 사람은 언쟁을 벌인다. 에마는 해리엇과 엘튼 목사를 맺어주려고 엘튼에게 호의를 베풀었는데 엘튼은 에마가 자신에게 호감을 품고 있다고 여겨서 에마에게 청혼한다. 에마는 놀라고 분개하며, 엘튼은 에마가 사생아인 해리엇과 자신을 결혼시키려 한 것에 분개한다. 그는 바스에서 10,000파운드의 지참금을 가진 호킨스 양Miss Hawkins을 만나 결혼해서 돌아온다.

이제 제인 페어팩스Jane Fairfax와 프랭크 처칠Frank Churchill이 등장한다. 제인은 고아로 아버지 친구의 도움으로 훌륭한 교육을 받아 우아한 숙녀로 성장하였으나 결혼 지참금이 없으므로 곧 가정교사 자리를 구할 예정이며 그 전에 이모인 베이츠 양Miss Bates의 집에서 잠시 쉬려고 들른 것이다. 마을 사람들은 같은 나이의 아름다운 두 숙녀인 제인과 에마가 친구가 되기를 원하지만 에마는 뭔가를 숨기는 듯 말이 드문 제인이 마음에 들지 않는다. 프랭크 처칠은 웨스턴 씨의 아들인데 돈 많은 외삼촌인 처칠 씨Mr. Churchill의 양자가 되어 살고 있다가 제인과 비슷한 시기에 이 하이버리Highbury 마을을 방문했다. 에마는 잘 생기고 활발한 프랭크에게 마음이 끌려서 잠시 그를 결혼 대상으로 고려해본다. 그러나 에마는 곧 자신의 감정이 사랑이 아니라고 확신하며 이후 프랭크를 사심 없이 친근하게 대하지만 주변 사람들은 두 사람이 연애를 하고 있다고 오해하며, 나이틀리도 그런 의심을 품는다.

엘튼 부인이 마을에서 주도적인 역할을 하자 못마땅해 하던 에마는 웨스턴 부인이 주최한 무도회에서도 엘튼 부인이 새 신부라서 춤을 처음 시작해서 이끄는 것을 보자, 결혼할 필요가 있겠다는 생각을 하게 된다. 이때, 엘튼이 고의로 무시하는 바람에 파트너가 없어 자리에 앉아 있는 해리엇에게 나이틀리가 춤을 신청해서 그녀를 곤경에서 구해주는 것을 보면서, 에마는 새삼 나이틀리가 멋진 남성이라고 생각한다. 한편 집시들에게 봉변을 당하게 된 해리엇을 마침 지나가던 프랭크가 구해주었다는 말을 듣자 에마는 그것이야말로 로맨틱한 사랑이라고 여기고 이제 두 사람을 맺어주려고 한다. 에마는 머뭇거리는 해리엇에게 신분의 차이는 아무 장애가 되지 않는다고 격려한다.

프랭크와 약혼을 했으나 주변에 비밀로 하고 있던 제인은 프랭크가 에마와 지나치게 다정한 모습을 보이자 화가 나서 프랭크와의 비밀약혼을 파기하고 가정교사로 떠나겠다고 선포한다. 마침 결혼의 큰 장애로 여겨지던 외숙모가 죽자 프랭크는 외삼촌에게 자신의 비밀약혼을 고백하며 용서를 빌고 제인과의 약혼을 발표한다. 이 소식을 들은 에마는 또다시 해리엇에게 상처를 주었다고 생각해서 그녀를 위로하다가, 해리엇이 좋아한 사람은 프랭크가 아니라 나이틀리라는 고백을 받는다. 그 순간 에마는 자신이 진정으로 사랑하는 사람은 나이틀리라는 사실을 깨닫는다. 나이틀리는 프랭크의 약혼 소식을 듣고 에마가 충격을 받았을 것이라고 여기고 위로하러 왔다가 두 사람은 서로의 사랑을 확인하고 결혼을 약속한다. 해리엇은 이 소식에 충격을 받지만 곧 로버트 마틴의 청혼을 행복하게 받아들인다.

● 『에마』 비평

제인 오스틴의 여주인공들이 대체로 경제적으로 풍족하지 못한 반면 『에마』의 여주인공인 에마는 유일하게 경제적인 문제 때문에 고민할 필요가 없는 여성으로 등장한다. 그렇다면 경제력이 있는 여성은 그 시대에 자신의 독립된 힘을 행사하며 살 수 있었을까? 우리는 『에마』를 읽으면서 이러한 질문을 되새겨 볼 것이다.

소설 『에마』는 많은 비평가들에게서 "살아있는 유기체"[1]이며 당대의 가장 훌륭한 책[2]이라는 극찬을 받기도 했으나 막상 여주인공 에마는 속물적이고 자기인식이 부족하며 비도덕적이라는 등, "오스틴의 여주인공 중 가장 결점이 많은 인물"[3]로 여겨진다. 그것은 아마도 너무 자신만만해서 독단적일 정도로 여겨지는 에마의 성격 때문일 것이다. 에마는 자신이 살고 있는 마을에서 신분이나 재산에서 어느 누구에게도 뒤처지지 않으므로 마음대로 자신의 힘을 행사하는 듯이 여겨지기 때문이다. 그녀는 젠트리 계층의 중간 쯤 되는 위치에 있지만 하이베리라는 작은 마을에서는 거의 최상층의 위치로 인정받고 있으며, 지참금으로 30,000 파운드를 가지고 있다. 이처럼 모자랄 것 없어 보이는 에마의 상황은 다음과 같이 요약된다.

> 잘 생겼고 똑똑하며 부유하고, 안락한 집이 있고 성품도 좋은 에마 우

---

1 Arnold Kettle, *An Introduction to the English Novel. I.* (London: Hutchinson University Library, 1951), 91.

2 Marilyn Butler, *Jane Austen and the War of Ideas* (Oxford: Clarendon Press, 1975), 274.

3 Susan Morgan, *In the Meantime--Character and Perception in Jane Austen's Novels* (Chicago and London: U of Chicago P, 1980), 77.

드하우스는 인생살이의 최고의 복중 몇 개는 함께 누리고 있는 것 같았다. 그녀는 별로 걱정거리나 고민 없이 21년쯤을 살아왔다.[4]

이 묘사로 볼 때 최고의 환경을 가진 에마는 거의 제한을 받지 않고 자신의 의지대로 살 수 있는 힘이 있을 것으로 짐작된다. 오스틴이 에마를 "잘생기고 똑똑하고 부자"라는 남성적인 수식어로 묘사한 것이나, 테일러 양이 에마가 건강한 아름다움을 지니고 있으며 여성적인 아름다움을 자랑하고자 하는 "허영심"(24)이 없다고 평한 것은, 에마가 지향하는 것이 전통적인 여성적 삶이 아니라 자신의 능력을 확인할 수 있는 "남성적" 영역에 있음을 암시한다.

그러나 에마가 "최고의 복"을 가지고 있다는 오스틴의 말은 소설이 진행되면서 전복된다. 아이러니컬하게도 에마는 그 모든 복을 별 볼 일 없이 만들어버리는 가장 큰 취약점을 가지고 있기 때문이다. 즉 에마는 여성에게 불리한 가부장제 사회에서 여성으로 태어났다는 결함을 태생적으로 가지고 있다. "걱정거리나 고민 없이" 살아왔다고 스스로 믿는 에마가 새삼 현실의 걱정과 고민을 마주할 때 어떻게 응전할 것인지에 관심이 가지 않을 수 없다.

오스틴은 일단 에마가 힘을 행사하려는 의지를 가진 것에 대해 부정적인 태도를 보인다. 에마가 다른 순종적인 여성과는 달리 자신의 의지를 관철하려는 강력한 성향을 가지고 있다면서, "너무 자기 식으로 처리하는 힘"(1)이 결점이라고 서술하고 있기 때문이다. 이런 오스틴의 발언은 주의해서 읽을 필요가 있다. 오스틴의 서술은 객관적인 작가의 시선

4 Jane Austen, *Emma*. Ed. Stephen M. Parrish (New York: Norton, 1972), 1. 이후로는 인용문 옆에 쪽수만 표시함.

인가 하면 때로는 아이러니컬한 시선을 담고 있고, 작중인물의 시각인가 하면 때로는 보수적인 당대 사회의 시각을 담고 있는 복합성을 지니고 있기 때문이다. 자기 마음대로 하는 것이 에마의 결점이라는 서술은, 사실은 에마가 하는 일이 까다로운 아버지의 비위를 잘 맞추는 효녀로서 집안일을 처리해나가는 것에 불과하다는 현실을 직시할 때 곧 전복된다. 그것은 작가 오스틴의 객관적인 시각이 아니라 여성의 행동과 의지를 제한하는 가부장제를 지탱하는 세력의 시각이며, 그 대표적인 주체인 나이틀리의 시각이다. 에마는 힘을 행사할 수 있는 내적 조건을 다 가지고 있으면서도 사실상 그 힘을 행사하는데서 상당한 제약을 받을 것이 짐작 되는 일이다.

에마의 복 받은 삶이라는 것이 사실은 얼마나 취약한 삶인가는 에마의 활동 영역이 드러나면서 명백해진다. 에마 정도의 집안에 태어난 남성이라면 당연히 많은 특권과 활동을 보장받겠지만, 에마는 자신의 집안에서 변덕스런 아버지의 비위를 맞추면서 가정사를 주관하는 것으로 흡족해하며, 하이베리의 몇몇 사람들을 모아 다과모임을 주선하는 작은 권력을 누리면서 자신이 대단한 힘을 행사한다고 만족하고 있다. 프랭크 처칠을 보더라도 알 수 있지만, 젠트리 계층의 남성은 이동의 자유, 행동의 자유를 누리는 반면, 에마는 25km 정도 떨어진 런던에도 가보지 못했고 바다에도 가본 일이 없을 정도로 제한된 생활을 하고 있다. 그럼에도 불구하고 나이틀리는, 그녀가 지나치게 자신이 하고 싶은 대로 하면서 다른 사람을 통제한다고 걱정한다. 심지어 테일러 양과의 관계에 있어서도 에마가 마치 남편이 아내에게 하듯이 권력을 행사했다고 비판한다. 그 연장선에서 나이틀리는, 에마가 해리엇에게 영향을 미치는 것도 비판하고 있다. 나이틀리는 대체로 올바르게 행동하고 합리적인 견해를 표명하므로 이 소설의 중심적인 도덕적 권위를 대표하는 것으로 여겨지면서, 에마에 대한 나이틀리의 비판은 합당하다고 수긍되는 편이었다.

에마가 자신의 의지를 관철하고 힘을 행사하면서 그것을 즐기는 성향을 가지고 있다는 점은 굳이 부정할 필요가 없는 듯하다. 그러나 짚고 넘어가야 할 것은, 그런 힘의 행사가 과연 나이틀리의 걱정스런, 때로는 가혹한 비판을 받을 정도로 큰 결점인가 하는 점이다. 에마 스스로는 자신의 힘을 대단하게 여기고 있지만, 나중에 밝혀지듯이, 그것은 그녀의 환상일 뿐이다. 객관적으로 볼 때 에마의 힘은 사소하고 조그만 영역에 속해 있는, 불안하고 허약한 힘에 불과하며, 언제라도 전복될 가능성이 많다. 그런데도 에마의 "권력"이 비판의 대상이 되는 이유는 무엇일까?

에마는 집안의 배경과 경제력이 자신을 뒷받침해주기 때문에 자신은 여성에게 부과된 억압되고 제한된 삶을 살지 않아도 되는 힘이 있다고 생각한다. 에마가 이런 환상을 가지게 된 데는 그녀의 집안상황이 관련되어 있다. 결혼을 하지 않은 상태에서 자기 집안에서 일정한 권력을 행사하는 독특한 상황에 놓이게 된 까닭에 자신에게 힘이 있다는 환상을 가지게 된 것이다. 에마의 어머니는 일찍 돌아가셨고, 아버지 우드하우스 씨는 병약하고 의지가 약해 가정사에 무심하며, 언니인 이사벨라 Isabella가 일찍 결혼해서 집을 떠나자, 에마는 12살의 나이에 실질적으로 "저택의 안주인"(23)이 되어 집안의 일을 주관하면서, 결혼한 여성이 자기 집안을 관리하면서 누리는 거의 모든 권력을 행사했던 것이다. 게다가 가정교사인 테일러 양마저 타고난 다정한 성격으로 인해, 에마를 훈육하기 보다는 애정어린 친구의 역할을 해주었으므로, 에마는 늘 "바로 자신이 원하는 것"(1)을 하는 것에 익숙해졌던 것이다.

에마의 이런 위치와 영향력은 하트필드가 속해있는 작은 마을인 하이베리에서도 용인된다. 하이베리는 중심 교통로에서 멀리 떨어져 있어서 엘튼이 바스에 갈 때도 정육점 마차를 타고 마차가 다니는 주도로까지 나가야할 정도로 외진 작은 마을이다. 프랭크가 이 마을에 온다는 소식이 센세이션을 일으킬 정도로 사건이 적은 곳이다. 따라서 하이베리 마을에서 거의 첫째 가는 집안으로 여겨지는 우드하우스 씨의 딸로서 에마는 이 마을의 소규모 행사에서 자신의 위치에서 나오는 힘을 안정적으로 실감하며 행사하는 것이다.

에마는 집안에서, 주변의 모임에서, 영향력을 발휘하는 것에 만족하지 않고, 더 확장해보고자 하는 욕구를 느끼면서 낭만적 사랑을 꿈꾸게 된다. 결혼에서는 현실적인 여러 조건들이 고려 대상이 되어야 하지만, 낭만적 사랑은 여성이 자신의 자율성과 힘에 대한 공상을 펼칠 수 있는 드문 기회 중의 하나이기 때문이다. 그러나 당시에 여성이 실제로 낭만적인 사랑을 추구할 경우 현실적으로 위험에 처할 가능성도 많으므로, 이성적이고 현실적인 에마는 굳이 현재의 자신의 위치를 위험에 빠트릴 모험을 할 의도는 없다. 대신 에마는 대리만족의 기회를 찾고자 한다. 즉 결혼 중매에 관심을 보이는 것이다. 에마는 현실적인 조건을 고려하는 계산적인 중매를 하는 것이 아니라, 결혼 조건에 큰 차이가 있는 남녀를 연결해 주어 그들이 서로에 대한 낭만적 사랑으로 모든 것을 극복하는 것을 보고 싶어 한다. 가정교사인 테일러 양이 성공적으로 웨스턴 씨와 결혼하는데 자신이 중요한 영향력을 행사했다고 확신한 에마는 더욱 그런 힘을 실험하고 싶은 욕구를 느끼면서, 사생아로 알려졌을 뿐 정확한 내력도 모르는 해리엇을 안정적인 젠트리인 엘튼 목사와, 그다음에는 부유한 상속인인 프랭크 처칠과 결혼시키려는 시도를 하는 것이다. 말하자면 해리엇은 에마의 감정의 대리인 역할을 하는 셈이다.

에마는 자신이 진정 해리엇의 행복을 바라기에 그녀의 결혼을 추진한다고 생각하면서, "여성의 우정과 감정이 뒷받침해주지 못할 일은 전혀 하지 않았다"(43)고 생각한다. 그러나 에마는 멘토의 역할을 하는 것 자체에 몰두하고 있으며, 에마의 행동은 자신의 똑똑함을 드러내려는 욕구, 조정하고 통제하고자 하는 소망과 연결되어 있을 뿐이다. 해리엇은 에마의 이런 욕구를 만족시켜주는 역할을 한다. 해리엇은 자신이 아무것도 아는 것이 없는 반면 에마는 모든 것을 알고 있다는 듯이 행동하여, "모든 면에서 아첨꾼"(23)의 역할을 하기 때문에 에마의 권력욕을 만족시켜주는 존재이다. 해리엇이 "말없이 순종적으로 감사를 드러내며"(224) 에마의 손에 키스를 하는 묘사는 두 사람의 상하 수직적 관계를 증거한다. 두 사람의 관계가 이처럼 힘의 역학 관계로 나타난다는 점을 볼 때 에마는 남성적인 역할을 시도하면서 여성성이라는 카테고리에서 벗어나기를 꿈꾼다고 볼 수 있겠다.

이처럼 힘을 행사하고자 하는 에마의 욕구를 감안하면, 제인을 싫어하는 에마의 태도가 더 잘 이해된다. 당대 여성에게 요구되는 거의 모든 미덕을 다 갖추고 있는 듯한 제인은 예법 책에 나오는 완벽한 아가씨로 인정받는다. 이런 제인을 에마가 데면데면하게 대할 뿐 아니라 심지어 싫어하기까지 하는 것에 대해 나이틀리는, 에마가 제인에게서 "자신이 되고 싶어 했던 정말로 교양 있는 아가씨"(107)를 보고서 열등감을 느끼기 때문이라고 지적한다. 그러나 근본적으로 에마가 신뢰할 만한 인물이라는 점을 고려한다면, 제인에 대한 에마의 평가도 주지할 필요가 있다. 에마는 제인이, "말이나 태도에서 그렇게 극단적이고 끊임없는 조심성을 보이고, 다른 사람에 대한 명확한 생각을 말하기를 그렇게 두려워한다"(132)고 비판한다. 즉 에마가 제인에 대해 불만스럽게 생각하는 것은, 제인이 소극적이고, 뒷걸음치고, 두려워하는 등 힘 없는 여성의 전형적인 특성을 드러내기 때문이다. 제인의 이런 성격은 무엇보다도 그녀가 처해있는 상황과 관계가 있다. 제인은 후견인의 도움으로 간신히 살아왔으며 에마와 같은 21세가 된 시점에서 더 이상 후견인의 친절에 기대지 않고 독립해서 살겠다고 결심하는데, 그것은 사실상 의미 있는 모든 것을 포기하는 절망적인 삶이 될 것이다.

> 그녀는 스물 하나가 되는 해에, 헌신하기로 한 수련수녀처럼 의연하게, 희생의식을 마무리해서, 삶과 이성적인 교제, 격에 맞는 친교, 평안과 희망이 주는 즐거움을 뒤로 하고 영원히 고행과 금욕을 하기로 결심했었다. (106)

이런 제인의 환경을 고려할 때 제인은 주변인들의 마음에 들기 위해서 자신의 욕구를 억눌러 왔으며, 특히 여성에게 요구되는 여성적 미덕을 완벽하게 배우고 실행하는 것이 최선의 길이라는 것을 체득했을 것이라고 짐작할 수 있다. 따라서 제인의 여성적 미덕의 핵심은 "복종의 제스처"에 다름 아니다. 이 점을 고려할 때 에마가 제인을 못마땅해 하는 것을 단순히 질투에서 비롯된 것이라고 볼 수는 없다. 에마는 제인의 모습을 보면서, 자신이 은연중에 외면하고자 했던 여성의 무력한 현실을 환기받기 때문에 거부감을 느끼는 것이다. 자신은 제인과 같은 열악한 상황에 처해있지 않지만, 어느 한 순간, 집안과 재력이 뒷받침되지 않을 때 자신도 제인과 같은 비참한 상황에 빠질 수 있다는 막연한 불안을 느끼기 때문에 무력한 제인의 모습을 보면서 불편함을 느끼는 것이다.

계층에 대한 에마의 이중적이고 모순적인 태도 역시 제인에 대한 복잡한 심리상태와 연결해서 볼 때 다른 의미를 읽어낼 수 있다. 에마는 해리엇을 엘튼 목사와, 그다음에는 부유한 상속인인 프랭크 처칠과 결혼시키려는 시도를 하면서, 결혼을 염두에 둘 때 고려하게 마련인 집안, 재산의 차이를 무시하고 있다. 해리엇은 나이틀리에 대한 자신의 연정을 격려해주면서 신분의 차이가 극복될 수 있다는 말을 해준 것은 바로 에마였다고 지적한다.

> "처음에, 더 멋진 일들이 이루어졌다고, 더 큰 차이가 나는 결혼(바로 그렇게 당신이 말했죠)도 이루어졌다고 당신이 내게 말해주지 않았더라면; … 나는 감히 그렇게 할 생각도 못했을 거예요. 가능하다고 생각도 못했을 거예요." (266)

해리엇의 말처럼, 에마는 젠트리 계층내의 섬세하고 세밀한 차이를 잘 알고 있는 사람으로서는 이해되지 않을 정도로 무모하게, 낭만적인 사랑으로 계층의 차이를 극복할 수 있다고 해리엇을 부추긴 것이 사실이다. 이 행동 자체만으로 보면 에마는 "굉장한 몽상가"(226)일 뿐 아니라, 세밀하게 규정되어있는 시골 젠트리 계층의 체제를 파괴하려고 한다는 점에서, 공동체의 질서를 흔드는 사람이며, 혁명적인 개혁가로 볼 수 있을 정도이다.

그런데 에마는 그런 평가를 무색하게 할 정도로 정반대의 태도도 동시에 보여주므로 계층에 대한 에마의 태도를 단순하게 정의할 수 없다. 해리엇의 결혼을 추진하면서 보인 급진적인 태도와는 정반대로, 에마는 자신의 문제에 관해서는 보수적인 태도로 변하면서 계층의 차별성을 적극적으로 수호하는 태도를 보이고 있기 때문이다. 에마는 마틴이 자신과 친교를 맺을 정도의 신분이 아닌 "자영농"(17)에 불과하며, 만일 해리엇이 마틴 부인이 된다면 자신은 그녀와 친구가 될 수 없을 것이라고 단호하게 경계를 긋는다. 엘튼이 해리엇이 아니라 자신에게 청혼을 하자 분개한 에마는, 엘튼이 재산이나 지위에서 자신보다 형편없이 낮은 "별 볼 일 없는 존재"(89)에 불과한데 감히 자신에게 청혼을 했다고 흥분한다. 이렇게 자신이 더 높은 계층임을 주장하는 점 때문에 에마는 속물근성을 지녔다고 비판되기도 한다.

그러나 에마가 자신의 사회적 위치에 집착하는 것을 단순히 속물적이라고 치부하기에는 석연찮은 감이 없지 않다. 당대사회가 계급 지향적일 때 그에 편승하려는 경향을 보인다면 속물적이라고 볼 수 있겠지만, 에마의 태도는 당대사회의 주된 추세와는 다소 다른 점을 보인다. 오스틴이 살았던 사회는 변함없이 고정된 사회가 아니라 끊임없이 변하는 사회로서, 세밀한 계층적 차이가 있으면서도 동시에 유동적이기도 했다. 큰 상속 재산이 없어도 유사 젠트리로 살려는 사람이 많았으며 그것이 자연스럽게 받아들여졌다. 엘튼 부인의 경우 중간 규모의 상인의 딸이지만 잘 사는 형부를 둔 덕에 "두드러지고 남보다 잘난"(176) 것처럼 행동하는데, 주변 젠트리 사회에서 그리 거부감을 느끼지 않고 이를 수용하고 있다. 이처럼 하이베리 사회의 여러 인물들은 계층내의 섬세한 차이에 대해 유연하게 처신하는데, 굳이 에마가 이처럼 차이에 집착하는 것에 대해 그 이유를 따져볼 필요가 있을 것이다.

에마가 자신의 지위에 집착하는 이유는, 여성이라는 성 정체성에서 오는 한계와 불리함을 인식하고 있기 때문이다. 에마의 힘은 하트필드의 실제 주인인 우드하우스 씨가 에마를 자신의 대리인으로 인정하기 때문에 가능한 것이며, 따라서 경우에 따라서 언제라도 사라질 수 있는 불안한 것이다. 에마 스스로도 자신의 취약성을 느끼고 있다. 해리엇에 대해 나이틀리와 논쟁을 벌일 때, 에마는 상당히 논리적으로 자신의 견해를 밝힌다. 그럼에도 불구하고, "그녀는 항상 나이틀리 씨만큼 자신에 대해 전적으로 만족하지도 못했고, 자신의 의견이 옳고 상대가 틀렸다고 절대적으로 확신하지도 못했다"(42)고 서술된 것에서, 에마가 스스로의 판단에 대해 자신감이 없다는 것을 알 수 있다. 에마가 주변의 평판, 특히 나이틀리의 평가에 몹시 신경을 쓰는 것은 그런 평판을 통해 끊임없이 자신을 정당화해야만 하는 불안한 처지를 역설적으로 드러낸다. 이러한 불안은 박스 힐Box Hill로 소풍을 갔을 때 현실화되어 나타나서 에마는 충격을 받는다. 에마는 이 소풍의 계획부터 준비까지 모두 자신이 주도하려고 했는데 막상 시작단계부터 엘튼 부인에게 주도권을 빼앗겼다. 또 소풍을 가서는 누구도 에마가 주도하는 대로 따르지 않아 에마는 큰 좌절감을 경험한다. 따라서 이 소풍은 에마가 하이베리라는 익숙한 공간을 떠나는 순간 벌써 그녀의 힘이 제대로 작동하지 않는 것을 상징적으로 나타내는 것이다.

이처럼 자신의 무력감을 실감한 에마가 어떤 식으로 행동할 것인지 암시하는 부분이 있다. 에마가 해리엇에게 다음과 같은 충고를 하는 부분이다.

> "당신이 신사의 딸인 것은 의심할 여지가 없어. 그러니 자신의 힘 안에 있는 모든 수단을 써서 그 지위에 대한 당신의 권리를 밀어붙여야 해. 아니면 당신을 낮추고 싶어 할 사람이 많을 테니까." (18)

이 말은 해리엇에게 해주는 충고이기는 하지만, 에마가 자신의 불안한 입지를 어떻게 극복해 나갈지를 시사하는 부분이기도 하다. 즉 여성이라는 성적 한계로 인해 자신의 위치에 대해 불안을 느끼는 에마는 자신의 계급적 위치에 집착함으로써 여성으로서의 한계를 극복할 수 있다고 보기 때문에 자신에 관한한 편파적인 계급적 편견을 고수하는 것이다. 따라서 에마의 태도는 속물적이라기보다는 자신의 불안을 감추려는 강박적 증상으로 보아야 할 것이다.

에마는 나중에 나이틀리에 대한 사랑을 깨닫고는, "스스로에게 기만을 가했고, 기만 아래서 살아왔다"(270)고 느낀다. 그런 각성은 나이틀리에 대한 자신의 사랑을 깨닫는 말이지만 동시에, 자신이 소유하고 있다고 착각했던 힘이 허구의 것에 불과하다는 깨달음이기도 하다. 에마의 힘은 다른 사람들이 허용하고 수용해줄 때 가능한 것이므로 환상에 불과한 것이다. 오스틴은 에마라는 강력한 여성주인공을 통해서 역설적으로 여성의 허약한 입지를 더 두드러지게 부각시키고 있다.

여성에게 재산과 지위만 있으면 당대사회에서 온전한 힘을 행사할 수 있다는 환상이 허구에 불과하다는 것을 드러내면서 오스틴은, 결혼이라는 현실적 체제 안에서 여성의 힘이 발현될 수 있는 가능성을 모색한다. 소설 초반부에 에마는 자신이 결혼을 하지 않고도 충분히 힘을 행사할 수 있다고 자신했다.

> "사랑도 하지 않으면서 나와 같은 상황을 바꾸려한다면 나는 형편없는 바보일거야. 나는 재산도 모자라지 않고, 일이 부족한 것도 아니고, 인정을 못 받고 있는 것도 아니야. 결혼한 여자 중에서 자기 남편 집에서 내가 하트필드에서 하는 반만큼이라도 여주인 노릇을 하는 사람은 드물걸. 절대로, 절대로, 어떤 남자의 눈에도, 내가 아버지의 집에서 대접받는 것만큼이나 그렇게 사랑받고 소중한 존재로 여겨지고 항상 제일로 여겨지고 항상 옳다고 여겨질 것이라고는 기대할 수 없을 거야." (55)

자신만만한 에마는 베이츠 양이 경멸받는 이유를 가난하고 지나치게 수다스럽기 때문이라고 생각하면서, "상당한 재산이 있는 독신녀는 항상 존경 받을 만하고 다른 누구나처럼 지각이 있고 유쾌할 것이다"(56)라고 단정한다. 결혼한 많은 여성들이 가정에서 온전하게 자신의 권력을 행사하고 있지는 못한 당대의 현실을 감안할 때 현재의 자기 처지 정도라면 굳이 결혼할 필요가 없다는 에마의 인식은, 어떤 면에서는 "자기기만"이 아니라 "냉철한 인식"이라고 평가될 수도 있을 것이다. 그런데 이런 "냉철한 인식"은 동시에 오류를 포함하고 있다. 앞에서 살펴보았

듯이 결혼을 하지 않은 채로 자신이 속한 사회에서 원하는 힘을 행사할 수 있다는 생각은 에마의 착각에 불과하다. 에마는 결국 당대사회에서 여성이 결혼했을 때 그나마 일정한 권력을 행사할 수 있다는 것을 깨달았다는 점에서, "망상"에서 "자기인식"으로, "환상"에서 "현실"로 나아간다고 볼 수 있을 것이다.

에마는 엘튼 부인에 대해, "거들먹거리고, 주제넘고, 버릇없고, 무식하고, 교양 없다"(182)며 거부감을 가지고 있는데, 막상 웨스턴 부인이 자신의 무도회에서 에마 대신 막 결혼한 엘튼 부인에게 춤을 시작해 달라고 청하는 것이 예법에 맞겠다고 하자 충격을 받는다. 이런 "가슴 아픈 진실"(211)을 대하면서 에마는, "그로 인해 자신도 결혼하고 싶은 생각이 들 정도였다"(212)라는 묘사에서 드러나듯이, 결혼이야말로, 비록 한정되었기는 하나, 여성이 진정한 힘을 발휘할 수 있는 드문 영역이라는 것을 새삼 깨닫는다. 자신이 원하는 권력을 제대로 행사하기 위해 결혼이라는 형식이 필요하다고 느낀 순간, 에마가 나이틀리를 새삼스런 시선으로 보게 되는 것은 당연한 일이다. 에마는 무도회에서 나이틀리가 중년 남자들의 "큼직하고 구부러진 어깨들"(212) 사이에서 얼마나 젊고 멋지게 보이는지를 새삼 깨닫는다. 에마가 나이틀리의 육체적, 성적 매력을 느끼는 것으로 묘사된 이 부분은, 앞으로 나이틀리와 에마가 감정적 관계로 발전할 것이라는 암시를 주는 것이면서, 동시에 나이틀리가 가진 힘을 에마가 인지하는 부분이다. "나이틀리 씨는 나 말고는 누구와도 결혼해서는 안돼!"(268)라는 에마의 절규는 자신을 지탱해줄 수 있는 거대한 배경에 대한 절실한 욕구이다.

사실 우드하우스 집안의 토지는 하이베리의 대부분을 차지하고 있는 돈웰 애비Donwell Abbey의 귀퉁이에 있는 것에 불과하다. 지금까지 에마가 하이베리에서 "퍼스트 레이디"의 역할을 하면서 힘을 펼쳐온 것은 돈웰의 안주인이 없었기에 가능했다. 나이틀리가 제인을 결혼 대상으로 생각하고 있을지 모른다는 웨스턴 부인의 말에 에마가 질색을 하는 것도, 말로는 조카에게 돌아갈 유산이 없어질 지도 모른다는 핑계를 대지만, 사실은 다른 지배자를 참을 수 없기 때문이라는 것이 곧 밝혀진다.

> 그녀는 돈웰 애비에 제인 페어팩스가 자리 잡는다는 생각을 견딜 수 없었다. 그들 모두가 머리를 숙여야 할 나이틀리 부인이라는 사람이 생기다니! … 아니야, 나이틀리 씨는 절대 결혼해서는 안돼. 그들 모두가 머리를 숙여야 할 나이틀리 부인이 있다니 말도 안 돼! (148)

제인에게 페스트 레이디의 자리를 내주어야 할지도 모른다는 위험을 느끼면서, 엘튼 부인과의 경쟁에서 결혼하지 않고서는 제대로 된 힘을 발휘할 수 없는 현실을 느끼면서, 에마는 자신이 가지고 있다고 생각했던 힘이 허구에 불과하며 나이틀리의 힘이 진짜라는 것을 깨닫게 된 것이다.

이렇게 에마가 대안으로 결혼을 선택한 것이 독립에 대한 초기의 열망에서 후퇴한 것으로 볼 필요는 없다. 이 무렵의 나이틀리는 처음과 많이 달라진, 나름대로 각성을 이룬 상태이기 때문이다. 나이틀리는 주변 인물에 대한 배려가 뛰어나며 대체로 올바른 말과 행동을 하는, 거의 이상적인 남성으로 처음에 등장한다. 그는 유일하게 에마에 대한 비판을 할 수 있는 인물이므로 나이틀리와 에마의 관계는 피그맬리온Pygalion과 갈라테아Galatea의 관계[5]로 여겨지기도 했다. 나이틀리는 에마에 대해 "근면과 인내"가 필요한 일은 회피하고 "상상"을 "이해력"에 종속시

---

5 피그맬리온이 자신이 만든 아름다운 여인의 조각상을 갈라테아라고 이름 붙이고 사랑에 빠지자 가엾게 여긴 신이 조각상을 인간으로 만들어주어 두 사람은 결혼한다.

키지 않는다고 비난하면서(22), "에마가 사랑에 빠지되 그 사랑을 되돌려 받지 못하는 것을 보고 싶소. 그것이 그녀에게 약이 될 테니"(25)라고 말하기도 한다. 이런 상태에서 결혼할 경우 나이틀리는 에마를 통제하려 할 것이고 두 사람은 수직적인 관계에 놓일 수 있다.

그러나 에마가 자신의 오류를 깨닫고 반성하듯이 나이틀리 역시 자신의 오류를 깨닫고 반성하면서, "나도 역시 변했어"(312)라고 고백한다. 나이틀리는 자신이 지나치게 간섭하고 강의하듯이 했지만 에마가 잘 참아준 것에 감사할 뿐 아니라, 자신의 간섭이 꼭 에마에게 득이 된 것은 아니라고 인정한다. 또한 나이틀리는 해리엇에 대해서도 에마의 판단을 믿고 지켜본 결과 에마의 판단이 옳았다고 인정한다. 이처럼 처음의 자신만만하고 융통성 없는 보호자 역할을 고집하던 나이틀리가 아니라, 새로이 에마의 가치를 알아보고 견해를 인정하는, 변화한 나이틀리와 결혼한다는 점에서 에마의 결혼은 여성에게 중요한 기회가 된다. 즉 두 사람의 결혼은 한 인격이 다른 인격에 종속되기 보다는, 서로 반대되지만 평등한 힘들의 균형이 이루어질 가능성을 나타낸다.

● 영화 <에마>

<에마>는 <오만과 편견> 못지않게 자주 영화화되었다. 특히 1996년 귀네스 펠트로우가 주연한 영화에서 맥그라스 감독은 아름다운 영상으로 19세기의 젠트리 사회를 형상화했으며 펠트로우는 우아한 에마의 모습을 가장 잘 포착했다는 평가를 받았다. 그러나 이 영화는 펠트로우의 아름다움에 관객의 시선을 몰입시키면서 소설에 암시된 사회적 갈등을 간과하고 있다는 평가를 받았다. 이 영화와 대조적으로 막 혼란기로

접어드는 사회의 유동적인 분위기를 잘 표현한 영화가 1996년 디어뮈드 로렌스Diarmuid Lawrence 감독의 <에마>이다.

1948년. BBC TV 드라마. 흑백.
감독: 마이클 베리Michael Barry
각색: 주디 캠벨Judy Campbell
주연: 주디 캠벨(에마)
랄프 마이클Ralph Michael(나이틀리)

1954년. NBC TV 드라마. 흑백.
각색: 마틴 발렛Martine Bartlett과 피터 도냇Peter Donat
주연: 펠리샤 몬티엘리그리Felicia Montealegre(에마)
피터 콕슨Peter Cokson(나이틀리)

1960년. BBC 미니시리즈, 6부작. 흑백.
감독: 캠벨 로간Campbell Logan
각색: 빈센트 틸스리Vicent Tilsley
주연: 다이애나 패어팩스Diana Fairfax(에마)
폴 데인먼Paul Daneman(나이틀리)

1972년. BBC-2. 미니시리즈 6부작.
감독: 존 글레니스터John Glenister
각색: 데니스 콘스탄두로스Denis Constanduros
주연: 도란 굿윈Doran Godwin(에마)
존 카슨John Carson(나이틀리)

1995년. 〈*Clueless*〉라는 제목으로 현대판으로 각색.
113분.
감독: 에이미 핵커링Amy Heckerling
각색: 에이미 헥커링
주연: 앨리샤 실버스톤Alicia Silverstone
(세어 호로위츠Cher Horowitz-에머의 현대판)
폴 루드Paul Rudd(조시 루카스Josh Lucas-나이틀리 역)

1996.

감독: 더글라스 맥그라스Douglas McGrath

각색: 더글라스 맥그라스

주연: 귀네스 팰트로우Gwyneth Paltrow(에마)
　　제레미 노덤Jeremy Northam(나이틀리)
　　이안 맥그리거Ewan McGregor(프랭크)

1996년. PBS.

감독: 디어뮈드 로렌스

각색: 앤드류 데이비스Andrew Davies

주연: 케이트 베킨세일Kate Beckinsale(에마)
　　마크 스트롱Mark Strong(나이틀리)

2009. BBC.

감독: 짐 오한론Jim O'Hanlon

각색: 샌드 웰쉬Sand Welch

주연: 로몰라 가라이Romola Garai(에마)
　　조니 리 밀러Jonny Lee Miller(나이틀리)

토론 주제

1. 에마와 해리엇, 엘튼 부인과 제인의 관계의 유사점과 대조점을 논하시오.
2. 나이틀리와 에마의 관계를 피그맬리온과 갈라테아의 관계와 비교하며 논하시오.
3. 에마와 제인을 비교하여 논하시오.
4. 에마와 우드하우스 씨의 관계에 대해 논하시오.
5. 결혼에 있어서 재산의 문제를 논하시오.

3장
샬롯 브론테:『제인 에어』

● 빅토리아 조의 사회적 배경

샬롯 브론테Charlotte Brontë(1816~1855)가 작품 활동을 한 빅토리아조는 1837년 빅토리아 여왕이 즉위한 해부터 1901년 여왕이 서거한 해까지를 일컫는다. 전체적으로 볼 때 빅토리아조는 영국역사상 가장 부강한 시절이었다. 안으로는 과학의 발전과 산업혁명의 힘을 입어 세계에서 가장 부강한 국가가 되었고, 세계도처에 식민지를 개척하여 해가 지지 않는 나라라는 별칭을 얻었다. 1851년에 열린 런던 박람회는 영국의 번영을 상징하는 행사로 기획되었다. 빅토리아 여왕 재위 50주년(1887)과 60주년(1897) 기념식에는 세계 각지에 흩어져 있는 식민지의 통치자들과 대표자들이 참석하여 대영제국의 위상을 높여 주었다. 1901년 여왕이 서거하고 아들 에드워드 7세가 계승한 에드워드 조(1901~1910)와 조지 5세 시대(1910-1914)까지가 영국의 마지막 황금기라고 할 수 있다.

장기간에 걸친 빅토리아조는 상당히 다양하고 복합적인 성격을 가지고 있으므로 그 특징에 따라 초기(1837~1850), 중기(1850~1870), 후기(1870~1901)로 나누어 본다. 샬롯 브론테나 찰스 디킨즈 등이 주로 활동을 한 시기는 빅토리아조 초기와 중기에 걸쳐 있다. 빅토리아조 초기인 1832년부터 시작된 제1차 선거법 개정과 1846년의 곡물법 폐지로 시작된 국내의 개혁은 이후로도 계속되어 보통교육의 의무화, 노조의 합법화, 비밀투표제 등의 개혁으로 이어졌다. 산업의 발전과 식민지의 확장도 계속 되어 영국 정부의 부는 빅토리아조 말기로 가면서 점점 확산되었다. 그러나 빅토리아 조 말기로 갈수록 진보와 발전의 부작용이 더욱 부각되었다. 자본주의와 도시의 발달로 인해 농촌의 공동체가 붕괴되자 농촌의 정착 노동자들이 유랑하면서 일용노동자로 전락하게 되는 부작용도 일어났다. 찰스 다윈Charles Darwin의 진화론이 야기한 종교적 갈등은 이후 무신론, 토머스 칼라일Thomas Carlyle의 의상철학에서 이론화된 초인적인 존재에 대한 열망, 존 뉴먼 추기경Cardinal John Newman이 이끄는 옥스퍼드 운동Oxford Movement[1] 등으로 다양하게 나타난다. 빅토리아조의 이상적인 가정을 구성하는 점잖은 신사와 순결한 집안의 천사인 여성이라는 성이데올로기는 말기에 이르면 활발해진 성담론을 통해 비판되면서 영국사회의 위선과 허구성에 대한 비판이 가속화되었다.

● 빅토리아 조의 여성 이데올로기

서구 사회에서 남녀를 인식하는 근본적인 방식은 여성이 남성에게 종속된 존재라는 당위성이었다. 이 개념은 성경에 그 기반을 두고 있다. 성경에는 여성이 남성의 갈비뼈에서 만들어졌으며, 여성의 원형인 이브가 아담을 유혹하여 죄에 빠트려서 인간을 낙원에서 쫓겨나게 만든 존재이므로, 그 죄값을 하기 위해 여성은 남편에게 절대적으로 순종해야 한

---

1 가톨릭교가 정통믿음임을 확신하고 많은 국교회성직자들이 가톨릭으로 개종한 사건.

다는 논리를 설파한다. 기독교가 중심적인 정신적 기반인 서구사회에서 이런 여성관은 계속 강화되어 왔다. 빅토리아조에서는 여성에 대한 이런 억압 이데올로기가 유사과학[2]의 힘을 업고 한층 강화되어, 여성은 남성과 동물 사이에 위치하는 열등한 존재로 여겨졌다.

한편 산업사회로 발전함에 따라 바깥일에 전념해야 하는 남성을 대신해서 여성이 가정을 돌보며 아이들을 올바로 교육시켜야 할 필요성도 더 커졌으므로 무조건 여성을 열등한 존재로 비하할 수는 없는 노릇이었다. 따라서 여성은 남성에 대한 숭고한 헌신과 고결한 모성을 지닌 "집안의 천사"라는 한결 정교한 여성이데올로기가 만들어지고 강화된다. 여성을 남성의 순종적인 반려이자 한 가정을 지키는 성스러운 존재로 보는 이데올로기는 이미 18세기부터 구축되었다. 18세기의 여성지침서 중의 하나인, J.A. 스튜어트Stewart의 『젊은 여성의 동반자 : 여성교사*The Young Woman's Companion : or, Female Instructor*』(1814)는 그런 여성이데올로기를 대표적으로 나타내고 있으며 빅토리아조에 이르기까지 큰 영향을 주었다. 이 책에서는 여성은 항상 종속적인 역할을 해야 한다고 강조하면서 그 사실을 늘 환기하기 위해 항상 결혼반지를 끼고 있을 것을 권고한다. 특히 여성이 화가 났을 때는 언제나 반지에 눈을 돌려 누가 그것을 주었는지 상기하고 감사하며 분노를 눌러야 한다는 것이다. 빅토리아조의 여성이데올로기에서는 여성의 본질적인 성향이 남성과 다르다는 점을 주지시킨다. 남성은 이성적인 반면 여성은 감성적이므로 여성은 모든 일에서 남성의 지도를 따라야 한다. 가정을 지키는 여성의 삶의 최고의 목적은 사회생활을 하는 남성을 위로하고 뒷받침해줄 수 있는 존재가 되는 것이다. 따라서 여성에게 필요한 것은 상

2 유사과학에서는 종의 우월성은 뇌의 크기에 달려있는데 여성의 뇌의 크기는 남성의 것보다 훨씬 더 작다는 이론을 폈다.

냥한 이해심, 비세속성, 순진함, 가정적인 애정, 자기 분수에 맞는 순종심 등의 여성적 특질이다. 이런 특질을 갖춘 여성에게는 "집안의 천사"라는 고귀한 지위가 주어지지만 그렇지 못한 여성은 사회의 질타를 받아야 했다.

그러나 이런 여성이데올로기가 적용되는 여성은 상류층과 중산층 여성이었다. 대체로 유복한 이 계층의 여성들은 집안의 천사라는 사회적 이상형에 스스로를 맞추기 위해서 자신의 본능과 능력을 억압하며 살아야 했고 그로 인해 자신의 삶에 만족하지 못하고 극심한 권태에 시달리거나 자살 충동, 히스테리 등을 일상적으로 앓게 된다. 반면 하층계급의 여성은 여성 이데올로기와 상관없는 삶을 살아야 했다는 점에서 19세기 여성이데올로기의 허구성이 드러난다. 1849년, 영국여성의 20분의 19에 해당하는 여성이 하녀, 재봉사, 공장직공, 농장노동자 등으로 열악한 상황에서 노동을 해야 하는 상황에 처해 있었다. 이들은 열악한 산업현장에서 저임금의 노동자로 혹사당했고 가사노동으로 힘들어했으며 난폭한 남편의 학대를 견뎌야 했다. 이들 하층 계급의 여성들에게는 노동을 감당할 수 있는 튼튼한 몸과 인내심 등이 여성의 미덕이라며 강조되었다. 여성에 대해 계층에 따라 다른 이데올로기가 적용되었다는 점에서 그 이데올로기 자체의 진실성이 의심되는 것이 당연할 것이다.

여성은 정치적으로나 경제적으로 제대로 권리를 누리지 못하고 차별을 받았다. 여성의 재산은 결혼 즉시 모두 남편의 재산으로 귀속되었으며, 기혼여성의 재산권 법Married Women's Property Act은 1870년부터 조금씩 개선되다가 1908년에야 완성되었다. 1839년까지 여성이 남편과 헤어지는 경우에는 자녀에 대한 양육권이 전혀 인정되지 않았으며, 나중에는 7세 이상의 자녀에게만 양육권이 인정되다가 1873년에야 17세까지의 자녀에 대한 양육권이 인정되었다. 여성에게는 선거권이 없다가

1918년 국민대표법Representation of the People Act으로 모든 성년남자와 30세 이상의 여자에게 투표권이 부여되었으며, 1928년에야 여성도 남성과 같은 연령에서 투표를 할 수 있게 되었다.

1789년의 프랑스 시민혁명은 구제도의 계급제도를 타파하고 모든 인간의 평등을 주장하는 새로운 정신혁명이었다. 이 시민혁명의 이론적 기초를 제공한 철학자가 장 자크 루소Jean-Jacques Rousseau(1712~1778)이다. 그러나 모든 인간의 평등을 주장한 낭만주의 운동의 주체인 루소가 여성에 대해서는 극도로 보수적인 태도를 보였다는 점은 아이러니컬하다. 루소는 자신의 교육 사상을 담은 저서 『에밀 혹은 교육론*Emile or on Education*』(1762)에서 이상적인 남성으로 에밀Emile을 창조하면서 그 배우자로 소피Sophie를 창조했는데, 소피를 남성에게 순종하는 감성적인 여성으로 그리고 있다. 그것은 남성을 이성적인 존재로, 여성을 감성적인 존재로 이분화 시키던 보수적 사고를 그대로 답습한 것이다.

여성의 열악한 상황에 대한 각성과 개선에 대한 열망은 18세기 말부터 움트기 시작했다. 여성도 인간으로서의 권리를 누려야 한다는 인식은 계몽적 여성해방론자인 메리 울스턴크래프트Mary Wollstonecraft(1759~1797)의 『여성의 권리옹호*A Vindication of Women's Right*』(1792)에서 비롯되는데, 여기서 울스턴크래프트는 여성이 남성의 정당한 반려가 되기 위해서라도 이성적인 교육을 받을 필요가 있다는 주장을 펴서 여성해방론의 기수가 되었다. 남성작가인 존 스튜어트 밀John Stuart Mill(1806-1873)도 『여성의 종속*The Subjection of Women*』(1869)에서 여성이 종속되는 상황을 타파하고 남녀가 평등한 관계를 이루어야 한다고 역설했다.

● 샬롯 브론테 소개

샬롯 브론테(1816~55)는 1816년 영국 북동부에 있는 요크셔 주의 손턴Thornton에서 영국국교회 목사인 패트릭 브론테Patrick Brontë와 마리아 브랜웰Maria Branwell의 1남 5녀 중 3녀로 태어났다. 이후 아버지가 요크셔 주 서쪽의 작은 마을 호워스Howarth의 목사로 임명되어 자매들은 어린 시절부터 이곳에서 지냈다. 시작을 즐기던 아버지와 신앙심이 깊은 온화한 어머니와의 행복한 생활은 얼마 가지 못했다. 샬롯이 5세가 된 1821년 어머니가 암으로 세상을 떠난 뒤 이모인 엘리자베스Elizabeth가 집안일을 돌보게 되었다. 그녀는 감리교 신자로서 엄격한 종교적 교육과 예의범절을 가르쳤는데, 브론테 자매들은 지나치게 편협하고 경직된 이모의 교육을 지겹게 여겼다. 1824년 샬롯과 에밀리는 위의 두 언니와 함께 근처의 여학교 기숙사에 들어갔다. 그러나 비용이 싼 대신 식사도 제대로 주지 않는 혹독한 대우 때문에 위의 두 언니는 병을 얻어 이듬해에 죽었고, 이에 놀란 아버지는 샬롯과 에밀리를 집으로 데려왔다.

이들은 다른 사람들과의 교류는 거의 없이 자신들끼리 이야기를 만들면서 놀았는데 이것이 이들의 문학적 기반이 되었다고 볼 수 있다. 1846년 세 사람은 자비로 시집을 출판하였으나 단 2부밖에 팔리지 않는 수모를 겪었다. 이후 샬롯이 『교수*Professor*』, 에밀리가 『폭풍의 언덕*Wuthering Heights*』, 앤이 『아그네스 그레이*Agnes Gray*』를 각각 썼으나 어떤 출판사도 관심을 가지지 않았다. 그러나 샬롯은 거기에 굴하지 않고 『제인에어*Jane Eyre*』(1847)를 런던에서 출판하여 베스트셀러가 되었다. 그 무렵 여자가 소설을 쓰는 일은 드문 일이어서 세 자매의 작품은 모두 남자의 필명으로 출판되었는데, 『제인 에어』의 열정적인 스타일과 급진적인 내용으로 인해 독자는 물론 원고를 접수한 출판사조차도 처음에는 남자의 작품으로 생각했다. 1848년과 1849년에 에밀리와 앤이 각각 미혼인 채 세상을 떠났고 혼자 남은 샬롯은 런던 문단에서 새로운 여류작가로서 명성을 얻었으며, 브뤼셀의 여학교에서의 체험을 바탕으로 한 『셜리*Shirley*』(1849), 『빌레트*Villette*』(1853), 『교수』(1857) 등의 소설을 출판했고, 1854년 아버지의 교회에서 부목사를 지내던 아더 벨 니콜스Arthur Bell Nicholls와 결혼했다. 샬롯은 이듬해 결핵으로 세상을 떠났다.

브론테는 낭만주의의 영향을 많이 받은 작가이다. 1798년 워즈워스의 『서정담시집』에서 시작된 낭만주의는 사무엘 테일러 콜리지, 조지 고든 바이런George Gordon Byron, 퍼시 비쉬 쉘리Percy Bysshe Shelley, 존 키이츠John Keats와 같은 작가들이 많은 낭만주의 시를 발표하면서 활짝 꽃 피웠으나 1830년경에는 그 시적 창조의 추진력은 상당히 소진된 상태였다. 그러나 낭만주의 정신만은 그대로 남아서 후대의 소설이나 드라마 등의 다른 장르에도 큰 영향을 미쳤다. 그 중에서 브론테는 특히 낭만주의의 특징을 소설에서 많이 보여준다. 주변의 일상적인 자연에 대한 경이의 감정, 초자연적인 현상, 인간의 감정을 반영하는 자연묘사, 열정적인 주인공, 신분에 관계없이 인간이 평등하다는 주장 등, 그녀의 소설은 낭만주의의 기본정신을 활기차게 반영하면서 시대에 저항하는 면모를 보인다.

● 『제인 에어』 줄거리

일찍 부모님을 잃은 제인 에어Jane Eyre는 외삼촌 집인 게이츠헤드Gateshead에서 자라지만 곧 외삼촌마저 돌아가시고 외숙모 리드 부인

Mrs. Reed과 사촌들의 구박을 받는다. 외모도 예쁘지 않고 성격까지 유순하지 않은 제인을 견디지 못한 리드 부인은 제인을 로우드Lowood 기숙학교에 보내버린다. 그곳의 교장 브로클허스트 씨Mr. Brocklehurst는 잔인하고 강압적이며 위선적인 인물로 가난한 기숙학생들을 억압적으로 대우한다. 이곳에서 제인은 친구 헬렌Helen과 선생인 미스 템플Miss Temple을 통해 절제하고 인내하는 성정을 배운다. 전염병이 크게 돌아 헬렌을 비롯한 많은 학생들이 죽으면서 로우드 학교의 실태가 알려지고 브로클허스트 교장도 쫓겨나자 제인은 학생으로, 이후에는 선생으로 다소 편안한 세월을 보낸다. 그러나 템플 선생마저 결혼해 학교를 떠나자 제인은 답답함을 느끼며 새로운 모험을 하고 싶다는 생각으로 새로운 직업을 구한다.

광고를 낸 제인은 손필드Thornfield라는 대저택에서 아델레Adèle라는 프랑스 소녀를 가르치는 가정교사가 된다. 제인은 그 저택의 주인인 로체스터 씨Mr. Rochester를 만나면서, 그가 비록 나이도 그녀의 두 배나 되고 못생겼고 다소 거친 듯하지만 사실은 따뜻한 마음을 가진 것을 알게 되며 매력을 느낀다. 어느 날 밤 집에 불이 난 것을 발견한 제인이 로체스터에게 알려 그를 구한다. 그런데 불을 낸 그레이스 풀Grace Poole이라는 하녀에 대해 로체스터가 어떤 처벌도 하지 않아 제인은 의문에 싸인다.

로체스터는 블랑쉬 잉럼Blanche Ingram이라는 아름다운 상류층 아가씨와 그녀의 친지들을 초대해 파티를 벌이며 제인은 그녀가 로체스터의 결혼상대라고 짐작하고 괴로워한다. 로체스터와 헤어질 것이 가슴 아픈 제인이 자기도 모르게 로체스터에게 자신의 사랑을 고백하자 로체스터는 자신이 사랑하는 사람은 바로 제인이라면서 그녀에게 청혼한다.

두 사람이 결혼을 약속한 이후 로체스터가 좋은 옷과 보석 같은 선물을 마치 퍼주듯이 안겨주자 제인은 자신이 꼭두각시가 된 듯한 느낌을 받는다. 제인은 자신에게 재산이 있으면 열등감을 느끼지 않을 것 같다는 생각에 새로 소식을 알게 된 친삼촌 에어 씨Mr. Eyre의 연고지에 결혼 소식을 전한다. 삼촌과 아는 사이이던 메이슨 씨Mr. Mason는 그 결혼 소식을 듣고 영국에 돌아와, 로체스터에게 버사 메이슨Bertha Mason이라는 아내가 살아 있으며 바로 그 저택의 다락방에서 하녀 그레이스 풀이 돌보고 있다고 밝힌다. 충격을 받은 제인은 로체스터의 집을 나와 거리를 헤매다가 무어 하우스Moor House의 문간에 쓰러지며, 집 주인인 세인트 존 리버스St. John Rivers목사와 그의 누이 메리Mary와 다이애너Diana가 제인을 돌봐준다. 제인은 근처의 가난한 학교에서 아이들을 가르치게 된다. 어느 날 세인트 존은 제인의 삼촌인 에어 씨가 제인에게 20,000파운드의 유산을 남겼다는 소식을 전한다. 세인트 존 남매에게는 에어 씨가 외삼촌이 되는데 그들의 부모와는 사이가 좋지 않아 오직 제인에게만 유산을 남겼다는 말을 듣고, 제인은 자신의 재산을 정확히 4등분하여 나누어 갖는다.

조각같이 잘 생긴 외모에 종교적 열정이 대단한 세인트 존은 부잣집 딸인 올리버 양Miss Oliver을 좋아하면서도 그녀가 선교사의 반려로는 적당하지 않다고 생각해서 청혼을 하지 않는다. 대신 그는 제인이 인내심이 강하니 자신의 인도 선교여행에 아내로 따라가 달라며 청혼한다. 제인은 누이로 그를 따라가 선교를 돕겠다고 하지만 그는 제인의 청을 거절하면서 아내로서의 절대적인 순종을 원한다. 제인이 세인트 존의 거듭된 간청에 못이겨 굴복할 무렵 그녀는 로체스터가 자신을 부르는 소리를 환청으로 듣고 그를 찾아 손필드로 간다. 거기서 제인은 시력을 거의 잃고 외팔이 불구가 된 로체스터를 보게 된다. 미친 아내 버사가 불을 질러 집이 불탈 때 그녀를 구하려했으나 그녀는 죽고 로체스터는 불구가 되었던 것이다. 제인은 로체스터와 결혼해 그를 돌보고 로체스터는 그런 보호를 기쁘게 받아들이며 행복하게 살아간다. 2년 정도 후 로체스터는 약간의 시력을 회복하여 첫아들을 볼 수 있게 된다.

● 『제인 에어』 비평

제인 에어는 원래 중산층 출신이지만 부모를 일찍 여의고 현재 무일푼 상태이므로 언제라도 하층계급으로 전락할 수 있는 상황에 처해 있다. 그러나 다행히도 친척의 후원을 받아 일정한 교육을 받았기 때문에 아직은 중산층과 하층노동계층의 경계선에 위치해 있다. 이처럼 위태로운 처지인 제인이 자신을 가정교사로 고용한 주인이며 대지주인 로체스터와 결혼하는 일은, 그와 같은 조건의 신사가 자기 집 가정교사와 결혼하는 일은 흔치 않다는 가정부 페이팩스 부인Mrs. Fairfax이 지적처럼, 신데렐라의 꿈을 이루는 것이다. 그러나 『제인 에어』는 신데렐라의 꿈을 완성하는 것으로 끝나지 않는다. 제인은 자신의 삶의 질을 바꾸어 주고 신분상승을 가능하게 만들어 줄 로체스터와 결혼할 시점에서 그와 결별하게 되며, 이후 재산을 잃었을 뿐 아니라 한 팔과 시력까지 잃은, 경제적·신체적으로 거세된 로체스터를 남편으로 맞음으로써 신데렐라의 이야기를 역전시키고 있다. 그런 점에서 『제인 에어』는 여성의 삶에 대한 새로운 비전을 제시하는 페미니즘의 정전으로 새로이 읽히고 있다.

그러나 『제인 에어』는 미완의 성과를 거두고 있을 뿐이라는 비판도 만만치 않다. 유산을 받게 되어 독립적인 생활을 할 수 있게 된 제인이 로체스터에게 돌아와 가정에 안주하면서 집안의 천사 역할을 하는 것은, 사랑지상주의를 주장하는 낭만적 결말이며 결국 결혼이라는 체제에 안주하는 관례적 결말이라는 것이다. 또 소설의 전반부에서는 여성의 자유를 갈구하던 제인이 후반부에서는 오로지 사랑에만 관심을 보이고 있다고 비판되기도 한다.

이러한 상충된 비평은 제인의 결혼이 시사하는 모호성에서 비롯된다. 제인이 유산을 받은 후 로체스터와 한 결혼이 과연 제인의 독립적인 자아의 성취를 이룰 수 있는 장인가하는 점에서 논의의 여지가 있기 때문이다. 그렇다면 과연 로체스터와의 결혼은 제인이 집안의 천사로 정착하면서 제도권 내로 진입하는 것을 시사하는가, 아니면 그 결혼에서 제인은 자신이 추구하던 자유를 성취할 수 있을 것인가를 살펴볼 필요가 있겠다.

제인은 로우드 학교에서 권태를 느끼면서 "진짜 세상", "두려움과 희망, 감정과 흥분이 있는 여러 영역"[3]을 접해 보고 싶어 한다. 그녀는 처음에는 "자유를 소망했고 자유를 목말라했으며 자유를 달라고 기도했지만"(74), 곧 그런 소망이 가능하지 않다는 것을 인식하면서, 다시 소박하게 "변화, 자극" 정도만 희망하면서 "새 고용살이"(74)라도 받아들이겠다고 마음먹으며 그래서 손필드의 가정교사 일자리를 받아들인다. 그러나 막상 얼마의 시간이 지나자 어린 아델레와 지적인 동반자로는 부족한 가정부 페어팩스 부인과 지내는 생활에 권태를 느낀다. 그녀는 "현재보다 더 풍부한 실제 경험, 나와 같은 종류의 사람과의 사귐, 지금 아는 사람보다 더 다양한 사람들과의 만남"(95)을 원한다. 그러면서 제인은 자신의 권태로운 생활이 바로 여성이기 때문에 겪는 괴로움이라고 생각

---

3 Charlotte Brontë, *Jane Eyre*. Ed. Richard J. Dunn. (New York and London: W. W. Norton & Company, 1847. rpt. 1987), 74. 이후로는 인용문 옆에 쪽수만 표시함.

한다. 보통 남성의 일상적인 활동의 영역에 속하는 것도 여성인 자신이 바랄 때는 "들떠있다"(95)며 비난의 대상이 될 것이라면서 자신의 본성에 있는 "불만족감"(95)은 보통의 여성에게도 내재해 있는 것이며 결코 사라질 수 없다고 주장한다. 수많은 사람들이 조용히 자신의 운명을 견디고 있는 것 같지만 사실은 말없이 반항하고 있다면서 그 대표적인 존재의 하나가 여성이라고 생각한다.

> 정치적인 반항 이외의 얼마나 많은 반항이 이 지구상에 사는 많은 사람들의 마음속에 들끓고 있는지 아무도 모른다. 여성은 으레 매우 조용한 것으로 여겨진다. 그러나 여성도 남성과 마찬가지로 느낀다. 여성도 자기들의 남자형제들이나 마찬가지로 자신의 능력을 행사할 필요가 있으며 자신의 노력을 부을 영역이 필요하다. 여성도 지나치게 엄격한 한계 때문에, 절대적인 정체로 인해, 남자들이나 마찬가지로 고통받는다. 그런데 여성보다 특권을 누리는 동료인 남성이, 여성은 푸딩이나 만들고 양말이나 짜면서, 또 피아노를 치거나 가방에 수를 놓는 한정된 일이나 하라고 말한다면, 그것은 지극히 이기적인 것이다. (96)

이처럼 현재의 여성의 상황에 대한 격정적인 불만을 토로하던 제인이 막상 나중에는 교사직과 선교사 일을 포기하고 로체스터와 결혼하는 것으로 만족하는 것이다. 과연 이 점을 어떻게 생각해야 할까?

먼저 당시에 여성이 교사나 선교사로 얼마나 충족감을 느끼며 살 수 있었는지부터 살펴보아야 할 것이다. 제인 같은 중산층 여성이 당시에 가질 수 있는 유일한 직업은 가정교사나 교사이다. 제인은 바로 그 전형적인 전철을 밟고 있다. 제인은 로우드에서 잠시 교사로 일했고 손필드에서 아델레의 가정교사가 되었다가 다시 모튼Morton에서 아이들을 가르친다. 일반적으로 가정교사는 출신 면에서나 교육을 받았다는 점에서 중산층에 속하지만 실제로는 하녀와 거의 같은 취급을 받았으므로 개인에게 만족감을 주지 못한다. 파티에서 잉럼 양이 가정교사를 비하하는 발언을 하는 데서도 가정교사에 대한 당대의 편견이 나타난다. 브론테 역시 가정교사가 하기 싫어 집에서 소규모 학교를 운영했던 경험이 있으므로 가정교사의 지위가 얼마나 열악한지 잘 알고 있다. 따라서 가정교사가 되어서 제인이 경제적으로나 정신적으로 만족을 얻을 수 없다는 것은 당연하다.

교사직의 경우도 가정교사와 별반 다르지 않다. 남성인 경우 학교교사라는 직업은 하층계급 출신이 좀 노력하면 얻을 수 있는 보잘 것 없는 지위였고, 따라서 공립학교 교사에 대한 평판은 높지 않았으며, 보수도 열악하여 경제적인 빈곤을 벗어나기 힘들었다. 제인 같은 중산계층의 여성은 직업을 갖는 것 자체가 불행이자 치욕으로 여겨졌으므로 학교선생이 되어 자기만족을 이룰 수 있는 상황이 아니었다. 그것은 로우드 학교의 여선생들에게서 잘 나타난다. 이들의 삶은 경제적 빈곤과 좌절로 점철되어 있으며 브로클허스트와 같은 가부장적 교장 밑에서 거의 노예와 같은 취급을 받는다. 로체스터에게 아내가 있다는 것을 알게 된 후 제인은 로체스터의 집에서 달아나 새로이 삶을 개척해야 하게 되자, 로체스터와 결혼하여 "바보의 낙원의 노예"가 되는 대신 오지에서 "자유롭고 정직한 학교 여선생"(316)이 된 것이 훨씬 낫다고 자위하지만, 실제로는 가난한 집 아이들을 억지로 가르치면서 어떤 삶의 기쁨도 느끼지 못하며 거기서 받는 보수로 생계를 유지할 수도 없다. 학교의 교사가 되는 것이 여성에게 자신의 정체성을 추구할 수 있는 가능성을 주지 못한다는 것은 당대의 현실을 볼 때 분명해 보인다.

제인이 선교사직을 택하지 않은 데는 좀 더 복잡한 이유가 있다. 거기에는 단순히 직업으로서의 선호의 문제가 아니라 세인트 존에 대한 고려와 제인 자신의 욕구가 얽혀 있다. 제인은 선교일 자체에 대해서는 거부감을 느끼지 않는다. 그러나 문제는, 세인트 존을 따라가는 제인의 역할은 아내로서 보조하는 역할에 불과하다는 점이다. 세인트 존은 제인의 열성적 비전으로 어떤 성과를 거두기를 원하는 것이 아니라, "얌전하고 부지런하며, 사심이 없고 신앙심이 깊고 한결같으며, 용기가 있으며, 다시 말하자면 아주 부드러우면서도 아주 영웅적이며"(355), 남자 못지않은 총명한 머리의 제인이 아내가 되면 자신의 내조를 잘 할 것으로 여기면서, 마치 "군인이 좋은 무기를 대하듯이"(356) 제인을 동반자로 요구할 뿐이다. 이 점을 간파한 제인이 선교사 일 자체를 포기하는 것은 당연하다.

그렇다면 교사직과 선교사직을 포기한 제인은 어떤 대안을 찾고 있는가? 제인은 유산을 받자마자 두 사촌 자매들과 함께 열심히 집을 꾸미면서 즐거워하는, 전형적인 중산층 여성의 모습을 나타내는데 그것은 자유를 찾던 초기의 열망을 포기하고 가정에 안주하는 후퇴인가? "터무니없는 열정으로 평범한 집안일의 즐거움에 자신을 내던지는 일"(344)을 그만두라고 충고하는 세인트 존이 바로 그렇게 생각하는 셈이다. 그런데 이런 비판은 우리에게 실감나게 와 닿지 않는다. 그가 이렇게 비판하는 진짜 이유는, 제인은 아름답지 않으므로 "사랑이 아니라 일을 위해 만들어진"(354) 존재로 보기 때문이다. 즉 제인이 결혼해서 기여할 수 있는 집안일보다는 결혼과 관련 없는 사명을 준수하기를 바라는 것이다. 그렇다면 제인이 집안일에 몰두하는 것이나 궁극적으로는 로체스터와 결혼하는 것은, 세인트 존의 편파적인 여성관에 대한 저항의 의미로도 읽을 수 있다.

제인이 세인트 존의 가치체계에게 저항한다는 것은 유산분배에서 나타난다. 제인은 삼촌에게서 유산을 받자 당장 그것을 나란히 4등분해서 세인트 존과 그의 두 누이동생들에게도 나누어준다. 세인트 존은 원래 돈을 벌었던 사람의 의지에 따라 제인이 다 받는 것이 "정의"(341)라고 하면서 제인이 세상물정이나 돈의 가치를 모른다고 하지만, 제인의 선택이야말로 남성적 가치를 전복하는 행위이다. 세인트 존이 중심이 된 이 가정에서 독립적인 경제력이 없이 오빠에게 의지하며 살던 두 자매의 위치는 이제 분명히 달라질 것이기 때문이다. 제인은 남성과 여성의 경제적 동등을 실현함으로써 가정 내에서 새로운 질서를 재편할 수 있는 가능성을 연 것이다.

그런데 제인이 이미 중산층 남성 위주의 가부장적 체제로 공고히 굳어진 결혼이라는 장 속에서 과연 얼마나 능력을 펼치고 자아를 성취하며 새로운 질서의 가능성을 도모할 수 있을지는 또다른 문제이다. 다락방에 갇혀있는 로체스터의 미친 아내 버사 메이슨이 상징하는 것처럼, 제인 역시 "법의 눈에는 죽음이고 남편에게 종속된 삶에 대한 패러디"[4]인 19세기 영국의 기혼여성의 삶을 살 가능성이 오히려 더 많을 것이며, 따라서 소설 초기에 제인이 갈구했던 자유로운 삶에 대한 열망은 결혼과 더불어 묻히고 말 것이다. 그러므로 로체스터와의 결혼이 의미가 있으려면 그 결혼에서 제인이 자신의 독립된 자아를 여전히 유지할 수 있어야 할 것이다. 여기서 우리는 로체스터와 제인이 처음 결혼하려고 했을 때와 나중에 유산을 받은 제인이 돌아와서 결혼하는 경우를 따로 떼어서 생각할 필요가 있다.

처음에 로체스터가 제인에게 청혼했을 때 그와 결혼했더라면 제인이 자신의 독립된 자아를 잃어버렸을 가능성이 많다는 것이 아주 분명하게

4 Carol Senf, "*Jane Eyre*: The Prison House of Victorian Marriage." *Journal of Women's Studies in Literature*. 1. 4(1968), 356.

드러난다. 그것은 로체스터의 첫 아내인 버사가 미친 상태로 다락방에 갇혀 있다는 것에서도 확인된다. 빅토리아조의 여성이데올로기인 집안의 천사라는 용어에서 암시되듯이, 당대의 이상적인 여성은 성적인 면에서 천사처럼 순결하고 열정이 없는 존재여야 하며, 전형적인 빅토리아조 남성인 로체스터는 당연히 그런 사고를 가지고 있다. 그런데 로체스터의 아내 버사는 그 기준을 벗어나는, 성적인 매력이 넘치는 정열적인 여성이었기 때문에 결국은 미쳐서 다락방에 유폐되었다는 점이 암시된다. 평범한 얼굴에 체구가 어린 아이처럼 자그마한 제인은 외모로 볼 때는 버사와 아주 다른 것 같다. 그러나 제인은 어린 시절부터 격정적이며 감정적인 성격이었으며 그녀의 마음속에는 당대의 기준에 저항하는 혁명적인 정신이 소용돌이 치고 있으므로 버사와 마찬가지로 당대 사회가 쉽게 용납하지 않는 여성상이다. 현재는 제인은 로체스터를 격정적으로 사랑하며 로체스터를 "나의 세계이며, 심지어 세계보다 더 크며 하늘이나 마찬가지"라고 여기며 "우상화"(241)할 정도지만, 이런 정열적인 제인이 과연 결혼 후에 무성적인 천사의 역할을 할 수 있을지 의문이다. 이상적인 아내에게 요구되는 미덕은 남편을 위해서 자신의 욕구와 주체성을 억제하는 것인데, 제인은 자신의 독립적인 자아에 대한 열망과 자부심이 대단하다. 제인은 미모나 집안, 교양 등 모든 면에서 뛰어난 잉럼 양을 "질투할 가치도 없는 대상"(163)이라고 여길 정도로 당당하며, 심지어 로체스터가 부자이고 한참 연상이지만 그와 자신이 동등한 인간임을 강조한다.

> "나도 당신만큼이나 영혼이 있고 가슴이 있어요!… 지금 나는 관습이나 관례라는 매개체를 통해, 사라질 육신이라는 매개체를 통해서 당신에게 말하는 게 아니에요. 당신의 정신에게 내 정신이 말을 하고 있어요. 마치 우리 둘이 무덤을 지나 하느님의 발치에 동등하게, 지금과 같은 모습으로, 서있는 것 처럼요." (222)

제인의 당당한 주장에 대해 일단 로체스터는, "내 신부는 여기 있다오… 왜냐하면 나와 동등하며 나와 비슷한 이가 여기 있으니"(223)라고 말하면서 제인의 주장을 인정하기는 하지만 여성에 대한 로체스터의 근본적인 사고가 바뀐 것은 아니다. 그로 인한 로체스터와 제인의 갈등은 제인이 로체스터의 청혼을 승낙한 바로 다음날부터 나타난다.

여기서 우리는 제인과 로체스터의 실랑이를 의미 깊게 숙고할 필요가 있다. 브론테는 로체스터의 청혼을 수락한 제인과 로체스터의 행복한 일상을 그리는 대신 그들의 갈등을 중점적으로 그리고 있다. 즉 브론테는 현재의 상태로 제인이 로체스터와 결혼할 경우 그 결혼은 제인이 자신의 주체적인 삶을 영위할 수 있는 장과는 거리가 멀다는 것을 보여주는데 집중하는 것이다. 그 점을 자세히 살펴보자.

제인은 청혼을 수락한 다음날부터 로체스터가 자신에게 보석과 옷들을 잔뜩 선물하려고 하자 자신이 "광대의 웃옷을 입은 원숭이이며 다른 새들의 깃털을 빌려단 어치"(228)에 불과할 것이라고 여긴다. 또 자신을 사랑스럽게 바라보는 로체스터를 보면서 제인은, "그의 미소는 술탄이 기분이 좋을 때 자신의 금과 보석으로 화려하게 꾸민 노예에게 지음직한"(236) 미소로 느낀다. 그래서 제인은 로체스터에게, "노예로 잡혀있는 이들, 특히 당신의 할렘에 있는 자들에게 자유를 설교할 선교사로 갈 준비를 할 거예요. 거기 들어가서는 폭동을 일으킬 거예요"(237)라고 농담을 할 정도로 자신이 종속되는 이 상황을 부담스럽게 생각하며, 심지어 결혼을 미루고 싶은 마음까지 가진다. 신데렐라가 되는 이런 결혼을 제인이 전혀 바람직하게 여기지 않는다는 것이 분명히 드러나 있다.

결혼식 당일 버사의 존재가 밝혀지자 제인은 로체스터와 결혼하지 않겠다고 선언하고 그를 떠나지만, 사실은 버사의 존재는 제인이 로체스터와의 결혼을 거부할 수 있는 좋은 핑계가 된 셈이다. 그녀는 겉으로는 이

중 결혼을 할 수 없다는 관례적인 도덕을 내세웠지만, 사실은 로체스터를 사랑하지만 자신의 독립된 자아를 버리면서까지 그에게 종속되는 결혼을 해야 하는 궁지를 합법적으로 회피할 수 있는 좋은 기회를 부여잡은 셈이다. 그것은 로체스터를 사랑하지만 떠나겠다는 그녀의 결심에서 확고하게 드러난다.

> "내가 나 자신을 소중히 여겨야지. 고독하고 친구도 없고 의지할 데가 없을수록 더욱 더 나 자신을 존중할거야."…. 로체스터는 불타는 시선으로 나를 집어삼킬 것 같았다. 그 순간 나는 육체적으로는 용광로의 불꽃에 노출된 그루터기처럼 무력함을 느꼈다. 그러나 정신적으로는 내가 여전히 내 영혼을 간직하고 있으며 궁극적으로 안전하다는 것을 확신했다. (279)

제인이 로체스터에게 "더 이상 당신의 제인 에어가 되지 않겠어요"(278)라는 말은 바로 종속적인 관계를 거부하겠다는 결심에 다름 아니다.

제인이 세인트 존의 청혼을 거부한 것도 바로 자신의 독립적인 자아를 지키기 위해서이다. 세인트 존은 제인에 대해, "살아서는 내가 효과적으로 영향을 끼칠 수 있고 죽을 때까지 절대적으로 보유하고 있을 수 있는 유일한 반려"(357)라며 제인을 자신의 소유물로 생각한다. 그러나 제인은 자신이 세인트 존의 말에 따르면, "본성의 절반을 버리고 능력의 절반을 억누르고 원래의 취향을 억지로 버린 후 전혀 적성에 맞지 않는 일을 강제로 추구"(351)하는 것이며, "내 울퉁불퉁한 얼굴을 바꿔 고전적이고 매끈한 모습이 되거나, 내 변화하는 초록색 눈에 그의 눈의 바다빛 색과 엄숙한 광채를 덧씌우는 것"(351)이나 마찬가지라고 여기므로, "그런 순교는 끔찍할 것이다"(356)라고 생각하며 단호히 거절한다.

나는 그와 싸우기를 그만두고 싶기도 했다. 그의 의지의 격류를 따라 그의 존재의 만으로 밀려들어가 거기서 나 자신의 존재를 잊어버리고 싶었다. 이와는 다른 식이기는 했지만, 다른 사람 때문에 이전에 한 번 그랬듯이, 나는 이제 그에 의해 거의 완전히 압도당하고 있었다. 두 번 다 나는 멍청이였다. 그때 굽히고 들어갔다면 원칙을 어기는 것이었을 것이다. 이제 굽힌다면 판단을 거스르는 것이었을 것이다. (368)

이 시점에서 제인은 "내가 우월성을 주장할 차례였다. 내 힘이 움직였고 강해졌다"(370)고 느끼면서 세인트 존의 요구를 거절하는 것이다.

처음에 자신을 열정적으로 사랑해주던 로체스터와의 결혼을 거부하고, 또 자신을 도구로 삼으려는 세인트 존과의 결혼도 거부한 제인이 최종적으로 선택하는 길은 완전히 다른 사람으로 새로이 태어난 로체스터와의 결혼이다. 제인이 그동안의 경험과 각성을 통해 새로운 자신감을 가지게 되었듯이, 로체스터도 제인과의 이별, 전처의 죽음, 불타버린 저택으로 인한 경제적 손실, 신체적 불구 등의 일을 겪으면서 이전과는 다른 새로운 모습으로 변했기에 이들의 결혼은 새로운 의미를 지니게 된다. 우선 제인은 로체스터를 우상으로 여기며 사랑하던 때와 달리 자신이 로체스터에게 도움이 된다는 것을 강조한다.

당신이 베풀면서 보호하는 역할 외에 다른 것은 죄다 경멸하던 그 자랑스런 독립된 상태에 있을 때보다, 내가 당신에게 진정으로 도움이 되는 지금, 나는 당신을 더 사랑해요. (392)

이 말에서는 남편을 보필하는 집안의 천사로서의 기쁨이 아니라 로체스터와 자신이 동등한 관계라는 기쁨이 강조되고 있다. 로체스터 역시 정신적으로 성숙한 선진적인 남성으로 등장한다.

나의 봉사에는 다소 슬프기는 하나 아주 충만하고, 몹시 섬세한 즐거움이 있다. 그가 고통스런 수치와 의기소침한 굴욕감 없이 이런 봉사를 요구하기 때문이다. 그는 나를 지극히도 사랑하므로 나의 보살핌의 덕을 보는 것을 꺼려하는 기색이 없었다. 내가 그를 지극히도 사랑하므로 그런 보살핌을 주는 것이 내 최고의 소망을 이루는 것임을 그는 알고 있었다. (397)

자신을 보살피는 제인을 열등감 없이 받아들일 수 있는 것이 바로 로체스터의 선진적인 면이다. 그러므로 로체스터가 자신을 부러진 나무에 비유할 때 제인이 "당신은 새롭고 활기차요"라고 하면서, "당신이 요구하던 않던 당신의 뿌리 근처서 식물이 자랄 거예요. 식물은 당신의 풍요로운 그늘 아래서 즐거움을 느낄 테니까요"(391)라고 말하는 것이다. 진정 자유로운 인간관계가 가능한 동등한 결혼이 이루어지고 그로 인해 열린 세상이 가능하기 위해서는 여성의 자각이 필요할 뿐 아니라 바로 미래를 꽃피울 터전의 역할을 할 수 있는, 로체스터와 같은 선진적인 남성상이 있어야 하기 때문이다. 그런 점에서 제인은 교사나 신교사가 되는 것보다 로체스터와의 결혼에서, 빅토리아조 사회에서 여성에게 한정된 활동을 가능하게 하는 영역인 가정에서, 여성으로서의 진정한 성취를 이루면서 처음에 소망하던 자유를 이루었다고 하겠다.

● 영화 <제인 에어>

『제인 에어』는 『오만과 편견』 만큼이나 자주 영화화된 작품이다. 소설에서 제인이 평범한 외모로 설정된 것을 영화에서 그대로 따르면서 제인에 대한 관객의 공감이 약화되는 면이 많았다는 점에서, 문자매체와 영상매체의 효과의 차이가 잘 드러나는 작품이기도 하다.

1934년.

감독: 크리스티 카반느Christy Cabanne

주연: 버지니아 브루스Virginia Bruce(제인)
콜린 클라이브Colin Clive(로체스터)

1943년.

감독: 로버트 스티븐슨Robert Stevenson

주연: 조안 폰테인Joan Fontaine(제인)
오손 웰즈Orson Welles(로체스터)

1973년. TV미니시리즈.

감독: 조안 크래프트Joan Craft

주연: 소차 쿠삭Sorcha Cusack(제인)
마이클 제이스턴Michael Jayston(로체스터)

1983년.

감독: 줄리안 에미에스Julian Amyes

주연: 젤라 클라크Zelah Clarke(제인)
티모시 달튼Timothy Dalton(로체스터)

1996년.

감독: 프랭코 제피렐리Franco Zeffirelli

주연: 샬롯 게인즈부어Charlotte Gainsbourg(제인)
윌리엄 허트William Hurt(로체스터)

1997년.

감독: 로버트 영Robert Young

주연: 사만사 모톤Samantha Morton(제인)
시아랜 힌즈Ciarán Hinds(로체스터)

2011.

감독: 캐리 후쿠나가Cary Fukunaga

주연: 미아 와시코우스카Mia Wasikowska(제인)
마이클 파스벤더Michael Fassbender(로체스터)

토론 주제

1. 제인 에어가 거쳐 가는 여러 곳의 지명과 그 의미를 논하시오.
2. 로체스터와 세인트 존 리버스를 비교하여 논하시오.
3. 이 소설의 낭만적인 요소들에 대해 논하시오.
4. 이 소설의 페미니즘적인 면을 논하시오.
5. 서술자로서의 제인과 인물로서의 제인을 비교하시오.

II.

미국의 여성

4장
너새니얼 호손: 『주홍 글자』

● 미국 청교도 식민 정착지에서의 여성

1517년 독일에서 마틴 루터Martin Luther(1483~1546)가 로마 가톨릭 교회의 부패와 타락을 비판하는 95개조의 반박문을 발표한 이후로 유럽 대륙에서는 마틴 루터의 개신교Protestant와 로마 가톨릭교 사이의 종교 분쟁으로 인한 전쟁이 끊일 새가 없었다. 그러나 섬나라인 영국은 종교개혁의 분쟁에서 멀리 떨어져 있었을 뿐 아니라 당시 국왕인 헨리 Henry 8세는 가톨릭과 교황을 옹호하는 논문을 써서 1521년 교황 레오 Leo 10세에게서 신앙의 수호자Defender of Faith라는 칭호를 받기도 했다. 그러나 장미전쟁[1]으로 황폐화된 정국을 안정시키기 위해 무엇보다

1 영국은 프랑스와의 백년 전쟁이 끝난 후 다시 랑카스터Lancaster 가와 요크 York 가의 왕권쟁탈전쟁으로 고통 받는다. 랑카스터 가의 문장이 붉은 장미이고 요크 가의 문장이 흰장미였으므로 장미전쟁이라는 별칭이 붙었다. 전쟁은 랑카스터 가의 헨리 왕자가 요크 가의 엘리자베스 공주와 결혼하여 헨리 7세로 등극하여 튜더Tudor 왕조를 시작하면서 마무리 되고 그 뒤를 이어 헨리 8세(재위 1509~1547)가 등극한다. 헨리 8세는 왕권에 대한 분쟁을 잠재우기 위해서 적자인 아들을 간절히 원했다. 그는 캐서린Catherine 왕비의 딸 메리, 앤 볼린Anne Boleyn의 딸 엘리자베스 이후에 간신히 제인 시모어 Jane Seymour에게서 아들 에드워드를 얻는다. 헨리 8세가 죽은 후 왕자는 에드워드Edward 6세(재위 1547~1553)로 왕위에 오르나 17세의 나이에 결혼

도 강력한 왕권을 보장해줄 수 있는 아들이 필요했던 헨리 8세는 캐서린 왕비와 이혼하고 앤 볼린과 결혼하기 위해 교황의 허가를 요청한다. 그러나 교황이 가톨릭 국가인 스페인의 공주였던 캐서린과의 이혼을 거부하자 영국은 1531년 로마교회와 결별하고 영국왕을 수장으로 삼는 영국 성공회Anglican Church를 국교로 삼는다. 이후 영국에서는 성공회, 가톨릭, 장 칼뱅Jean Calvin[2]의 영향을 받은 신교도인 청교도Puritan[3] 사이의 대립이 심화되었다. 엘리자베스 사후 제임스James 1세(재위 1606~1625) 시기에 청교도 중의 일부는 스스로를 필그림 파더스Pilgrim Fathers라고 칭하며, 영국 내에서 종교적 자유를 누리는 것이 힘들다고 판단하고 자신들의 종교를 성취할 수 있는 새로운 땅인 미국으로 향했다. 그들은 1620년 9월 6일 메이플라워Mayflower 호를 타고 9주에 걸친 항해 끝에 미국 땅에 도착하자 그곳을 자신들이 떠나온 땅의 이름을 따서 플리머스Plymouth라고 이름 붙였고, 이후 독실한 청교도 식민 정착지 사회를 건설한다.

청교도 지도자들은 식민 정착지를 엄격하고 폐쇄적인 공동체로 지켜갔다. 그들은 유럽의 비인간적이고 불합리한 구질서를 지양하고 독실

도 하지 않은 채 죽자 메리 1세(재위 1553~1558)를 거쳐 엘리자베스 1세 (재위 1558~1603)가 여왕이 되어 영국의 기틀을 바로 잡으니 역사의 아이러니라 하겠다.

2 장 칼뱅(1509~ 1564)은 프랑스의 개신교 신학자로, 그의 이론은 스코틀랜드의 존 녹스John Knox를 통해 오늘날 장로교의 기본교리를 이루고 있다. 그는 신앙의 권위는 오직 성서에 있음을 중시했으며, 하느님이 구원과 멸망을 미리 예정해두었다는 예정설을 주장했다.

3 청교도는 16세기에서 17세기 사이에 칼뱅주의 계열의 개신교를 믿는 사람들로, 도덕적인 순수성을 추구하여 낭비와 사치를 배격하고 근면을 강조하면서 영국의 중산층을 형성하였다. 이들은 인위적 권위와 전통을 인정하지 않고 철저히 성서에 입각한 믿음을 고수했다.

한 신앙과 도덕적 엄격함을 신조로 하는 새로운 세계를 지향한다는 신조를 내세웠다. 현실적으로는, 공동체의 뜻을 따르면서 근면하고 부지런하게 일하고 검소하고 정직한 삶을 사는 것을 목표로 삼았다. 그러나 청교도들은 엄격하고 정직한 삶을 추구하는 과정에서 도덕적 편협함을 드러내었다. 이들은 미국에 정착하면서 퀘이커Quaker교[4]를 박해했으며 유명한 세일럼Salem 마녀재판[5]을 주도하기도 했다. 당연히 여성에 대한 도덕적 기준도 엄격했다.

초기의 식민 이주자는 거의 남성들이었다. 메이플라워호에 18명의 여성이 타고 왔지만 1년 후에는 단 4명만 생존했을 정도로 식민지의 환경은 열악했다. 이후 자식을 낳고 성적 만족을 줄 여성이 필요해지면서 가난한 여성들이 많이 수입되었는데 운임비 정도만 지불하면 그런 여성을 아내로 데려 올 수 있었다. 식민정착지는 영국 본토의 전통을 그대로 이어받았으므로, 여성은 이성을 지닌 남성에게 순종하며 온화하고 겸손한 미덕을 지녀야한다는 영국의 여성 이데올로기가 그대로 유입되었다. "진정한 여성의 특질은 항상 겁이 많고 우유부단하며 끈질기게 의존적

---

4 퀘이커교는 17세기에 조지 폭스George Fox가 창시한 개신교 교파이다. 퀘이커라는 이름은 하느님의 경이로움으로 인해 몸이 떨린다는 조지 폭스의 말에서 유래했다. 영국 정부의 탄압을 받은 퀘이커 신도들은 펜실베이니아 지역에 식민정착지를 세워 종교의 자유를 추구했다. 이들은 청교도의 기본이 된 칼뱅주의의 예정설과 원죄 개념을 부인하면서, 모든 사람은 자기 안에 신성을 지니고 있으므로 이를 기른다면 모두 구원받을 수 있다고 믿었다. 퀘이커의 예배는 침묵의 예배이며, 퀘이커 교인 각자는 침묵을 통해 내면의 빛을 볼 수 있으므로 특정한 예배장소가 없으며, 예배를 이끌어가는 별도의 성직자나 목사를 두지 않았다. 이런 특징으로 인해 청교도에게서 이단으로 여겨지기도 했다.

5 미국 뉴잉글랜드의 매사추세츠 주 세일럼에서 1692년 3월 1일부터 시작된 재판으로, 약 200명 가까운 마을 사람들이 마녀로 고발되어 19명이 처형되고 1명이 고문 중 압사하고 5명이 옥사했다.

인, 즉 영구히 어린이와 같은 것이다."라는 주장을 통해 여성의 사회활동을 근본적으로 차단했다. 기혼여성의 재산권은 인정되지 않았고 남편은 부인에게 매질할 권리가 있었다. 특히 식민 초기에 독립적인 사고의 여성들이 마녀라는 누명을 쓰고 화형당하는 일도 있었다. 앤 허친슨Anne Hutchinson은 자녀를 13명이나 둔 전형적인 주부로 주변 사람들을 약초로 치료해주고 성경의 해석을 각 개인이 할 수 있다고 주장했다가 이단으로 몰려 추방되었다.

여성의 성적 순결은 여성의 특수한 덕성으로 강조되었다. 남성은 생리적으로 성적인 일탈을 할 수 있지만 여성의 경우 성적인 일탈은 범죄로 간주되었다. 이런 규범에 어긋나는 여성은 청교도 사회에서 매장되거나 처벌되었다. 너새니얼 호손Nathaniel Hawthorne의 『주홍 글자*The Scarlet Letter*』에서 헤스터 프린Hester Prynne의 간통을 범죄로 몰며 교수대에 세우는 사람들이 식민 초기의 청교도들이다. 간통은 도덕적인 죄sin일 수는 있으나 형법적인 의미의 죄crime는 아니며, 헤스터의 경우는 수년간 남편이 행방불명되어 이제 죽었다고 추정하는 상황인데도 편협한 청교도들은 실제로 처벌을 가했던 것이다.

● 너새니얼 호손 소개

너새니얼 호손(1804-1864)은 미국이 낳은 천재적인 작가 중의 한 사람으로, 뉴잉글랜드 지방의 청교도 식민 정착지를 재현하면서 인간의 자연스런 본능을 억압하는 편협한 청교도 사회에 대한 비판을 특유의 상징적인 표현으로 완성했다. 호손은 1804년 매사추세츠 주 세일럼에서 출생했다. 호손이 4세 때 선장이던 아버지가 돌아가신 후 그는 어머니와 누이들과 외가로 들어가 그곳에서 성장했다. 외가의 많은 여자 친척들에 싸여 성장한 호손은 여성적인 성향이 많았으며 그로 인해 여성 문제에 대한 진지한 관심을 가지게 된다. 메인 주의 보우딘Bowdoin 대학을 졸업한 후 다시 고향인 세일럼으로 돌아간 호손은 칩거하여 독서에 몰두하며 단편을 출판한다. 이후 소피아 피바디Shphia Peabody와 오랜 교제를 한 끝에 1842년 결혼한 호손은 단편집 『올드맨스의 이끼*Mosses from an Old Manse*』(1846)를 출판했고 가정 경제를 돕기 위해 세일럼의 세관에서 일을 시작했다. 1849년 정치적 이유로 세관을 그만두게 된 호손은 『주홍 글자』(1850)를 발표해 명성을 얻었고 이후 『일곱 박공의 집*The House of the Seven Gables*』(1851), 『블라이드데일 로맨스*The Blithedale Romance*』(1852), 『대리석 목양신: 몬테 베니의 로망스*The Marble Faun: Or, The Romance of Monte Beni*』(1860)를 발표했다. 친구인 프랭클린 피어스Franklin Pierce의 선거를 도와 그가 대통령이 되자 1853년에는 영국 리버풀의 영사로 부임 받아 4년간 공무를 수행했고 그 후 프랑스와 이태리를 여행했다. 그는 1860년 귀국하여 다시 집필활동을 하다가 1864년 피어스와 함께 여행 중에 60세에 사망했다.

호손은 인간관계 속에서 필연적으로 야기되는 갈등, 충돌, 그리고 타협 등의 주제보다는, 인간의 내면, 선과 악, 죄 등 본질적인 문제에 더 관심을 가져온 작가로 알려져 있다. 호손이 『일곱 박공의 집』의 서문에서, "인간의 진실을 밝히기 위해서는, 세세한 디테일을 성실하게 지킬 것을 필요로 하는 소설보다는 작가 나름의 창조가 어느 정도 허용될 수 있는 로맨스를 택하겠다"[6]는 발언을 하면서 자신의 소설을 로맨스로 규정한 것도 그런 비평을 뒷받침하는데 일조했다.

6 Nathaniel Hawthorne, *The House of the Seven Gables* (New York: Norton, 1967), 1.

그런 한편 호손은 미국 개척기의 역사에 대해 관심을 가지고 구체적인 연구를 하면서 미국의 역사, 미국의 땅, 미국의 사람들에 대한 디테일을 소설 속에 촘촘히 엮고 있으며 역사에 대한 그의 관심은 더 나은 세상에 대한 비전과 연결되어 있다. 그래서 호손은 "미국의 문화적 역사에 대한 해설자이자 비평가"[7]로서 사회학적 소설가라고 얘기될 수 있는 것이다. 호손의 소설은 암울하고 금욕적인 삶, 원죄, 예정설을 가르치는 퓨리터니즘의 가치관을 함유하고 있으면서도 인간의 무한한 가능성과 자유, 행복에 대한 신념을 예언하고 있다.

● 『주홍 글자』 줄거리

『주홍 글자』에서 호손은 헤스터의 이야기를 시작하게 된 연유를 "서문"에서 밝힌다. 작가를 대신하는 서술자는 자신이 매사추세츠 주의 세일럼에서 세관원으로 근무할 무렵 오래 된 자료 속에서 천 조각을 발견했는데 희미하게 바랜 천조각에는 주홍색으로 알파벳 "A" 글자가 화려하게 수놓아져 있었으며, 200여 년 전에 일어난 사건에 대한 설명이 있었다는 것이다. 그는 세관을 그만 둔 후 그 이야기를 소설로 만들었다고 설명한다.

1640년 경 미국 보스턴에 있는 청교도 식민 정착지의 감옥 앞 공터에서는 수많은 마을 사람들이 보고 있는 중에 헤스터 프린이 가슴에 주홍색으로 간통Adultery이라는 뜻의 약자인 "A" 글자를 수놓은 표식을 달

7 Q. D. Leavis, "Hawthorne as Poet," *Hawthorne: A Collection of Critical Essays*. Ed. A. N. Kaul(Englewood Cliffs, N. J.: Prentice-Hall, Inc., 1966), 27-28.

고 갓난아기를 안고 교수대 위에 서있는 벌을 받고 있다. 남편이 행방불명 된지 7년이지만 아직 사망이 정식으로 확인되지 않은 상태에서 누군가와 관계를 맺고 아이를 낳은 죄로 처벌되는 것이다. 헤스터는 상대방 남자의 이름을 공개하라는 위협과 권고에도 절대 이름을 실토하지 않는다. 그녀는 평생 수치의 표식을 달고 살라는 벌을 받는다.

그때 구경꾼 사이에서 헤스터의 남편인 프린 씨가 그 광경을 보고 있었다. 그는 오랫동안 인디언들에게 붙잡혀 있다가 이제 막 풀려나 정착지에 도착한 참이었다. 로저 칠링워스Roger Chillingworth라는 가명의 의사로 감방을 방문한 그는, 노학자인 자신이 뒤늦게 따뜻한 가정이 그리워 가난한 집안의 젊고 아름다운 헤스터를 아내로 데려온 것이 일차적으로 잘못이었다면서 헤스터를 용서한다. 그러나 헤스터의 상대 남자는 용서할 수 없으므로 반드시 그 정체를 찾아내어 복수할 것이라고 다짐하면서, 자신의 정체를 누구에게도 밝히지 말 것을 맹세시킨다. 칠링워스는 교구 목사인 아서 딤즈데일Arthur Dimmesdale의 주치의가 된다. 딤즈데일은 젊고 잘 생겼으며 학식도 높다. 최근에는 스스로를 죄인이라고 고백하는 감동적인 설교를 해서 더욱 인기를 얻지만 점점 건강이 악화되고 있다. 칠링워스는 목사가 심각한 비밀을 감추고 있기 때문이라고 여기며 그것을 파고들다가 마침내 딤즈데일의 가슴에서 스스로 날카로운 칼로 판 표식을 보고 그가 바로 헤스터의 상대남자인 것을 알게 된다.

헤스터는 외진 곳에서 바느질을 하며 딸인 펄Pearl을 키우면서 조용히 겸손하게 살아간다. 불쌍한 사람들을 돕는 에스더를 어느 새 사람들은 수치스런 여인이 아니라 천사 같은 사람이라고 여기게 된다. 헤스터 자신은 여성의 현재의 상황과 미래의 바람직한 변화에 대해 당대 사회의 규범을 넘어서는 대담한 사고를 한다. 어느 날 밤 헤스터는 7살이 된 펄을 데리고 읍내를 지나다가 딤즈데일 목사가 교수대에 서 있는 모습을 목격한다. 딤즈데일이 펄을 보고 손을 잡아주자 펄은 내일 밝은 날에도 자기 손을 잡아 줄 수 있냐고 묻고, 딤즈데일을 못한다고 대답한다. 세 사람이 손을 잡고 있을 때 하늘에 "A"자가 나타난다.

딤즈데일이 너무 쇠약해진 것에 놀란 헤스터는 칠링워스가 그 원인이라고 여기고 그를 찾아가 복수를 그만 둘 것을 부탁하지만 거절당한다. 헤스터가 숲에서 딤즈데일을 만나 칠링워스가 자신의 남편이라는 사실을 밝히자 딤즈데일은 처음에는 헤스터에게 분노하지만 결국 헤스터와 함께 도망가기로 결심한다. 이제 청교도 사회의 제약을 벗어던진다는 표시로 헤스터는 자신의 풍성한 머리를 싸매고 있던 모자와 가슴에 단 표식을 거리낌 없이 벗어 던진다. 그러나 펄이 그 표식을 다시 달 것을 요구하고 헤스터는 할 수 없이 그것을 가슴에 단다.

헤스터와 딤즈데일이 유럽으로 달아나기로 한 지사의 공식 임명일이자 동네의 축제날 딤즈데일은 야외무대가 된 교수대에 올라가 감동적인 설교를 한 후 밑에서 보고 있던 헤스터와 펄을 교수대 위로 불러올린다. 그는 자신이 헤스터와 함께 죄를 지은 자이며 펄의 아버지라고 고백한 후 쓰러져 죽는다. 그 모습을 본 칠링워스는 자신의 복수가 좌절된 것에 분통을 터트린다. 목표를 상실한 칠링워스는 순식간에 더 늙은 모습이 되고 1년 후 죽으면서 자신의 재산을 펄에게 남긴다. 헤스터와 펄은 보스턴을 떠난다. 몇 년이 흐른 후 펄은 결혼해서 유럽에서 살며 헤스터는 원래 살던 오두막으로 돌아와 가슴에 주홍 글자를 달고 살면서 힘든 사람들에게 도움과 위로를 주며 살아간다.

● 『주홍 글자』 비평

『주홍 글자』는 표면상 전형적인 러브 스토리의 틀을 갖추고 있다. 한 여자와 두 남자의 삼각관계로 인한 불륜, 배신, 복수 등을 소재로 그들의 갈등과 고통을 다루고 있기 때문이다. 헤스터의 경우 그녀의 정열적인 사랑은 분명하게 묘사된다. 헤스터는 감정이 풍부하고 관능적이며 낭만적인 인물이다. 그녀가 숱이 많은 검은 머리를 모자로 꽁꽁 동여매고 감추어야 하는 것은 자신의 타고난 정열을 인위적으로 억제해야 함을 상징한다. 불법적인 사랑을 했다는 이유로 처벌을 받고 고독하게 살아가면서도 헤스터는 딤즈데일을, "그토록 열렬히 사랑했던 사람이며, 숨김없이 말한다면 지금도 그 열렬한 사랑에는 변함이 없는"[8] 사람이라고 토로한다. 딤즈데일 목사가 쇠약해진 모습에 놀란 헤스터가 마침내 칠링워스 의사가 사실은 자신의 남편이라는 고백을 하자 목사가 미친 듯이 화를 낼 때 그를 대하는 헤스터의 모습에서 그녀의 열렬한 사랑을 짐작할 수 있다.

> "오, 헤스터 프린, 당신은 이 공포를 조금도 모르고 있구려! 이렇게 병든 죄 많은 마음을 고소하게 여길 사람의 눈 앞에 그것을 드러내는 것이 얼마나 수치스럽고 처참하며 무섭도록 추악한 것인지를! 여자여, 여자여, 당신은 이에 책임이 있소! 난 당신을 용서할 수 없소!"…
>
> 헤스터는 갑자기 북받치는 마음으로 두 팔로 그를 껴안고 그의 머리를 자기 가슴에 끌어안았다. 그의 볼이 주홍 글자에 닿았지만 그녀는 아랑곳하지 않았다. 그는 몸을 빼내려고 했으나 소용없었다. 헤스터는 그가 자신을 준엄하게 쏘아볼 수 없도록 그를 놓아주지 않으려고 했다. 온 세상이 그녀를 보고 얼굴을 찌푸렸었다. 7년이란 긴 세월

8 Nathaniel Hawthorne, *The Scarlet Letter* (New York: Norton, 1850. rpt. 1978), 139. 이후부터 인용문 옆에 쪽수만 표시함.

> 동안, 세상은 이 외로운 여자에게 얼굴을 찌푸렸었지만 그녀는 그것을 참아냈고 단 한 번도 자신의 단단하고 슬픈 눈길을 돌린 적이 없었다. 하늘도 또한 그녀를 보고 얼굴을 찌푸렸지만 그녀는 죽지 않았다. 그러나 이 창백하고 허약하며 죄 많고 슬픔으로 초췌해진 사나이가 찌푸리는 것은 헤스터로서는 참을 수도 없고 그걸 견디며 살아갈 수도 없었다. (139-40)

러브 스토리의 전형적인 갈등은 헤스터와 칠링워스의 관계에서도 찾아볼 수 있다. 칠링워스는 미국으로 오던 도중 난파되었다가 인디언에게 잡혀 오랜 세월을 보낸 뒤 마침내 식민지 정착촌에 도착하는데, 그때 그가 목격한 것은 바로 자신의 아내가 다른 남자의 자식을 팔에 안은 채 교수대 위에 서서, 온 식민지인들의 조소를 받고 있는 수치스러운 장면이었다. 상류계층의 부유한 집안 출신인 학자이며, 17세기의 남성인 칠링워스가 이런 상황에서 얼마나 분노하며 수치심을 느꼈을지는 짐작이 가는 일이다. 이 상황에서 칠링워스와 헤스터가 대치했을 때 두 사람의 대화는 현실감 있게 그려져 있다. 칠링워스는 현명한 학자답게, 헤스터에게 분노를 터뜨리기 보다는 자신의 어리석음을 한탄한다. 그는 자신이 "사색적인 사람"이며 "커다란 서고의 책벌레"(57)로서 완벽한 지식을 이루려는 꿈을 가지고 살아오다가, 새삼 따뜻한 가정을 꾸리고 싶은 마음에, 비록 자신이 타고난 불구이지만 뛰어난 지적 재능으로 젊은 아가씨의 사랑을 얻을 수 있다고 생각했으나, 그것이 사실은 어리석은 일이었다고 고백한다. 헤스터가, 자신은 결혼생활에서 그에게 "사랑을 느끼지 않았기 때문에 그런 시늉을 한 적도 없었다"(58)며 자신은 정직한 태도로 그를 대했다고 하자, 칠링워스는 그녀의 말을 인정하면서 쓸쓸하게 말한다.

> "맞아. 내 잘못이었어! 내가 이미 그 말을 했지. 그러나, 결혼할 그 무렵까지, 난 인생을 헛살았었어. 세상이 너무 삭막했어. 내 마음은 많

은 손님을 맞을 수 있을 만큼 컸지만, 썰렁하고 쓸쓸하고 화롯불도 없었어. 나는 화롯불을 피우고 싶었어! 내가 비록 나이가 들었고, 칙칙하고, 불구의 몸이기는 했지만, 세상 어디에나 흩어져 있어서 세상 누구라도 마음대로 주울 수 있는 소박한 행복이 내 것도 될 수 있다고 생각하는 것이 그렇게 허황된 꿈인 것 같지는 않았어. 그래서 내가 당신을 내 가슴의 가장 깊숙한 곳으로 데려왔고, 당신의 존재로 인해 거기에 지펴진 온기로 당신을 따뜻하게 해주고 싶었지." (58)

칠링워스의 회한에 넘친 이 진정어린 말은 우리에게 공감을 일으키며 그에게 연민을 느끼게 한다. 헤스터도 그 말에 감동받아 "제가 당신에게 큰 잘못을 저질렀네요."라고 대답한다. 그 말에, "우리는 서로가 잘못을 저지른 거지"(58)라고 대답하는 칠링워스의 모습을 통해, 서로 엇나간 사랑으로 인해 고통 받는 사람들의 모습이 사실적으로 드러나 있다. 이 두 사람의 이야기는 헤스터가 딤즈데일과 사랑에 빠질 수밖에 없는 당위성을 보여주면서 전형적인 러브 스토리의 초석을 마련해 준다.

그러나 사실상 『주홍 글자』는 사랑이야기를 기대하는 독자의 기대를 저버리는 방식으로 전개된다. 사랑 이야기에서 가장 중심이 되어야 할 장면, 즉 헤스터와 딤즈데일이 어떻게 만나서, 점차 어떻게 사랑을 키워갔으며, 어떻게 불륜의 관계를 맺게 되어 갈등하고 괴로워하는지의 과정이 완전히 생략되어 있는 것이다. 또 헤스터에 대한 딤즈데일의 사랑과 갈등은 거의 언급되지 않는다. "희고 미끈한 높은 이마와 우수어린 큰 갈색 눈, 단단히 다물고 있지 않을 때는 시종 경련을 일으키는 입술"(52) 등으로 묘사되는 섬세하고 예민해 보이는 딤즈데일을 볼 때, 그가 정열적인 사랑을 할 수 있을지조차 의심스럽다. 이 두 사람의 사랑이 회상의 장면을 통해서 보여지는 일도 없다. 헤스터가 사랑의 결과인 아이를 안고 감옥에서 나온 이래 이야기는 줄곧 세 주인공이 각자의 죄를 안고 살아가면서 겪는 내적 갈등에 집중된다. 즉 호손은 세 사람의 사랑에 대한 관심보다는 세 사람의 깊숙한 내면을 탐구하면서 인간의 어두운 내면과 죄의식 등의 의미를 밝히고자 한다. 그런 점에서 이 소설은 전형적인 러브 스토리와 길을 달리 한다.

그렇다면 각 인물들은 어떤 죄를 지었고 어떤 죄의식을 느끼면서 살고 있는지를 살펴보자. 청교도들이 공식적으로 죄인이라고 공표한 헤스터는 과연 죄인인가? 청교도 식민지인들의 도덕적 관점에서 보자면 헤스터는 분명 불륜과 간통의 죄를 지은 것이고 그래서 교수대에 서서 수치를 당하는 처벌을 받고 평생 그 표식을 가슴에 달고 살아가야 한다. 그러나 호손은 그 점에 있어서 당대의 청교도들과 의견을 달리 한다는 점이 분명히 드러난다. 1640년대의 보스턴의 청교도 사회에 대한 호손의 묘사는 비판적인 시선을 고수하고 있다. 종교의 자유를 찾아서, 또 지상 천국을 건설할 수 있는 새로운 땅을 찾아서 신대륙에 온 이들 정착민들에게 가장 먼저 필요한 것은 바로 감옥과 묘지였다는 1장의 묘사는, 인간이 근본적으로 약한 존재라서 언제라도 죄에 물들 수 있는 존재라는 것을 청교도들도 인지하고 있었다는 것을 보여준다.

> 새 식민지의 창시자들은, 원래 어떤 도덕적이고 행복한 인간의 낙원을 계획했는지 몰라도, 가장 먼저 반드시 실행해야 할 것 중에는 이 처녀지의 일부를 묘지로 할당하고 또 일부를 감옥의 부지로 할당하는 것임을 인정했다. (39)

이 엄격하고 편협한 청교도 사회를 대표하는 것이 바로 헤스터가 처벌받는 장면을 구경하러 모인 구경꾼들이다. 여자 구경꾼들도 가능한 교수대 가까이에서 구경하려고 수줍음도 없이 큼직한 몸집을 들이밀며 비집고 들어오며, 헤스터에게 더 심한 벌을 주어야 한다면서 거칠고 조야

한 말을 서슴없이 내뱉는다.

그러나 호손은 엄격한 율법과 처벌을 강조하는 청교도들과 달리 죄를 지은 인간들 역시 동정을 받아야 한다는 생각을 감옥을 묘사하는 데서 드러낸다. 음산한 감옥 옆은 잡초 밭인데 그 속에 찔레 덩굴이 아름다운 꽃을 가득 피우고 있다.

> 그러나 옥문 옆 한쪽 구석에서 자라고 있는 한 그루의 찔레나무에는 6월을 맞이하여 구슬을 뿌려놓은 듯 귀여운 꽃이 탐스럽게 피어 있었다. 그 꽃들은 감옥으로 들어가는 죄수나 사형선고를 받고 형장으로 끌려가는 사형수에게 동정과 자비를 베풀겠다는 대자연의 깊은 마음의 표시로서, 그윽한 향기와 가냘픈 아름다움을 풍기고 있다고 상상할 수 있겠다. (40)

대자연이 죄인에게 동정심을 베풀고 있다는 이 묘사 후에 감옥 문이 열리며 헤스터가 간통죄로 처벌받기 위해서 등장하므로 여기서 헤스터에 대한 호손의 공감을 엿볼 수 있다. 청교도 집단이 부정적으로 묘사되는 반면 죄인으로 등장하는 헤스터는 아름다울 뿐 아니라 "타고난 위엄과 강인한 성품"(43)을 가진 존재로 묘사된다.

> 그 젊은 여자는 키가 크고 큼직한 몸집에 잘 어울리는 우아한 용모를 하고 있었다. 그녀의 치렁치렁한 검은 머리카락은 윤기가 자르르 흐르면서 햇빛을 반사해 빛나고 있었다. 얼굴 모습은 단정하고 화사한데다가 훤한 이마와 깊고 검은 눈매 때문에 매우 인상적이었다. 그녀는 당시의 여성적 미덕의 기준으로 보더라도 귀부인 같았다. (43)

헤스터를 죄인으로 규정하는 당대의 편협한 도덕적 법체계와 달리 호손은 헤스터의 아름다움과 성적 매력을 우호적으로 부각하면서 헤스터의 죄를 부정하는 듯하다. 헤스터 본인도 딤즈데일과 자신의 사랑을 죄라고 생각하지 않는다. 헤스터는 당대 사회가 자신에게 내린 처벌을 아무 저항 없이 받아들이지만 그것은 실제로 죄의식을 느껴서가 아니라, 자신의 딸 펄을 키우면서 사랑하는 딤즈데일이 있는 마을에서 그대로 눌러 살기 위해서이다. 헤스터는 가난하기 때문에 팔려가듯이 노인과 결혼한 과거의 자신보다는 자신의 본능에 충실하게 딤즈데일을 사랑한 것이 올바른 일이라고 생각한다. 자신의 경험을 통해 헤스터는, 여성의 현재의 삶이 부당하므로 그것을 해결해야 하며, 즉 여성이 진정한 사랑의 결실로 결혼할 수 있도록 이 사회가 변해야 한다는 혁명적인 사고를 발전시킨다.

> 제일 먼저 사회의 모든 체제를 부수고 새로 세워야 해. 그다음 남성의 본성 자체, 아니 오랫동안 유전되어서 마치 본성처럼 되어버린 습성이 본질적으로 개조되어야만 여자는 정당하고 적절한 지위라고 여겨지는 것을 주장할 수 있을 거야. 마지막으로 모든 어려움이 제거된 후에도 여자 스스로가 훨씬 더 큰 변화를 겪지 않으면 이런 준비된 개혁을 이용할 수 없을 거야. (120)

그러므로 헤스터는 당대 사회의 외적인 억압에 복종하고 있었던 것이 아니라 오히려 혁명적인 저항을 꿈꾸고 있었고 작가 호손은 이를 지지하는 면까지 보인다고 할 수 있다.

그렇다면 자신의 "죄"를 밝히지 않음으로써 외적인 법의 처벌을 피한 딤즈데일은 어떤 심리적 갈등을 겪고 있는 것일까? 딤즈데일은 그의 외모에서 드러나듯이 극도로 민감하고 신경질적인 성격이며, 소심한 인물이다. 그의 연약함은 헤스터에게 함께 죄를 지은 사람을 고백하라고 설득하는 모습에서 잘 드러난다.

> "헤스터 프린… 당신의 마음이 편안해졌고, 이 지상에서 받은 형벌이 당신의 영혼을 구제하는데 조금이나마 효과가 있다고 생각한다면, 당신과 함께 죄를 범했고, 그리고 함께 괴로워하고 있을 그 사람의 이름을 말하시오! 그 남자에 대한 그릇된 동정이나 친절한 마음에서 입을 다물어서는 안 되오. 알겠소? 헤스터! 그 남자가 높은 곳에서 내려와 지금 당신이 서 있는 그 수치의 단상 위에 서야 하는 일이 있을지라도, 그 편이 차라리 평생을 두고 죄를 숨기는 것 보다는 훨씬 나을 것이요. 당신이 침묵을 지키는 것이 그 남자에게 무슨 도움이 되겠소? 그 남자가 이미 저지른 죄 위에 위선의 죄를 더하도록 강요하는 것 밖에 아무것도 아닌 것이요." (53)

자신이 고백할 용기는 없으므로 헤스터에게 그 이름을 밝히라고 책임을 떠넘기는 딤즈데일은 굳건하게 자신의 신조를 지키는 헤스터와 대조된다. 그는 자신이 말하듯이 혼자 힘으로는 높은 곳에서 내려오기를 두려워하는 비겁한 사람이다. 그런데 딤즈데일은 이런 자신의 행동을 나름대로 합리화한다. 딤즈데일은 칠링워스와의 대화에서 자신이 죄를 밝히지 않는 이유를 다른 사람의 예를 들어 이렇게 토로한다.

> "죄를 지은 몸이기는 하지만, 하느님의 영광을 드러내며 인간의 행복을 증신시키고 싶은 소망 때문에, 그 사람들은 세상 사람 앞에서 자기의 어둡고 추악한 면을 드러내기를 꺼린다고 볼 수도 있지요. 일단 밝히고 나면 그 사람들은 어떠한 선행도 할 수 없게 되고, 아무리 선행을 더 해도 과거의 죄가 잊혀 지지 않기 때문이지요. 그래서 그 사람들은 형언하기 어려운 괴로움을 맛보면서도 동포 사이를 돌아다니며 방금 내린 눈처럼 깨끗한 얼굴을 하고 있지요. 그러나 그 가슴은 아무리 몸부림쳐도 제거할 수 없는 죄악으로 완전히 더렵혀져 있겠지요." (98)

즉 딤즈데일은 목사로서 다른 사람들을 지도하고 구원해 줄 더 높은 사명이 있기 때문에, 즉 "하느님의 영광을 드러내며 인간의 행복을 증진시키기" 위해 할 일이 많기 때문에 일단 자신의 죄를 밝히는 것을 미루고 있다는 것이다. 딤즈데일의 말은 일견 그럴 듯 해 보이지만 사실은 하느님 앞에 겸손하게 자신을 죄인으로 인정하지 않는 오만의 죄를 짓고 있는 것이다.

딤즈데일은 자신의 행위를 고백하지 않는 대신 자신의 몸에 채찍질을 하고 단식을 하고 철야를 하고, 심지어는 가슴에 송곳으로 직접 "A" 자를 새기는 등 고행을 하면서 자신의 몸을 혹사한다. 또 대중 앞에서 설교를 하면서, 자신은 "철저하게 부패한 자이며 거짓말쟁이"(105)라고 밝힌다. 자신은 "정말 비열하며, 가장 비열한 자들 가운데에서도 더욱 비열한 작자이며, 최악의 죄인이며, 혐오스런 존재이며, 상상도 못할 부정한 존재이며, 자신의 천한 몸뚱이가 신도들의 눈앞에서 전능하신 하느님의 불타오르는 노여움을 맞아 말라비틀어지지 않는 것이 오직 하나의 불가사의다"(105)라고 설교하는 것이다. 그러나 정말로 신실하고 훌륭한 목사가 교단에서 스스로를 가장 큰 죄인이라고 고백할 때 그 설교가 어떻게 받아 들여질 지는 너무도 뻔한 일이다. 신도들은 이런 설교에 더욱 감동을 받고 더욱 딤즈데일을 존경하게 되는 것이다. 딤즈데일 역시 자신의 죄를 구체적으로 고백하지 않는 이런 "막연한 고백"이 어떤 반향을 일으킬지는 너무나 잘 알고 있다. 그는 "정말 진실을 말하고 있으면서도 그것을 거짓말로 바꾸는"(106) 행위를 하는 것이고 그것을 스스로도 너무나 잘 알고 있기에 딤즈데일은 자신을 더욱 혐오하게 되는 것이다. 딤즈데일은 헤스터와의 관계를 고백하지 않아서 죄를 지은 것이 아니라 이런 식으로 스스로를 점점 허식으로 포장해가기 때문에 죄를 짓는 것이다. 딤즈데일은 숲에서 헤스터를 만나 그녀와 함께 다른 곳으로 도망가기로 결정한 후 자신의 거처로 돌아가는데, 그 도중에 만난 여러 사람들을 조롱하고 유혹하고 싶은 악마적인 충동을 느낀다. 이렇게 변모한 자신의 모습을 직시하면서 딤즈데일은 자신 속에 내재한 악의 모습을 깨닫게 되고, 그 이후에야 이런 위선적인 참회의 모습을 벗고 교수대에 서서 헤스터와의 관계를 인정하는 진정한 참회를 하게 되는 것이다.

그러면 칠링워스는 어떤 죄를 짓고 있는가? 호손은 칠링워스를 "용서할 수 없는 죄unpardonable sin"를 지은 사람으로 규정한다. 호손은 1850년에 발표한 단편 「이선 브랜드Ethan Brand」에서 인간이 지을 수 있는 죄 중에서 가장 용서할 수 없는 죄가 무엇인가를 질문하면서, 바로 죄 많은 인간의 내면을 꼬치꼬치 추궁하며 파헤치는 행위라고 규정했다. 칠링워스의 복수가 그런 용서할 수 없는 죄의 성격을 띠고 있다. 평생 학문만 알고 살아온 불구 늙은이가 잠깐 착각을 해서 젊고 아름다운 헤스터를 아내로 삼은 것을 후회하는 칠링워스는 우리의 공감을 일으키며, 딤즈데일에게 증오심을 느끼는 그의 심정도 이해가 되는 것이 사실이다. 그러나 칠링워스는 복수를 위해 "사악한 광부"(95)처럼 딤즈데일의 마음의 심연을 파헤치는데, 그것은 인간성에 대한 크나큰 죄악이라는 것은 다음 묘사에서 잘 나타난다.

> 지금 칠링워스는 지금 마치 황금을 캐는 광부처럼, 주검의 가슴에 달려 함께 매장된 보물을 찾아 헤매는 무덤 도굴꾼처럼, 가엾은 목사의 마음을 파헤치고 있었지만, 시체와 부패 외에는 아무 것도 발견할 수 없을 것이다. 아, 그런 것이 그가 찾고자 하는 것이라면 그의 영혼도 끝장이리라. (95)

딤즈데일도 자신의 가장 가까운 옆에서 자신의 비밀을 파헤치려고 한 칠링워스가 바로 헤스터의 남편이며 그 나름의 복수를 하는 것이라고 깨닫자 그 점을 지적한다.

> "헤스터, 우리는 세상에서 가장 나쁜 죄인은 아니오. 썩어 빠진 목사보다 더 나쁜 놈이 하나 있소!. 저 노인의 복수는 나의 죄보다도 훨씬 흉악하오. 저 사나이는 존엄한 인간의 마음을 냉혹하게 침범했소. 헤스터, 당신과 나는 그런 일은 하지 않았소!" (140)

모든 인간은 다 제각각의 죄와 비밀을 가슴 속에 묻고 사는데, 그것을 굳이 파헤쳐 보려는 행위야 말로 인간의 존엄성을 해치는 큰 죄악이며, 피해자인 칠링워스는 바로 그런 죄를 지음으로써 가장 사악한 가해자로 변모하는 것이다. 이렇게 호손은 헤스터, 딤즈데일, 칠링워스의 사랑의 삼각관계를 통해서 인간의 죄와 그 심리적 결과를 탐구한다.

한편 『주홍 글자』는 헤스터를 통해 여성의 억압적인 삶에 대한 비판과 여성의 해방된 삶에 대한 과격하고 획기적인 주장을 제시한다. 호손의 정열적인 여성 중에서 가장 강인하면서도 매력적으로 표현된 헤스터는 구약시절에 자신의 목숨을 걸고 유대 민족을 구한 에스더 여왕처럼 장대하고 강인한 이미지로 묘사된다. 간통한 상대를 밝힐 것을 촉구하는 청교도 사회에 대항해서 입을 꾹 다문 헤스터의 모습은 장엄하기까지 하다. 헤스터가 아기를 안고 단두대에 서서 마을사람들의 질시 어린 시선을 받는 상황에서도 호손은 헤스터를 "신성한 성모의 이미지"(45)와 연결시켜 성스러운 존재로까지 격상시킨다. 물론 헤스터가 이후에 외면적으로 근면, 희생, 봉사의 삶을 살면서 청교도 사회의 율법에 순응하므로 빅토리아조의 전형적인, 순종하는 "집안의 천사"라는 이미지와 비슷한 것처럼 보이기도 한다. 그러한 겉모습은 그녀의 혁명적인 정신을 숨기는 위장에 불과하다. 헤스터는 사회의 규범으로부터 벗어나 있으므로 오히려

"사색의 자유"(112)를 가지게 되었고, 따라서 여성의 행복을 위해서는 사회의 모든 체제를 부수고 새로 세워야 하고, 남성의 습성을 개조하고 여성도 자기 자신을 개혁해야 한다는 혁명적인 사고를 하는 것이다.

그런데 소설의 마지막에서 헤스터는 사회 체제 전체의 변화를 요구하던 이런 과격한 생각을 다소 수정한다. 헤스터는 딤즈데일 목사가 죽은 뒤 보스턴을 떠났다가 유럽에 정착한 펄을 두고 다시 옛 마을로 돌아와서 주홍글자를 달고 혼자 살아가면서 힘들고 슬픈 일을 당한 사람들, 특히 사랑을 올바로 이루지 못한 사람들을 위로하고 충고해준다. 그러면서, "언젠가 좀 더 밝은 시대가 되어 세상의 기운이 무르익어 하느님의 뜻대로 살 수 있는 시절이 오면, 남녀사이의 관계는 서로의 행복이라는 새로운 진리로, 지금까지보다 더 확고한 기반 위에서 구축되리라는 굳은 신념"(185)을 설파한다. 즉 결혼에 있어서 당사자 두 사람의 진정한 사랑이 중요하다는 발언이다. 그런데 곧이어 헤스터는, 이전에는 "자기야말로 예언자로 태어난 사람"이라고 착각한 적이 있었지만, 이제는 자신과 같이 죄를 저질러 치욕과 슬픔을 경험한 여성은 그런 주장을 할 자격이 없다고 깨달았다고 한다. 그리고 다음과 같이 이어진다.

> 앞으로 계시를 지니고 올 천사나 사도가 될 사람이 반드시 여자라는 것은 확실하나, 그러기 위해서는 고상하고 순결하고 아름다운 여자라야 할 것이다. 그것도 어두운 슬픔이 아닌, 천사와 같은 기쁨을 경험하여 현명해진 여자, 순결한 사랑이 인간을 행복하게 한다는 것을 제시하기 위해 그와 같은 목적이 달성된 인생을 참되게 시도하고 있는 여자라야만 한다.

헤스터의 이런 생각은 호손의 견해를 대변한다. 호손은 남녀의 건강한 사랑이 미국의 발전적 비전을 이루는데 있어서 중심적인 역할을 할 것이며 따라서 여성에 대한 억압적 구조가 바뀌어야 한다고 확신한다. 그러나 미국의 밝은 미래를 주도할 이상적인 여성은 순결하고 성스러워야 한다고 보는 것이다. 호손의 사고는 당시의 전형적인 여성 이데올로기와 연결되어 있다. 19세기의 여성 이데올로기는 여성이 타고난 순결함을 간직하여 온순하고 사랑스런 정신으로 가정을 이끌면서 "인류의 교사"가 되어 인간의 타락을 막아야 한다고 강조했다. 호손 역시 이런 이데올로기의 연장에서, 순결한 마돈나이자 구원자인 이상적인 여성에 대한 꿈을 드러낸 것이다. 그러나 막상 소설에서 헤스터와 같은 정열적인 여성이 더 매력적으로 부각되는 것을 볼 때, 전형적인 남성적 사고를 가진 인간 호손과 통찰력 있는 직관을 드러낸 창조적 예술가 호손이 서로 상충하며 갈등하는 장이 바로 『주홍 글자』라고 볼 수 있겠다.

● 영화 <주홍 글자>

『주홍 글자』의 영화화는 대체로 크게 성공하지 못했다. 죄의 심리적 영향이라는 어려운 주제와 현란한 언어구사로 구성된 원작을 중산층 관객을 겨냥한 영상매체로 옮기는 데 어려움이 있었기 때문이다. 1979년의 보스턴 공영 방송 WGBH에서 만든 4부작 드라마는 3시간에 걸친 영상으로 원작을 가장 잘 살렸으나 대중적인 인기는 끌지 못했다. 1995년의 롤랑 조페Rolan Zope의 <주홍 글자>는 대중의 기호에 의존하는 영화예술의 특성을 잘 보여준다. 각색을 맡은 더글러스 데이 스튜어트Douglas Day Stuart는 자신은 원작을 "자유롭게 각색했다"고 공언했고 비평가들에게서 "원작을 훼손한 용서받지 못할 죄를 범했다"는 비판도 받았다. 그러나 영화 자체로만 보면 영상미 넘치는 잘 짜여진 작품이다.

페미니즘, 인디언 문화의 부흥, 가족애의 회복 등, 현대의 미국인들의 관심이 적당히 조합되어 있으며, 할리우드의 활극적인 오락성과 에로틱한 장면을 적당히 섞어 대중적 인기를 끌었다.

1926년. 무성영화.
감독: 빅토르 쇼스트롬Victor Sjostrom(미국명 Seastrom)
주연: 릴리언 지쉬Lillian Gish(헤스터)
라스 한슨Lars Hanson(딤즈데일)

1934년.
감독: 로버트 지 비그놀라Robert G. Vignola
주연: 콜린 무어Colleen Moore(헤스터)
하디 알브라이트Hardie Albright (딤즈데일)

1979년. 4부작 드라마.
감독: 릭 하우저Rick Hauser
주연: 멕 포스터Meg Foster(헤스터)
존 허드John Heard(딤즈데일)
케빈 콘웨이Kevin Conway(칠링워스)

1995년.
감독: 롤랑 조페
각색: 더글러스 데이 스튜어트
주연: 더미 무어Demi Moore(헤스터)
게리 올드만Gary Oldman(딤즈데일)
로버트 듀발Robert Duval(칠링워스)

토론 주제

1. 이 소설을 러브 스토리로 볼 수 있는지 논하시오.
2. 주홍 글자의 의미의 변화에 대해 논하시오.
3. 헤스터의 변화에 대해 논하시오.
4. 당시의 청교도 사회의 특징에 대해 논하시오.
5. 헤스터, 딤즈데일, 칠링워스의 죄는 각각 무엇인지 논하시오.

5장
윌라 캐더: 『나의 안토니아』

● 윌라 캐더 소개

윌라 캐더Willa Cather(1873~1947)는 1873년 미국 버지니아 주에서 태어났으며 9살 되던 해에 네브래스카 주의 레드 클라우드Red Cloud로 이사해서 거기서 어린 시절을 보냈다. 1895년 네브래스카 대학을 졸업한 후 피츠버그에서 저널리즘에 종사했으며 고등학교에서 영어와 라틴어를 가르치기도 했다. 1912년 처녀작 『알렉산더의 다리*Alexander's Bridge*』를 발표했고 다음 해 『오, 개척자여*O, Pioneers!*』(1913)에서 미국 서부의 개척민의 삶을 탐구하여 문단의 주목을 받았으며, 『나의 안토니아*My Ántonia*』(1918)를 발표하면서 남북전쟁 이후 가장 유명한 작가로 각광을 받았다. 캐더는 1920년대에 특히 왕성하게 작품을 발표했는데, 『교수의 집*The Professor's House*』(1925), 『나의 천적*My Mortal Enemy*』(1926), 『대주교에게 죽음이 닥치다*Death Comes for the Archbishop*』(1927) 등이 있으며 그 외에도 많은 단편과 소설이 있다. 캐더는 1947년에 죽을 때까지 동반자인 이디스 루이스Edith Lewis와 함께 살았다.

캐더는 우아하면서도 소박한 문체로 개척지의 풍경을 세심하게 재현했고 특히 여성개척민들의 삶을 새로이 조명했다. 그녀의 대표작 『나의 안토니아』도 캐더가 살던 네브래스카의 시골을 배경으로 개척지의 강인한 여성 안토니아 쉬메르다Ántonia Shimerda를 새로운 여성상으로 재현한다.

● 『나의 안토니아』 줄거리

『나의 안토니아』의 서문에서 이 이야기가 나오게 된 과정이 짤막하게 설명된다. 뉴욕의 성공한 변호사인 짐 버든Jim Burden은 친구에게 안토니아 쉬메르다에 대한 자신의 추억을 담은 회상록을 건네주는데 그것이 이 소설이다. 버지니아에 살던 10살된 짐은 부모님이 돌아가시자 조부모가 사는 네브래스카로 가는데 그 기차 안에서 보헤미아[1]에서 막 이민 온 쉬메르다 가족과 안토니아를 처음 보게 된다. 짐은 마침 이웃에 살게 된 안토니아와 함께 대자연을 마음껏 즐긴다. 그러나 이민생활에 적응하지 못하는 쉬메르다 씨가 자살하자 안토니아와 가족은 절망에 빠진다.

몇 년 후 버든 가족은 읍내로 이사를 가고 안토니아는 어려운 집안 살림을 돕기 위해 읍내의 할링 씨Mr. Harling 집에서 가정부로 일하게 되어 짐과 안토니아는 자주 만나며 친하게 지낸다. 짐은 주도인 링컨Lincoln에 있는 네브래스카 대학에 가기 위해 열심히 공부한 후 대학에 진학하고 이후 하버드 대학에 편입한다. 그동안 안토니아는 읍내의 청년과 약혼해서 아이를 가졌으나 버림받고 다시 돌아와 미혼모가 된다. 그러나 안토니아는 절망하지 않고 아이를 키우며 농장에서 열심히 일을 하며 살아간다.

---

1 체코의 서부 지방.

대학을 졸업한 후 법대에 들어가기 전에 네브래스카를 다시 방문한 짐은 안토니아를 만나 옛날을 추억하며 나중에 다시 방문하겠다고 약속한다. 뉴욕의 성공한 변호사가 된 짐은 20년이 지난 후 다시 안토니아를 찾아온다. 안토니아는 같은 보헤미아 출신인 쿠잭Cuzak과 결혼해서 아이를 여럿 낳고 행복하게 살고 있다. 안토니아를 만난 후 짐은 고향처럼 여겨지는 안토니아와 함께 했던 평화로운 옛 시절을 추억하며 다시 뉴욕으로 떠난다.

● 『나의 안토니아』 비평

윌라 캐더는 『나의 안토니아』에서 안토니아 쉬메르다를 비롯한 동유럽 출신의 이민세대가 네브래스카의 오지에서 겪는 삶의 모습을 그리면서 개척시 생활의 한 단면을 감동적으로 형상화했다. 안토니아라는 여성 주인공의 파란 많은 삶을 인상적으로 그려내어, 미국 개척사에서 중요한 역할을 담당했으면서도 여태껏 제외되어 왔던 여성의 삶을 새로이 발굴하여 개척지 역사에 대한 새로운 시각을 제시한 것이다.

그런데 안토니아의 인생이 짐이라는 남성 서술자를 통해 전달되고 있는 점을 생각해 볼 필요가 있다. 짐은 안토니아와 어린 시절부터 친구이면서 끝내 연인으로 발전하지는 않은 애매한 관계이다. 두 사람은 공통적인 면이 거의 없을 정도로 다른 존재이다. 안토니아는 동유럽인 체코 출신의 가톨릭이며 미국에 후발 주자로 이민을 와서 개척지에서 갖은 고생을 하면서 밑바닥 인생을 산다. 반면 짐은 일찍 이민을 와서 이미 경제적 기반을 다진 서유럽 출신의 신교도이며 법대를 나와 성공한 변호사가 된, 미국의 꿈을 달성한 인물이다. 이 두 사람의 판이한 배경을 고려할 때 짐이 안토니아를 제대로 이해할 것이라고 기대하기는 좀 어렵다. 왜 캐더는 이런 서술자를 통해서 안토니아의 이야기를 독자에게 들려주는 것일까?

캐더는 "서문"이라고 제목을 붙인 장에서 서술자 "나"를 등장시켜 짐의 회상록의 성격을 설명한다. "나"는 이 글에 대해 짐과 주고받은 얘기를 술회한다. 짐은 자신이 안토니아에 대한 추억이 떠오르는 대로 써나갔으므로 글이 뚜렷한 "어떤 형"[2]을 이루지 못했다고 변명한다. 또 짐은 이 책의 제목을 처음에는 "안토니아"라고 적고는 불만스러워하더니 결국 "나의 안토니아"로 고쳐 적고서야 만족했다고 한다. 그 말은 이 소설이 안토니아의 삶을 충실하게 기록하기보다는 짐 자신이 깊은 인상을 받았거나 기억에 남아있는 일화들을 적었다는 것을 의미한다. 즉 안토니아에 대한 주관적인 관찰자인 짐은 안토니아를 있는 그대로 보는 것이 아니라 자신의 취향에 따라 자기가 이해할 수 있는 텍스트로 바꾸어서 "읽고" 있다는 것이다.

짐이 안토니아를 제대로 이해할 수 없는 이유는 두 가지가 있다. 첫째, 뒤늦게 이민을 온 동유럽 계통의 개척민과 달리 버든 가는 일 세대 이민이고 이미 정착하여 경제적 안정을 누리고 있다. 따라서 짐이 개척민들의 어려운 삶을 알고 있는 것은 사실이지만, 그런 열악한 삶을 몸소 경험하지는 않았으므로, 개척지의 독특한 삶은 관찰된 추억에 불과한 셈이다. 짐이 개척지의 삶을 생생하게 전달하기보다는 자신의 느낌을 전달하는 데에 주력하는 것도 직접적인 경험의 현장에서 유리되어 있는 그의 상황에서 비롯된 것이다. 둘째로, 짐은 개척지에서는 남성적인 힘이 가장 중요하다고 생각하는 개척지 이데올로기를 대표하는 인물로 ,

---

2 Willa Cather, *My Ántonia* (Boston: Houghton Mifflin Company, 1918. rpt. 1977), 이후로는 인용문 옆에 쪽수만 표시함.

안토니아와의 관계에서 남성 중심적인 사고를 드러낸다.

이처럼 안토니아를 제대로 이해할 능력이 부족한 짐을 통해 안토니아의 이야기를 전달하는 이유는 무엇일까? 그것은 변방의 주변인인 안토니아를 백인 남성 중심의 주류사회가 쉽게 공감할 수 있는 인물로 설정하기 위해서이다. 여성작가이며 동성애자였던 캐더는 늘 스스로를 백인 남성 중심의 주류사회에 편입될 수 없는 주변인으로 여기면서 동화에 어려움을 느꼈으므로, 역시 주변인인 안토니아를 백인 남성이며 중산층인 짐을 통해 전달함으로써 더 쉽게 독자의 공감을 얻어내려고 했던 것이다. 짐의 공감적인 시각을 통해 전달됨으로써, 안토니아는 남성 중심의 개척지 소설에서 배제되어온 숨어 있는 현실을 거부감을 일으키지 않고 전달하게 된다. 캐더는 짐이 관찰한 안토니아를 단순히 재현하는 것에 그치지 않고 짐의 기대와 달리 빗나가는 안토니아의 모습을 함께 재현하기 때문이다. 즉 짐의 "읽기"에 저항하며 자신의 얘기를 독자적으로 전달하고자 하는 안토니아의 모습을 그리면서, 캐더는 자신의 고정관념에 맞추어 안토니아를 재단하는 짐의 시각이 허구이며, 짐이 외면하고 싶어도 외면할 수 없는 다른 숨겨진 역사가 미국을 만드는데 더 중요한 역할을 했다는 것을 드러낸다. 캐더는 이런 이중적 관점을 얻어내기 위해 전략적으로 짐을 서술자로 선택한 것이다.

한편 서술자 "나"는 짐에게 "낭만적인 성향"(2)이 있다고 규정한다. 짐의 낭만적인 성향이 서문에서 명백하게 설명되는 것은 아니지만 짐의 결혼생활에 대한 묘사에서 "나"의 의도가 짐작된다. 짐의 아내는 전위적인 작가들의 후원자 노릇을 하는 등 "인물이 좋고, 활력이 넘치며, 능력이 있는" 것처럼 보이지만, 사실은 "인상적이지도 않고 기질적으로 열정도 없는"(1) 사람에 불과하다. 그녀는 남편과 맞지 않으면서도 편의상 이혼을 하지 않고 자신의 생활을 영위해 나간다. 이들의 결혼생활이 불모의 삶이라는 것은 아이가 없다는 것에서도 상징된다. 짐의 결혼생활을 염두에 둔다면 짐은 자신의 현실에 대한 불만으로 인해 과거에 안토니아와 사귀던 시절의 충만함을 그리워하는 것이다. "어떤 기억은 현실이며 사람에게 다시 일어 날 수 있는 어떤 일보다 더 좋다"(211)는 짐의 말이 그런 추측을 뒷받침한다. 따라서 짐의 낭만적인 성향이란 어려운 현실을 회피하면서 과거를 찬미하는 것이며, 그런 점에서 짐은 "미국의 과거"를 낭만화시키고 있다. 그런데 "나" 역시 안토니아는 "우리의 어린 시절의 시골, 환경, 모든 모험"(2)을 대표한다고 말하면서 안토니아를 미화하는 짐의 낭만적인 성향을 긍정적으로 보는 듯하다.

그런데 짐이 이런 낭만적인 성향 때문에 안토니아를 진정으로 이해하지 못하고 자신의 고정관념에 맞추려고 한다는 점도 비판되고 있다. 작가 캐더의 관점은 프랜시스Frances의 눈을 통해 드러난다. 안토니아는 할링 씨 집에서 가정부로 일하던 중에 춤추는 것을 너무 좋아해서 나다니다가 집안일을 등한히 하며, 그녀를 만나려는 읍내의 남자들이 집 주위를 배회하는 일도 생긴다. 할링 씨가 안토니아에게 춤추러 가는 것을 금지시키자 안토니아는 이에 반발하여 할링 씨 집을 나와서 커터 씨Mr. Cutter 집으로 옮긴다. 그런 안토니아를 숭배하는 짐에게 프랜시스는 "너는 언제나 그 애들을 너무 멋지게 보고 있어. 짐, 너의 문제는 말이야, 네가 낭만적이라는 거야"(146)라고 경고한다. 안토니아가 가정부로 계속 일하려면 좋은 주인을 만나는 것이 가장 중요하다는 현실을 짐이 모르고 있음을 꼬집는 것이다. 실제로 커터 씨 집으로 일자리를 옮긴 안토니아는 위기를 겪는다. 자신이 원하는 대로 하고 싶어서 안정적인 할링 씨 집을 박차고 나간 안토니아를 "진짜 여성"(143)의 대표로 여기며 숭배하는 짐이 안토니아의 생명력을 인정해 주는 것도 사실이지만, 그것은 짐이 안토니아의 현실적인 상황을 고려하지 않는다는 것을 의미한다. 안토니아를 "상상력에 불을 붙이는 어떤 존재"(226)로만 보는 낭만적인 성향 때문에 짐은 안토니아의 현실을 무시한 채 자신의 낭만적 환상을 숭배했던 것이다. 서술자로서의 짐이 자신의 서술대상에게 가하는 이러한 자기 본위적인 시각, 즉 안토니아에 대한 낭만적인 읽기로 인해 짐의 서술은 외형상 명백한 진술로 보여도 다시 한 번 살펴봐야 할 대상이 된다.

그런데 짐의 "읽기"의 대상이 된 안토니아는 그러한 짐의 읽기에 끊임없이 저항하면서 자신의 모습을 새로이 쓰려는 시도를 한다. 짐이 자신의 책 제목으로 굳이 "나의"를 붙여서 안토니아에 대한 자신의 읽기를 고집한다면, 안토니아는 자신의 삶을 자기 식으로 살아가면서 짐의 고정관념을 변화시킨다. 안토니아의 집에서 안토니아를 부를 때는 유달리 "안"을 강하게 부른다는 사실에서도 안토니아의 저항이 암시되며 이후 안토니아의 삶에 대한 묘사에서 안토니아 나름대로 자신의 삶을 "쓰는" 과정이 두드러진다. 짐 버든은 안토니아를 농경생활의 아름다운 영상으로 보려하며 안토니아는 그런 전이에 항거하는 것이다. 안토니아를 일정한 범주에 묶어 두고자 하는 짐의 욕구와 그런 시도를 끊임없이 거부하는 안토니아의 갈등이 이 소설을 역동적으로 만들고 있으며 그런 갈등을 통해서 캐더는 새로운 개척지의 역사를 쓰고 있다.

안토니아에 대한 짐의 이해가 편협하다는 것을 잘 드러내면서 그로 인한 안토니아와의 갈등을 부각시킨 부분이 바로 제 1장 "쉬메르다 가" 이다. 여기서 짐은 안토니아와 공감하기도 하지만 그녀를 자기 식으로 이해하려는 태도를 보인다. 특히 자신이 남성이기 때문에 안토니아보다 우월하다고 짐이 주장하는 모습에서 그의 편협한 시각이 두드러지게 나타난다. 짐은 안토니아가 나이가 더 많다고 해서 "나이든 체 하는 어조"

나 "봐주는 듯한 태도"(30)를 취하는 것이 싫다고 말하면서 남성인 자신이 무시되는 것에 대해 민감한 반응을 보인다. 짐은 뱀을 잡는 사건을 통해서 자신의 남성적 힘을 보여주어 안토니아의 존경을 얻어 냈다는 일화를 가장 기억에 남는 중요한 사건으로 등장시킨다. 남성적 권위를 주장하는 짐이 안토니아에 대해 특히 못마땅하게 생각하는 것은 안토니아가 점점 남자 같은 모습으로 변하는 것이다. 아버지가 돌아가신 후, 안토니아는 어려워진 살림을 돕기 위해 남자들만 했던 들일까지 하느라 풀어 젖힌 목과 가슴에는 먼지가 낀 채, 햇볕에 그을리고 땀을 흘리면서 동물들에게 고함을 지르는 등, "남자처럼"(81) 일한다. 여기에 대해 짐은 거듭거듭 불만을 토로한다.

그러나 안토니아는 "나는 남자가 되고 싶어"(89)라고 단호히 말하면서, 자신을 일정한 틀에 규정지으려는 짐의 사고에 저항한다. 안토니아의 저항적 태도는 저항을 위한 저항이 아니라, 자신의 삶을 온전히 살아가려는 노력과 연결되어 있다는 것에 주의할 필요가 있다. 즉 안토니아의 남성적 태도는 본질적인 것이 아니라는 점이다. 나중에 할링 씨의 집에서 일을 할 때 안토니아가 지극히 여성적인 모습을 보이는 것을 봐도 안토니아의 남성적인 태도는 환경적인 요인 때문이라는 것을 알 수 있다. 개척지 사회에서 가장 필요한 것은 남성의 힘이다. 짐은 네브래스카에 도착하면서, "땅 밖에는 아무 것도 없었다. 그것은 마을이 아니라, 마을을 만들어낼 재료일 뿐 이었다"(7)라고 느끼는데, 이런 거대한 땅덩어리를 마을로 개척해 나가는 데 남성의 힘이 필수적이었다. 따라서 남성은 개척지 사회에서 가장 중요한 위치를 차지한다. 버든의 할아버지가 장엄한 모습으로 묘사되며 안토니아의 오빠인 암브로쉬Ambrosch가 쉬메르다 집안에서 "중요 인물"(59)로 여겨지는 것도 개척지의 현실적 상황에서 비롯된 것이다. 이런 상황을 감안할 때, "나는 이제 남자처럼 일할 수 있어. 이제는 엄마도, 일은 암브로쉬 오빠가 전부 다하고 아무도 도와주지 않는다는 말은 못해. 나도 그만큼 해내거든"(80)이라고 하면서 자랑스러워 하는 안토니아는 개척지 삶에서 여성이 당당히 한 몫을 하고 있다는 것을 보여준다. 그러므로 안토니아의 남성적인 모습은 개척지의 발전의 역사를 남성적 힘의 결과물로 보는 기존의 고정관념에 대한 저항이나 마찬가지다.

안토니아의 저항을 대하는 짐은 처음에는 그것을 수긍하지 못하지만 곧 안토니아의 삶을 이해하고 자신의 고정관념을 바꾼다는 점에서, 즉 자신의 "읽기"를 바꾼다는 점에서 서술자로서 점점 성숙해가는 면모를 드러내는 것도 사실이다. 그 대표적인 것이 개척지에서의 남성과 여성의 역할에 대한 서술이다. 짐은 쉬메르다 씨에 대해서는 처음에 그의 "품위 있는 태도"(18)를 긍정적으로 평가하지만 힘들게 노력하는 쉬메르다 부인은 영악한 사람이라며 부정적으로 묘사한다. 그러나 점잖은 쉬메르다 씨는 험악한 개척지의 현실에 적응하지 못하고 지내다가 결국 자살하여 가족에게, 특히 자신이 그토록 사랑했던 딸 안토니아에게 힘든 삶을 부과하는 직접적인 원인이 된다. 이후 남녀의 역할에 대한 짐의 태도는 달라진다. 곡물상이며 가축상인 할링 씨는 "자신에게 힘이 있다는 것을 의식하는 사람처럼, 그 나름으로 귀족적이고 제국적이며"(102) 남성의 우월성을 주장하는 전형적인 인물이지만, 사실은 "자기 아내가 온통 자기에게만 신경쓰기를 요구하면서"(101) 은밀히 아내의 의견을 따르는 인물이므로, 그가 주장하는 남성우월주의가 사실은 허구라는 것이 드러난다. 그의 사업을 주로 도와주는 것은 아들이 아니라 딸인 프랜시스로서, 아버지와 둘이서 걸어 갈 때면 두 남자가 걸어가는 것 같다고 여겨질 정도로 외모는 남자와 다를 바 없는 그녀를 짐은 긍정적으로 묘사한다. 안토니아를 보면서 여자가 남자같이 군다며 비판하던 짐이 달라진 것이다.

뿐만 아니라 1장에서 짐이 가부장적인 암브로쉬에게 느끼던 혐오감은 이제 남성 전체에 대한 비판으로 발전한다. 짐은 개척지의 처녀들이 억척같이 일을 해서 남자 형제들을 공부시켰으며 탄탄한 살림기반도 마련했다는 점을 지적하면서, 많은 남성들이 여성들에게 빚을 지고 있고 개척지를 살만한 마을로 만들어가는 데 큰 공을 세운 사람은 바로 여성들이라고 본다. 고용살이하는 개척지 처녀들의 꽁무니를 쫓아다니는 읍내 청년들의 비겁함을 묘사하는데서 남성의 우월성에 대한 짐의 비판은 절정에 이른다. 다음 날이면 주인의 딸과 결혼할 해리 페인Harry Paine이 안토니아에게 키스를 하려다가 얻어맞는가 하면, 실베스터Sylvester는 마지막 순간에 레나Lena를 버리고 주인의 딸과 결혼하는 등, 읍내청년들의 모습은 한심하기 짝이 없다. 동네 어른들은 개척지 처녀들을 "사회적 신분 질서에 대한 위협"(129)으로 여기지만, 사실 "블랙 호크Black Hawk 마을의 젊은이들에게는 점잖은 집안에 대한 고려가 어떤 욕망보다도 강했"(129)으므로 부모들은 걱정할게 없을 정도였다고 풍자된다.

여성들에게 빚을 지고 있는 개척지 남성들이나 허약한 읍내 남성들에 대한 짐의 환멸감을 이해할 때, 춤을 포기하라는 할링 씨의 말에 차라리 일자리를 떠나겠다며, "할링 씨는 집 바깥에서는 제 주인이 아니에요… 나 같은 여자애는 할 수 있을 때 즐겁게 놀아야만 해요"(133)라고 당당히 맞서는 안토니아를 짐이 숭배하는 것은 공감을 불러일으킨다. 여기서 안토니아에 대한 짐의 숭배는 거의 절정에 이른다.

> 그녀가 나를 흐뭇하게 여긴다면 나도 그녀가 자랑스러워서, 컴컴한 삼목나무 아래로 빠져 나와 커터 씨 집의 대문을 닫으면서 머리를 높이 들었다. 그녀의 온화하고 다정한 얼굴, 그녀의 친근한 팔, 그녀의 진심어린 마음. 그녀는, 아, 그녀는 여전히 나의 안토니아였다. 나는

집으로 걸어가면서, 주변의 어둠에 잠겨 조용한 작은 집들을 경멸스럽게 둘러보면서, 그 어느 집안에선가 자고 있을 멍청한 청년들을 생각했다. 나는 아직 소년에 불과했지만 진짜 여성들이 어디 있는지 알고 있었다. 그리고 나는 그들을 두려워하지도 않을 것이다! (143-4)

짐은 안토니아를 “진짜 여성”이라고 당당히 말하면서 안토니아가 살아가는 삶의 방식을 그대로 받아들이고 이해할 뿐 아니라 안토니아가 대표하는 개척지 여성 전체에게 찬사를 보낸다. 짐은 레나를 비롯해 타이니 소더볼Tiny Soderball, 세 명의 보헤미아의 메어리Mary들, 세탁소에서 일하는 덴마크 출신 소녀들에게는 모두 생명력이 가득 차 있다고 찬미한다. 이들은 남성을 대신해서 이 땅을 마을로 만들어 가는 힘찬 생명력을 가지고 있다고 보는 것이다. 짐은 시골 소녀들과 근처의 야외에 소풍을 갔다가 그들의 인정과 가족애 등을 느끼고 돌아오는 길에, 태양을 등지고 선 쟁기의 모습이 “영웅적인 크기의, 태양 위에 그린 그림”(156)의 모습으로 나타난 것을 보게 된다. 개척지의 근본적인 축은 남성이라는 인식을 가졌던 짐이 이제 이 땅을 제대로 만드는 힘은 여성에게서 나온다는 인식에 이른 이 시점에서 노동의 상징을 보게 되는 것은 의미 있나. 대표적인 노동의 상징을 여성들과 연결시킴으로써 짐은 개척지 여성의 헌신을 인정하는 것이다.

짐은 자신의 편견을 수정하고 안토니아의 본연의 모습을 그대로 받아들이기도 하지만, “여전히 나의 안토니아”라는 구절에서 드러나듯이, 또 다른 점에서 안토니아를 자신의 잣대에 맞추어 보려는 태도가 남아 있다. 커터 씨 집에서 있었던 사건에 대해 짐이 반응하는 태도를 보면 짐의 안토니아 “읽기”가 여전히 수정될 면이 있다는 것을 알 수 있다. 짐은 안토니아를 대신해서 커터 씨 집에 가 있다가 커터 씨에게 강간당할 뻔하는 봉변을 당한다. 안토니아에 대한 그간의 애정을 고려할 때 짐은 자신이 안토니아의 불행을 막을 수 있었다는데 대해 영웅적인 만족감을 느낄 것이라고 짐작된다. 그러나 짐은 이 사건 후에 안토니아에게 지극한 혐오감을 드러내는 등 다소 이해가 되지 않을 정도로 과민하게 반응하며 이후 사실상 짐과 안토니아의 사이가 멀어진다.

짐의 혐오감은 안토니아에 대한 짐의 또 다른 고정관념, 즉 안토니아를 과거의 추억과 고향인 개척지를 상징하는 추상적인 존재로 여기려는 경향과 관계있다. 그것은 짐이 레나와 안토니아를 달리 보고 있는 데서 잘 드러난다. 짐은 레나와 춤을 추면서, "얼마 후면 마치 나른하고 찌는 듯한 여름날의 열기 아래 있는 듯이 안절부절 해진다"(142)고 하면서 레나에게서 성적인 매력을 느낀다는 것을 암시한다. 그러나 안토니아와 춤을 추면서는 "새로운 모험"(142)을 느낄 뿐이다. 짐은 안토니아를 성적인 매력이 있는 개인이라기보다는 긍정적인 상징으로 추상화시키고 있는 것이다. 안토니아를 개별 여성으로 여기지 않는 짐의 태도는 짐 자신의 고백에서 잘 드러난다.

> "안토니아, 아는지 모르지만, 내가 떠나서 지낸 이후로 나는 이 세상 누구보다도 너를 더 생각했어. 나는 너를 애인으로, 아내로, 어머니로, 아니 누이로,… 남자에게 여자가 될 수 있는 어떤 관계로든 두고 싶었어. 너에 대한 생각이 내 정신의 일부였어. 내가 깨닫지도 못하는 새에 수백 번이나, 너는 나의 기호에, 나의 취미에 영향을 끼쳤어. 너는 진정 나의 일부야." (206)

여기서 보이듯이 안토니아는 짐에게 애인이면서 아내요 어머니면서 누이가 되는 등 여성의 모든 역할을 하고 있다. "너에 대한 생각은 내 정신의 일부야", "너는 진정 나의 일부야"라는 짐의 말에서 드러나듯이 짐에게 안토니아는 개별 여성이 아니라 "원형적 여인"인 것이다. 커터 씨 집에서 일어난 사건은 안토니아가 그런 상징적이고 추상적인 존재가 아니라 육체적인 매력을 풍기는 개별 여성이라는 점을 짐에게 깨우쳐주었다는 점에서 짐의 환상에 일침을 가하는 사건이 된다. 짐은 이 사건을 통해 자신에게는 고향을 상징하는 이상향인 안토니아가 다른 남자들에게는 매력을 일으키는 육체를 가진 개별 여성이라는 점을 분명히 깨달았으면서 자신의 환상이 깨어진 것에 대한 불쾌감을 안토니아에 대한 혐오감으로 나타냈던 것이다. 안토니아는 래리 도노반Larry Donovan과 교제를 계속하다가 그의 사생아를 낳는 미혼모가 되면서 짐의 환상에 정면으로 도전하는 셈이 된다.

짐은 성공한 레나와 달리 애인에게 버림받고 미혼모로 아이를 낳아 키우는 안토니아가 사람들에게 "동정의 대상"(192)이 되었다면서 실망을 금치 못한다. 그런데 이 시점에서 캐더는 짐을 더 이상 안토니아에 대한 이야기의 전달자로 내세우지 않는다. 사실 1장과 2장 이후로 안토니아에 대한 서술자로서의 짐의 입지는 점점 줄어들었다. 짐의 시각으로는 안토니아를 제대로 드러낼 수 없다는 캐더의 인식을 반영한 것이다. 캐더는 이제 안토니아를 제대로 이해할 수 있는 같은 개척지의 여성이며, 안토니아와 마찬가지로 어려운 삶을 겪어낸 스티븐스 부인Mrs. Stevens을 전달자로 등장시킨다. 스티븐스 부인은 안토니아가 미혼모로 아이를 키우면서 억척같이 살아가는 모습을 잔잔하게 전달하면서 안토니아의 삶을 새로이 조명해준다. 같은 여성의 입장에서 안토니아의 삶을 제대로 이해하고 전달하는 부인의 이야기를 듣고서야 짐은 안토니아에게서 "새로운 종류의 강인함"(205)을 보게 된다. 짐은 다른 사람의 "읽기"를 거쳐서만 안토니아라는 텍스트를 이해하게 되는 것이다.

짐은 그 이후 거의 20년이라는 세월이 지나서야 다시 안토니아를 찾는다. 짐이 안토니아를 만나기 전에 이렇게 오랜 시간을 지나게 된 이유는 명백하다. 스스로도 인정하듯이 짐은 안토니아가 자신의 이상에 맞지 않는 모습으로, “나이 들고 세파에 꺾인 채” 변해 있을까 두려워, 즉 자신의 “비겁함”(211) 때문에 오랜 세월동안 만남을 미루었던 것이다. 20년이 지난 지금은, 짐이 그간 얼마나 정신적 변화를 이루었는지 구체적으로 드러나 있지는 않지만, 20년의 공백기 후에 안토니아를 스스로 찾아 온 것으로 보아, 또 이후 짐이 안토니아를 이해하는 정도를 보건대, 그동안 짐의 인식이 어느 정도 달라졌다는 것을 짐작할 수 있다. 짐은 이제 자기 몫의 삶을 묵묵히 살아온 안토니아를 있는 그대로 받아들이려고 한다. 건장한 체구의 갈색 피부에 가슴은 납작하고 이빨이 다 빠져버린 안토니아는 무성적이라고 여겨질 정도로 충격적인 모습이다. 그러나 짐은 그녀의 눈을 보면서 그 모든 변화에도 불구하고 그녀의 성정은 오히려 활짝 피어나 있는 것을 발견하며, 외모는 고이 간직했으나 “내적인 빛”을 잃어버린 다른 사람들과 달리 안토니아는 “생명의 불꽃”(216)을 간직하고 있음을 깨닫는다. 많은 아이들에게 둘러싸인 안토니아는 “삶의 풍요로운 탄광”(227)의 역할을 하고 있다는 것을 깨달으면서 짐은, 그녀가 “대지의 어머니”이며 “영원한 어머니”라는 것을 인정하게 된다. 짐이 이런 찬사를 하는 것에서 그가 이제 고생에 찌든 한 시골 여인이 살아온 삶의 아름다움을 제대로 읽어 낼 수 있는 성숙된 시점에 이르렀다는 것을 알 수 있다.

그러나 짐의 깨달음 자체가 그에게 충만한 삶을 보장해 주지는 않는다. 안토니아에 대한 진정한 이해에 이르기 위해 20년의 세월을 설정한 것부터가 짐이 안토니아를 진정으로 이해하는 것이 얼마나 어려운지를 암시한다. 또 짐이 안토니아의 꾸준한 안토니아 “쓰기”를 대하면서 그녀를 제대로 읽어 낼 수 있는 감수성을 얻었다고 해서 그것만으로 짐과 같은 남성의 삶이 획기적으로 변하는 것은 아니다. 짐은 안토니아의 집을 떠나 읍내로 가는데 거기서 마주하게 되는 풍경은 안토니아의 집에서 느꼈던 감동을 지속시키지 못한다. 블랙 호크는 실망스럽고 할링 저택에는 모르는 사람이 살고 있으며 산은 깎여 버렸고 포플라 나무도 그루터기만 남았다. 결국 그가 가진 것은, "우리가 무엇을 놓쳤던 간에 우리는 소중하고 남에게 말할 수 없는 과거를 함께 소유하고 있다"(238)는 자각뿐이다. 나중에 안토니아의 아이들과 놀아야겠다고 마음을 달래 보지만 그것은 알맹이 없는 위안에 불과하다. 개척지의 어려움을 직접 경험하지 못한 짐은 안토니아의 삶을 막연히 동경하면서 바라볼 뿐 충만한 삶은 여전히 그와 먼 곳에 있는 것이다.

● 영화 <나의 안토니아>

<나의 안토니아>는 1995년에 TV용 영화로 제작되었으며 네브래스카에서 일부 촬영되었다.

1995.
감독: 죠셉 사전트Joseph Sargent
주연: 닐 패트릭 해리스Neil Patrick Harris(짐 버든)
엘리나 로웬손Elina Löwensohn(안토니아)

토론 주제

1. 자연환경과 이민자의 삶에 대해 논하시오.
2. 개척지 사회의 계층에 대해 논하시오.
3. 개척지의 삶에서 여성의 역할에 대해 논하시오.
4. 안토니아의 삶에 대해 논하시오.
5. 안토니아에 대한 짐의 사랑의 성격을 논하시오.

III.

신분상승의 꿈

II

6장
찰스 디킨즈: 『올리버 트위스트』

● 신사의 꿈

신분상승이라는 주제는 동서고금을 막론하고 인간의 상상력을 사로잡았으며 특히 어렵고 힘든 삶을 사는 일반 민중에게는 희망을 품게 해 주는 꿈이기도 했다. 빅토리아조의 영국 사회에서 신분상승이라는 개념은 신사gentleman가 된다는 개념과 필연적으로 연결되어 있다. 원래 신사는 작위가 없는 지주계급인 젠트리의 성인남자를 지칭하던 용어였지만, 빅토리아조의 시민사회에 이르러 중산층 계급의 이상적인 남성상을 일컫는 용어로 확립된다. 즉 일정재산이 있고 적당한 교육을 받아 교양을 갖춘 남자를 가리키는 말이 되면서, 경제적 신분과 정신적 덕성을 함께 갖춘 "빅토리아조 신사"라는 새로운 신분이 만들어진다. 신사라는 용어에는 이상적 인간이라는 추상적 의미와 안락한 삶이라는 현실적 꿈이 결합되어서 신사가 된다는 것은 경제적 내지 사회적 특권을 누리는 것을 의미한다. 그러나 시민사회가 발전되면서 그 사회의 주된 세력인 중산층이 점점 보수화되고 자신들의 기득권을 보호하려는 성향을 띠면서 신사 개념은 허위적인 요소를 가지게 된다.

경제적으로 신분 상승을 이루는 것은 빅토리아조의 영국 사회에서 이론적으로는 장려되는 분위기였다. 사무엘 스마일즈Samuel Smiles는 『자조*Self-Help*』(1859)에서, 모든 인간이 보다 높은 사회적 지위로 오르는 것은 의무라면서 신분상승을 장려했으며, 그 과정에서 개인의 노력이 중요하다고 강조했는데, 이 책은 당대에 큰 인기를 얻었다. 그러나 막상 현실에서는 빈곤하게 사는 사람들이 빈곤의 악순환을 극복하고 신분상승을 이루는 것이 결코 쉽지만은 않았으므로 신분상승의 꿈은 허구적 환상에 불과한 경우가 많았다. 그런 상태에서 신분상승의 이론적인 가능성을 열어놓은 것은, 자유방임적인 경제체제를 합리화하려는 중산층 산업자본가들의 무책임성과 연결되어 있다. 즉 노동자들의 빈곤을 그들의 게으름 탓으로 돌리려는 논리의 일환으로 손쉽게 이용되었던 것이다. 신분상승을 이루려는 사람에 대해 주변 사회의 시선이 결코 곱지만은 않았다는 사실도 신분상승이 쉽지 않았다는 것을 암시한다. 당시 빈곤층 출신으로 약간의 교육을 받아 다소 신분상승을 이루었다고 여겨지는 이들이 주로 학교 선생들인데, 중산층은 이들 같은 새로운 출세자를 대체로 경멸하는 편이었다.

여기 소개하는 찰스 디킨즈Charles Dickens의 두 소설, 『올리버 트위스트*Oliver Twist*』와 『위대한 유산*Great Expectations*』은 모두 주인공이 신사로 진입하는 과정을 다룬다. 그러나 초기소설인 『올리버 트위스트』와 후기 소설인 『위대한 유산』은 신사가 무엇이며 신사가 되는 것은 당대 사회에서 어떤 의미가 있는지, 신사의 꿈을 낳은 당대사회의 성격은 어떤지에 대해서 상당히 다른 시각을 보여주면서 디킨즈의 작가로서의 성장 과정을 드러낸다.

● 찰스 디킨즈 소개

찰스 디킨즈(1812~1870)에 대한 문학적 평가는 사후 백년을 지나면서 공고히 확립되어 그를 위대한 작가의 반열에 두는데 이의를 제기하는 평자는 거의 없다. 디킨즈 당대에 이미 대부분의 소설이 여왕을 비롯하여 무식한 일꾼에 이르기까지 다양한 계층에게 인기를 얻으면서 엄청난 판매부수를 기록했고, 디킨즈 사후에는 전 세계로까지 그 인기가 확장되었으며 수많은 만화영화나 영화로 각색이 되었다.

디킨스는 1812년 영국 남단의 군항인 포츠머스Portsmouth에서 해군 경리국의 하급관리인 존 디킨즈John Dickens와 엘리자베스Elizabeth의 팔남매 중 둘째아들로 태어났다. 경제개념이 부족한 존 디킨즈로 인해 집안의 형편이 점점 기울다가 마침내 존은 빚을 갚지 못하여 마셜시Marshalsea 채무자 감옥에 투옥되고 그로 인해 어린 디킨즈의 삶은 충격적으로 변하게 된다. 나머지 식구들은 아버지가 투옥된 감옥 안에 따로 방을 얻어 함께 생활했으나[1] 당시 열두 살이던 찰스는 돈을 벌기 위해 구두약 공장에 견습공으로 취직하여 형편없는 환경에서 일을 해야만 했다. 이 경험은 그에게 큰 상처를 남겼는데, 『데이비드 커퍼필드 *David Copperfield*』(1849-50)에는 중산층에 속한다고 생각했던 어린 찰스가 노동계층으로 전락하여 느끼는 고통스런 좌절감이 잘 나타나 있다. 사설학교에서 약간의 교육을 받다가 공장에 다니는 바람에 배움을 중단 당한 디킨즈는 아버지가 감옥에서 나오자 다시 학교를 잠시 다니지만, 곧 엘리스와 블랙모어Ellis and Blackmore 변호사 사무실에 서기로 취직하여 2년가량 근무하면서 독학으로 속기를 배워 법원의 속기사가

---

1 채무자 감옥에서는 채무자가 아닌 나머지 식구들이 방을 빌려서 함께 생활할 수 있었고 그들은 감옥을 자유로이 왕래할 수 있었다.

된다. 이후 여러 신문사에 글을 기고하는데, 1834년 『아침신문*Morning Chronicle*』의 의회기자가 되어 처음으로 보즈Boz라는 필명을 사용하여 런던의 삶에 대한 여러 편의 글을 발표하였다.

그의 명성이 확보된 것은 『피크위크 보고서*Pickwick Papers*』(1836)였다. 피크위크를 포함한 네 명의 신사가 여행을 하면서 겪는 모험을 중심으로 삽화, 농담, 멜로드라마, 희극적인 장면을 섞은 이 소설은, 한 소설을 세 권으로 나누어 출판하던 그때까지의 관례와 달리, 19회에 걸쳐 월간으로 분할 출판되었다. 이 새로운 형식은 당시의 생활수준에 비할 때 다소 비싼 편이던 책 한권의 가격을 내리게 되어 결과적으로 더 많은 독자를 확보하게 해주었다. 이후 디킨즈는 거의 모든 소설을 이처럼 월간 연재본으로 출판했다.[2] 이 출판체제에서는 전 달에 나온 월간본의 재미 여하에 따라 다음 월간본의 판매부수가 결정되므로 작가는 독자의 반응에 신경을 쓰지 않을 수 없게 되고, 디킨즈는 자연히 대중독자를 의식하는 대중소설가로서의 특징을 가지게 된다. 이후 디킨즈는 『올리버 트위스트』(1837-1839), 『돔비 부자*Dombey and Son*』(1846-48), 『크리스마스 캐럴*Christmas Carol*』(1843), 『황폐한 집*Bleak House*』(1852-1853), 『어려운 시절*Hard Times*』(1854), 『작은 도릿*Little Dorit*』(1855-1857), 『위대한 유산』(1860-1861), 『우리 서로의 친구*Our Mutual Friend*』(1864~1865) 등 많은 작품을 써서 영국인의 사랑을 받았다.

소설의 인기로 돈을 많이 번 디킨즈는 1856년, 어릴 때부터 선망의 대상이던 갯즈 힐 플레이스Gad's Hill Place 저택을 구입하는 등, 삶의 절정기를 누리기도 하지만 가정적으로는 별로 행복하지 못했다. 디킨즈는 건강이 점점 나빠지고 있었지만 무리해서 많은 낭송회를 개최했고,

---

2 『위대한 유산』은 주간연재본이다.

결국 거듭된 과로로 인해 『에드윈 드루드의 수수께끼*The Mystery of Edwin Drood*』를 완성하지 못하고, 1870년 58세의 나이로 갯즈 힐에서 숨을 거둔다. 이후 디킨즈는 웨스트민스터Westminster 사원의 시인의 묘역에 안장되며 그의 묘비에는 다음과 같이 새겨져 있다.

> 그는 가난하고 고통 받고 박해 받는 자들을 동정했고, 그의 죽음으로 인해 세상은 영국의 가장 훌륭한 작가 중 한 사람을 잃었다.

디킨즈의 특징 중 가장 중요한 점은 대중소설가라는 점이다. 그는 독자가 자신과 공감할 것이라고 확신했으며, 독자의 관심을 지속적으로 끌기위한 대중소설적인 기법도 잘 활용했다. 감상적이라고 여겨질 정도로 독자의 눈물을 쏟게 만들었고 희극적인 묘사로 웃음을 끌어내기도 했으며, 월간본의 끝 무렵에는 반드시 궁금한 부분을 남겨두어 다음 연재본을 기다리게 하는 기법도 사용했다. 동시에 디킨즈는 당대사회에 대한 핵심적인 비판을 통해, 인간의 삶에 대한 새로운 비전을 보여주는 리얼리즘을 성취한 책임 있는 진지한 예술가로 자리 잡았다. 디킨즈는 당대의 비인간적인 제도와 사회적 억압을 비판하면서, 그 속에서 순수한 미덕을 가진 인간이 살아날 수 있으며 이 세계를 도덕적으로 구원할 수 있다고 믿었다. 따라서 디킨즈는 정치적·경제적인 개선책을 구체적으로 제시하기보다는 각 개인의 도덕적 변모의 중요성을 강조한다. 이런 면으로 인해 디킨즈는 진정한 개혁을 외면하고 가진 자의 자선에 의존하는 온정주의를 드러낸다는 비판을 받기도 했다. 그러나 디킨즈의 태도는 순진한 낙관주의라기보다는 인간에 대한 믿음과 관계있다. 디킨즈가 가장 본질적이며 포기될 수 없는 인간성의 회복이라는 가치를 내세우는 이유는, 사람들이 모여 산다는 피할 수 없는 사실을 직시하면서 인정을 베풀고 책임을 다하는 삶, 드물게는 진정한 교감을 이룰 수 있는 삶을 창출하려고 노력해야 한다고 믿기 때문이며, 그런 진지한 비전이 그의 소설의 맥을 이루고 있다.

● 『올리버 트위스트』 줄거리

1830년 대 영국의 어느 구빈원workhouse[3]에서 떠돌이 여자가 사내아이를 낳고 숨진다. 교회의 정리beadle는 그 아이에게 올리버 트위스트Oliver Twist라는 이름을 지어준다. 올리버는 고아원에서 자라다가 어느 정도의 나이가 되어 구빈원로 옮겨온다. 올리버는 굶주린 아이들의 대표로 뽑혀 죽을 조금 더 달라고 했다가 분노한 구빈원 위원회의 결정에 따라 쫓겨나서 장의사 사우어베리 씨Mr. Sowerberry의 도제가 된다. 올리버는 그곳의 다른 일꾼인 노아 클레이폴Noah Claypole이 자신의 어머니를 모욕하는 것에 화가 나서 싸우다가 골방에 갇히게 되자 몰래 런던으로 달아난다.

런던에서 지치고 배고픈 올리버에게 교활한 미꾸라지Artful Dodger라는 별명의 잭 도킨스Jack Dawkins가 접근해서 숙식할 곳을 소개하겠다며 페이긴Fagin의 집으로 데려가는데 그곳은 도둑의 소굴이다. 며칠간 영문도 모르고 손수건을 훔치는 훈련을 받은 올리버는 거리로 나갔다가 다른 아이들이 어느 신사의 손수건을 훔치는 것을 보고 놀라서 소리

---

3 구빈원은 16세기부터 있던 곳으로 원래 거리를 떠도는 부랑아들에게 숙식을 제공하려는 취지로 세워졌다. 그러나 빅토리아조에 이르러 공리주의자Utilitarian들이 중심이 되어 개혁을 하면서 오히려 더 비인간적으로 운영되어 많은 비판의 대상이 되었다.

를 지른다. 그러나 다른 아이들은 다 달아나고 올리버만 소매치기로 오인 받아 재판을 받게 된다. 소매치기를 당할 뻔 했던 신사인 브라운로우 씨Mr. Brownlow가 올리버의 무죄를 증언해주고 자신의 집에 올리버를 데려가 따뜻하게 돌봐준다. 브라운로우 씨는 올리버가 자신의 집에 걸려있는, 친구의 연인이었던 여인의 초상과 닮은 것에 놀라며 그 내력을 알아볼 생각을 한다. 그러나 브라운로우 씨의 심부름을 나갔던 올리버는 페이긴의 일당인 빌 사익스Bill Sikes와 그의 애인 낸시Nancy에게 납치된다.

올리버는 사익스에게 끌려 시골로 강도질을 하러 간다. 사익스는 몸집이 작은 올리버를 먼저 집안에 들여보냈다가 올리버가 하인의 총에 맞아 쓰러지자 도망간다. 그 집 주인인 메일리 부인Mrs. Maylie과 입양한 조카인 로즈Rose는 올리버를 아끼며 사랑해주어 올리버는 신선한 교외에서 즐거운 날을 보낸다. 그러나 페이긴과 정체모를 악당 몽크스Monks가 다시 올리버를 잡으려고 한다. 메일리 일행이 런던에 왔을 때 그들을 찾아온 낸시는 로즈에게 페이긴의 계획을 알려주지만, 이것을 엿들은 페이긴의 일당이 사익스에게 알려주어 사익스는 잔인하게 낸시를 살해하고 도망간다. 성난 군중에게 쫓기던 사익스는 탈출하던 도중 목이 올가미에 걸려 죽는다.

로즈의 주선으로 올리버를 다시 만나게 된 브라운로우 씨는 몽크스를 압박해 올리버를 추적한 이유를 밝혀낸다. 몽크스는 올리버의 이복형으로, 그들의 아버지 리포드 씨Mr. Leeford는 불행한 결혼생활을 하던 중 올리버의 어머니인 애그니스 플레밍Agnes Fleming을 사랑하게 되었고 나중에 리포드 씨가 유부남이라는 사실을 알게 된 애그니스는 집을 떠나 방황하다가 올리버를 낳았던 것이다. 큰 아들인 몽크스가 악한 성정을 지닌 것에 실망했던 리포드 씨는 유언에서 자신의 새로 태어난 아들이 범죄를 저지른다면 재산은 물려주지 말라고 했던 것이고, 그래서 몽크스는 올리버를 범죄에 빠지게 만들려고 했던 것이다. 브라운로우 씨는 올리버의 재산을 찾아주는데, 그 과정에서 로즈가 올리버의 이모라는 것이 밝혀진다. 페이긴은 범죄로 교수형을 당하고 브라운로우 씨는 올리버를 입양해서 시골에서 행복하게 살아간다.

● 『올리버 트위스트』 비평

희극적인 요소가 풍부한 『피크위크 보고서』가 엄청난 인기를 끌자 디킨즈는 그와 비슷한 재미있는 소설을 더 써달라는 요청을 많이 받았지만 거절하면서, 자신은 이제 재미와 더불어 진지한 목적이 있는 소설을 쓰겠다고 공언했는데 『올리버 트위스트』가 바로 그 산물이다. 디킨즈는 구빈원과 빈민의 삶, 도둑의 삶을 심각하게 다루면서도, 순진한 올리버의 모험과 출생의 비밀이라는 서스펜스를 이용하여 독자의 흥미를 끌었다. 특히 구빈원 출신인 올리버가 좋은 은인을 만나 신사로 신분상승하는 멜로드라마 같은 이야기는 힘들게 사는 독자들에게 희망적인 꿈을 안겨주면서 엄청난 인기를 누렸다.

중산층이 굳이 언급하기를 회피하던 어두운 현실인 구빈원과 빈민의 삶, 특히 도둑의 삶을 소재로 삼은 『올리버 트위스트』는 당시의 편협하고 엄격한 문학적 금기를 건드릴 가능성이 상당히 높았다. 월간 출판을 하므로 대중독자들의 반응을 시시각각으로 살피면서 판매부수를 확인해야 하는 디킨즈 같은 작가의 입장에서는 자신의 책을 주로 구입하는 중산층이 주도하는 당대사회를 적나라하게 비판하는 소설을 쓰는 것은 그리 쉬운 일이 아니었다. 더구나 당시의 중산층은 도덕적으로 상당히 편협한 편이었다.『올리버 트위스트』에 대한 당시의 비평 중에는 소설의 소재 자체가 불쾌하며, 비천한 스타일이 마음에 들지 않는다는 의견이 많았다.

> 소매치기나 창녀 같은 불행한 존재들이 있다는 것은 나도 안다. 참 가슴 아프게 생각하며 그들의 사는 방식에 매우 충격을 받았다. 그러나 고백하건대 나는 그들이 저희끼리 하는 말을 그다지 듣고 싶지 않다.[4]

디킨즈는 소재 자체가 독자의 비위를 거스를 수 있다는 것을 잘 알고 있었기 때문에 나름대로 그것을 중화시킬 묘안을 생각했다. 디킨즈는『올리버 트위스트』의 서문에서, "이 책을 쓰면서 나는, 찌꺼기같은 인생도 그들의 말투가 귀에 거슬리지만 않는다면, 거품이나 크림 같은 인생만큼이나 교훈에 기여하지 못할 이유도 없다고 생각했다."[5]고 밝힌다. 즉 자신이 중산층 독자가 보기에 다소 불편하고 천박한 환경을 다루겠지만 사용하는 언어를 약간 변형시켜서 불편함을 덜어줄 것이며, 자신의 소설의 궁극적 목적은 교훈을 주자는 것임을 밝힌 것이다. 디킨즈는 빈민이나 범죄자들의 실제 언어를 그대로 쓰지 않고 상당히 중화시켰으며 그래서 사실적이지 못하다는 평가를 받기도 했다.

객관적으로 볼 때『올리버 트위스트』는 디킨즈의 말과는 달리 언어 뿐 아니라 인물묘사나 런던의 배경 묘사에서도 상당히 미화시킨 부분이 보인다. 특히 주인공인 올리버가 그런 면을 가장 잘 보여준다. 올리버는 고아원과 구빈원을 거치고 도둑의 소굴에 들어가게 되므로 가장 하층

---

4 Norman Page, *A Dickens Companion* (London: Macmillan, 1984), 85.

5 Charles Dickens, *Oliver Twist* (Harmondsworth: Penguin, 1837-9. rpt. 1966), 33. 이후로는 인용문 옆에 쪽수를 표시함.

의 민중들과만 접촉했을 텐데도 교양 있는 신사 계층의 표준영어를 사용하는, 사실적으로는 도저히 인정될 수 없는 모습을 보인다. 인간은 환경의 영향을 받는 존재라는 것을 잘 알고 있는 우리로서는 이해할 수 없게도, 올리버는 구빈원 출신이고, 또 도둑과 어울리는 처지인데도 주변의 나쁜 영향에 전혀 물들지 않는다. 도둑의 대장인 페이긴이 "올리버를 더 나쁘게 만들려고 해도 도저히 내 힘으로는 안돼"(244)라고 실토할 정도이다. 디킨즈는 서문에서 올리버를 통해서, "선이 모든 역경을 뚫고 살아나 마침내 승리한다는 원칙"(33)을 보여 주려고 했다지만, 리얼리즘의 측면에서는 얼마든지 비판받을 수 있다. 이런 올리버의 모습은 너무 감상적이고 진부해서 감동이 떨어지는 것도 사실이다. 예를 들면 강도질을 해야 한다는 이야기를 듣고 올리버가 깜짝 놀라는 장면이 그러하다.

> 이제 올리버는 처음으로 이 여행의 목적이, 살인은 아니더라도 가택침입과 강도질이라는 것을 알고서, 공포와 슬픔으로 거의 미칠 지경이었다. 그는 두 손을 꽉 잡고는 자기도 모르는 새에 숨죽인 공포의 비명을 내질렀다. 두 눈에는 안개가 서리고 식은땀이 잿빛 얼굴에 돋았다. 그는 사지에 맥이 빠져서 무릎을 꿇고 주저앉고 말았다. . . . '제발 저를 놓아 주세요!' 올리버는 소리쳤다. '차라리 멀리 가서 들판에서 죽게 해 주세요. 런던 근처에는 절대로 가지 않을 게요. 절대로, 절대로 돌아가지 않을 게요. 아, 제발 자비를 베풀어서 훔치는 일은 시키지 마세요. 하늘에 계시는 착한 천사님을 생각해서라도 제발 자비를 베풀어 주세요!' (211-2)

이처럼 순수하고 착하게만 등장하는 올리버는 미천한 환경에서 자란 어린 아이로서의 심리적 구체성을 보여주지 못해서 사실적인 인물로 여겨지지 않을 정도이다. 이제 막 소설가의 길에 들어선 디킨즈가 아직 제대로 능력을 발휘하지 못한 부분으로 여길 수도 있는데, 놀라운 것은 그런 묘사에도 불구하고 우리는 『올리버 트위스트』를 읽으며 감명을 받고 올리버에게 공감하게 된다는 사실이다. 그 이유는 역설적이게도 바로 올리버의 묘사 덕분이다. 올리버가 사실적인 소매치기 아이로 등장한 것보다 이렇게 개별성을 상실하고 추상적인 모습으로 묘사된 덕분에 모든 억압받고 배고픈 아이들을 더 효율적으로 대표할 수 있었다는 점에서 디킨즈의 의도는 성공했다고 할 수 있다.

『올리버 트위스트』의 플롯은 두 부분으로 나눌 수 있다. 11장까지는 올리버가 출생한 때부터 구빈원에서 살던 때를 다루면서 구빈원의 실태를 비판하는데 초점이 모아져 있다. 이후는 올리버가 런던에 도착하여 페이긴과 빌 사익스 등의 도둑들과 함께 지내게 되는 이야기를 통해서 범죄자의 세계를 다룬다. 이 두 플롯에서 공통적으로 드러나는 것은, 산업자본주의의 정점에서 발전을 구가하던 영국에서 빈곤으로 인해 고생하는 민중들의 삶에 대한 연민과 공감이다.

구빈원에 대한 디킨즈의 비판은 독창적이라기보다는 당대의 일반적인 비판을 반영하는 것이다. 1834년 구빈법 수정안Poor Law Amendment Act이 통과되면서 영국사회의 여론이 들끓기 시작했다. 원래의 구빈법은 엘리자베스 1세 치하에 시작된 것으로 각 교구가 자기 교구에 속한 빈민에 대한 구제의 책임을 지게 한 것으로, 고아, 과부, 병자 등 스스로를 돌볼 수 없는 사람은 구빈원에 수용하고 나머지에게는 생계보조비 outdoor relief를 주는 것을 골자로 한다. 그러나 16세기의 농경사회에 맞게 고안된 이제도가 거의 수정이 되지 않은 채 19세기의 산업사회에도 적용됨으로써 많은 문제가 발생하였고, 실시과정에서 부패와 타락의 양상이 누적되었다. 공리주의자[6]들은 이 불합리한 법을 당대의 실정에 맞

6 최대다수의 최대행복을 모토로 하여 합리적인 정책개선을 주도한 사회사상

게 개혁하려고 하였다. 찰스 다윈의 적자생존의 원리를 인간의 사회적 환경에도 적용시킨 공리주의자들은, 일하는 사람만 먹을 수 있다는 기치 아래, 동정적인 자선은 비효율적이며 게으름과 부도덕만 조장시키므로, 생계보조비를 제한하고 구빈원에 수용하여 효과적인 노동을 시켜야 한다고 주장했다. 그들이 예로 든 것은, 젊은 아가씨는 저임금을 받으며 고생하는데 배다른 자식을 12명이나 둔 방탕한 과부가 한 자녀 당 배당되는 주 18펜스의 자선금 덕분에 편안하게 잘 산다는 것이었다. 이런 탁상공론을 근거로 하여 비인간적인 논리에 따라 만들어진 1834년의 수정법은 생계보조비 지급을 제한하고 빈민들을 거의 강제로 구빈원으로 몰아넣는 정책을 골자로 하여 통과되었다.

1839년 당시의 기록으로 볼 때, 구빈원에 수용된 인구가 98,000명이고 생활보조를 받는 사람은 560,000명에 이르렀으므로 생계보조비 지급제도가 완전히 없어진 것은 아니었지만, 수정법의 근본 의도가 자비를 베푸는 관용의 제도를 없애는 비인간적인 면을 가지고 있다는 점에서 많은 사람들의 분노를 일으켰다. 현실적으로는 생계보조비를 받더라도 빈곤에서 헤어나지 못하는 경우가 대부분이었고, 하층계층에서는 아무리 부지런히 노력하여도 빈곤의 악순환에서 벗어날 수 없었다. 공리주의자들의 논리는 자유주의 경제체제의 산업자본가들에게 저임금을 합리화시키는 구실을 만들어 주는 역할을 했다. 지원을 받지 못한 빈민들은 저임금에도 불구하고 노동현장에 떠밀려 가야했으며, 그 과정에 어린아이와 여성이 극심한 착취에 시달렸다. 구빈원에 와서 놀고먹는 행태를 막는다는 목적으로 구빈원의 환경이나 식사는 지극히 열악했으며 비인간적인 대우가 행해졌으므로, 당시의 구빈원은 구빈법 바스티유 감옥Poor

---

가들로 제레미 벤담Jeremy Betham, 제임스와 존 스튜어트 밀 부자 등이다.

Law Bastille이라는 별명으로 불릴 정도였다. 따라서 구빈원에 대한 비판은 많은 사람들의 공감대를 이루고 있었다. 『타임즈*The Times*』는 1836년 후반부터 2년간 구빈원에 대한 비난기사를 계속 실었는데 구빈원을 "오갈 데 없는 과부들의 심장을 쥐어짜며, 굶주린 노인에게는 빵부스러기도 거절하며, 고아를 구빈원 감옥에 집어 넣고, 돌보아줄 사람도 없고 보호받지도 못하는 소녀들을 창녀가 되게 몰아넣는 무시무시한 기구"라고 묘사했다. 『올리버 트위스트』는 이처럼 구빈원에 대한 비판의 열기가 높던 1837년 2월과 3월에 처음 4장이 출판되면서 대중의 관심을 순식간에 끌게 되었던 것이다.

디킨즈의 성과는 단순히 사람들이 관심이 높은 소재를 선택한 것에 있지는 않다. 디킨즈의 성과는 구빈원의 여러 실상을 섬찟할 정도로 상세하고 박진감 있게 그렸다는 점에 있다. 구빈원에서는 올리버의 어머니 뿐 아니라 많은 사람들이 죽어나가지만 그들의 인간으로서의 존엄성은 무시되며, 구빈원에 관련된 사람들은 각기 개인의 이익에 따라 그런 죽음을 평가한다. 정리인 범블Bumble은 귀찮은 일이 끝났다며 한숨 돌리고, 장의사 사우어베리는 구빈원에서 적게 먹여 체구가 작은 시체가 나오니 관을 작게 짜도 되니 이익이 많아져서 좋아한다. 유아를 수용하는 구빈원의 분원에서는 아이들이 영양실조로 죽어나가지만 만 부인Mrs Mann은 몰래 식량을 감추어 제 몫을 챙기느라 여념이 없다. 교구위원들은 반항적인 올리버를 처리해 버리겠다는 생각으로 굴뚝 청소부인 갬필드Gamfield에게 그를 넘기려고 하다가, 갬필드가 이미 구빈원 출신 아이를 여럿 죽인 일이 있으므로 좀 싸게 넘기려고 흥정을 벌인다. 이런 비인간적인 여러 양상들이 디킨즈 특유의 재치와 통찰력을 통해 나타나는데, 그 중에서도 배고픔에 절망적인 된 아이들이 제비를 뽑아 올리버가 그 대표로 죽을 좀 더 달라고 하는 장면은 많은 독자의 공감을 얻었다. 생존하기 위해 먹을 것을 원하는 어린 올리버가 소위 "현명하고 심오하고 철학적인 분들"(55)인 교구위원들과 맞설 때 올리버는 배고프고 억압받는 모든 빈민을 대표하여 억압적인 사회체제에 대항하는 상징적인 존재가 된다.

그런데 부족한 음식과 억압적인 환경, 교구위원들과 범블의 기만적인 사고방식 등, 올리버가 구빈원에서 마주했던 여러 상황은 사회전반에 퍼져 있는 현상이라는 것이 드러난다. 올리버가 구빈원에서 쫓겨나 마주치는 현실세계 역시 자선을 외면하고 자기 이익만 챙기면서도 스스로의 무자비함을 합리화하는 기만으로 가득 차 있으며, 가난한 사람들은 여전히 고통 받고 있다. 사우어베리의 집에서 올리버는 개도 먹지 않을 음식을 먹었지만 범블은 올리버를 지나치게 잘 먹여서 그가 반항한다고 생각한다. 올리버는 장의사인 사우어베리를 따라 어느 집에 들어갔는데 거기서 비참한 광경을 목격한다. 남편은 먹을 것을 구걸하다가 잡혀가고 그 사이에 아내가 죽고 만다. 뒤늦게 집에 돌아온 남편은 죽은 아내를 부여잡고, "그들이 아내를 굶겨 죽였어"(82)라고 울부짖는다. 이때 "그들"이라는 대명사는 이 사회의 억압적인 사람들 뿐 아니라 타인의 고통을 외면하는 사람들 전부를 가리킨다. 디킨즈는 고통스런 삶의 모습을 애처롭게 묘사하여 독자의 감성에 호소하여 공감을 이끌어내는 성과를 이루고 있다.

디킨즈는 정의를 지켜나가야 할 법의 시행자들마저도 사회의 부패에 편승하거나 부패를 심화시킨다는 점을 풍자적으로 비판한다. 올리버를 갬필드 씨에게 도제로 넘겨줄 것인지를 판결해야 할 치안판사는 꾸벅꾸벅 조느라고 겁에 질린 올리버의 얼굴을 알아채지 못한다. 올리버를 소매치기라고 여기는 팽 씨Mr. Pang는 실제 사건을 제대로 따져볼 생각도 하지 않고 무조건 가혹한 형벌로 죄지은 자를 다스려야 한다고 주장한다. 따라서 올리버의 약삭빠른 도둑친구인 교활한 미꾸라지가 자신은 이런 법정에서 재판받지 않겠다면서, "여기는 정의를 파는 상점이 아니다"(396)라고 외칠 때 우리는 공감하게 되는 것이다.

빈민을 품어주지 못하는 구빈원이나 냉정한 사회는 당연히 범죄자를 양산할 수 밖에 없으며 그런 점에서 디킨즈의 이야기가 범죄자의 세계로 이어지는 것은 자연스럽다. 범죄자 문제는 구빈원 문제와 필연적으로 연결되어 있다. 구빈원에 수용되는 운명을 피해나간 빈민들은 대개 살기 위해 범죄자가 될 수밖에 없기 때문이다. 특히 급속도로 대도시로 성장해가던 런던의 빈민층은 거의 범죄자로 전락했으며 이들의 급증하는 숫자는 사회의 큰 문제로 등장했다. 디킨즈는 주인공 올리버가 구빈원을 떠나면서 페이긴과 사익스로 대표되는 범죄자들과 만나게 함으로써 당대의 대표적인 두 문제를 통합적으로 다루게 된다.

사우어베리 장의사의 집에서 도망쳐서 런던을 향해 가던 올리버는 차가운 의심과 경멸의 눈초리, 구빈원에 처넣겠다는 위협을 당한 후에 교활한 미꾸라지의 도움을 받아 도둑의 소굴로 들어가는데, 뜻밖에도 이 도둑의 세계는 지금까지 올리버가 경험했던 그 어떤 곳보다 더 밝고 즐겁고 편안한 곳으로 묘사된다. 올리버는 난생 처음 맛있는 음식을 마음껏 먹으며 따뜻하고 평온한 기분을 맛본다. 마치 도둑들의 삶에서 다른 세계에서 고갈되어버린 인간애를 찾을 수 있는 것처럼 보일 정도이다.

그런 한편 도둑들의 세계를 다루는 이 후반부에서 디킨즈는 구빈원을 다룰 때의 통제된 아이러니와 리얼리즘을 상실하고 멜라드라마적인 성공담을 전개시킨다. 구빈원 부분에서 올리버는 고통받는 모든 가난한 사람들을 대변한 반면, 도둑의 세계를 다룬 이야기에서 올리버는 브라운로우 씨와 메일리 부인, 로즈 등의 은인들을 만나고, 우여곡절 끝에 자신이 원래는 신사의 아들이라는 것을 알게 되며 유산도 상속받는 등,

올리버의 이야기는 특정한 인물의 성공담으로 흐른다. 이런 성공담은 수많은 가난한 민중이 여전히 범죄자의 길로 전락할 수 밖에 없는 현실을 외면한 것이다. 또 브라운로우-메일리는 올리버 개인에게 그들의 온정을 베풀 뿐, 올리버가 대표하는 계층의 상황과 그 원인에 대해 근본적으로 관심과 애정을 가지는 모습을 보이지 않는다. 그들은 주어진 부를 안락하게 즐길 뿐 잘못된 사회구조에 대한 근본적인 인식을 하지 않으므로 브라운로우-메일리의 세계는 긍정적인 대안이라는 실감을 독자에게 주지 못한다. 올리버와 같은 처지의 고아가 신사의 아들로 밝혀지는 것이 현실적으로는 거의 불가능하듯이 브라운로우-메일리의 세계는 꿈에 불과하다. 이런 결과는 디킨즈의 현실 비판이 아직은 미숙하기 때문이기도 하고, 한편으로는 신데렐라의 꿈을 소망하는 대중독자의 묵시적 요구에 디킨즈가 연중에 영합한 것으로 볼 수도 있다. 그래서 『올리버 트위스트』의 플롯은 전반부와 후반부가 분리되어 있으므로 일관성이 없다는 비판을 듣기도 한다.

그런데 디킨즈의 위대한 점은 자신이 제시한 올리버의 결말을 스스로 해체하는 다른 시도를 이 소설 속에서 하고 있다는 사실이다. 디킨즈는 비슷한 인물들의 전혀 다른 운명을 보여줌으로써 현실의 다른 모습을 인식시키는 분신을 등장시킨다. 올리버의 분신으로는 구빈원에 있던 딕 Dick을 들 수 있다. 올리버가 행운을 얻게 된 반면 딕은 죽어가며 올리버와 대화를 나눈다.

> "너는 건강하고 행복해 질 거야." [올리버가 말했다.]
> "나도 그러면 좋겠어." 아이는 대답했다. "그러나 내가 죽은 후에나 그렇지 그 전은 아니야. 올리버, 의사선생님 말이 맞아. 꿈에서는 천국과 천사와, 깨어있을 때는 전혀 보지 못하는 친절한 얼굴들을 참 많이 보게 되거든. 뽀뽀해 줘." (96-7)

어린 아이가 죽으면서 하늘나라에 대한 순수한 믿음을 독자에게 피력하는 이런 장면은 당시의 대중소설에도 흔한 것으로 독자의 감상적인 눈물을 자아내곤 했다. 그런데 여기서 디킨즈는 그런 감상적인 장면을 이용해서 올리버 이외의 수많은 빈민들에게 실제로 닥칠 수 있는 위협적인 현실을 암시하는 효과를 거둔다.

또한 디킨즈는 올리버의 행복한 결말과 어울리지 않는 어두운 현실을 우리가 생생하게 느끼게 전달하여 리얼리즘의 효과를 낸다. 비좁고 질퍽거리며 더러운 냄새로 가득 차 있는 런던의 뒷골목에서 "어둠과 진흙 속에서 생겨나 쏘다니다가 밤이면 먹이삼아 큼직한 찌꺼기 고기 토막을 찾아 기어 나오는 징그러운 파충류"(186)처럼 어슬렁거리는 페이긴에 대한 묘사는, 당시의 런던의 어두운 현실을 생생하게 우리의 뇌리에 각인시키므로 디킨즈를 위대한 작가로 남게 하는 것이다.

● 영화 <올리버 트위스트>

디킨즈 소설 중에서 가장 많이 영화화된 것 중의 하나가 바로 <올리버 트위스트>이며, 특히 올리버가 죽을 더 달라고 요구하는 장면은 여러 감독의 개성을 잘 드러낸다. 여러 편의 영화 중 1951년의 데이비드 린 David Lean 감독의 영화가 가장 영상화가 잘 된 작품으로 유명하며 특히 페이긴을 연기한 알렉 기네스Alec Guinness의 연기는 극찬을 받았다. 1968년에 캐롤 리드Carol Reed가 감독을 맡고 마크 레스터Mark Lester가 올리버 역을 맡은 <올리버>는 뮤지컬로서 뛰어난 영상미와 아름다운 음악으로 아카데미 상을 수상했다. 디킨즈 소설의 영화에서 가장 큰 단점은 디킨즈 특유의 유머가 드러나지 않는 점이다. 디킨즈의 강점인

멜라드라마적인 플롯 중심으로 영화가 만들어지면서 또 다른 특징인 유머가 무시되어 영화에서 디킨즈의 진면목을 보기가 힘든 현실은 안타까운 일이다.

1922년.
감독: 프랭크 로이드Frank Lloyd.
주연: 재키 쿠간Jackie Coogan(올리버)
론 체니Lon Chaney(페이긴)

1948년
감독: 데이비드 린
주연: 존 하워드 데이비스John Howard Daries(올리버)
알렉 기네스Alec Guinness(페이긴)

1968년. 〈올리버〉 뮤지컬
감독: 캐롤 리드
주연: 마크 레스터Mark Lester(올리버)
론 무디Ron Moody(페이긴)

1985년, 미니 시리즈.
감독: 가렛 데이비스Gareth Davies
주연: 렌 로드스카Ben Rodska(올리버)
에릭 포터Eric Porter(페이긴)

1997년. 텔레비전용.
감독: 토니 빌Tony Bill
주연: 알렉스 트렌치Alex Trench(올리버)
리차드 드레이퍼스Richard Dreyfuss(페이긴)

2000년. 미니 시리즈.
감독: 레니 라이Renny Rye
주연: 샘 스미스Sam Smith(올리버)
로버트 린제이Robert Lindsay(페이긴)

2005년.

감독: 로만 폴란스키Roman Polanski

주연: 바니 클라크Barney Clark(올리버)

벤 킹슬리Ben Kingsley(페이긴)

토론 주제

1. 구빈원 묘사에 나타난 디킨즈의 사회비판을 논하시오.
2. 도둑의 세계에 대한 디킨즈의 묘사를 논하시오.
3. 올리버의 인물묘사를 논하시오.
4. 올리버가 신사가 되는 결말에 대해 논하시오.
5. 페이긴에 대한 묘사를 논하시오.

7장
찰스 디킨즈: 『위대한 유산』

● 『위대한 유산』 줄거리

핍은 갓난 아이 때 부모님이 돌아가시고 현재, 누나와 매형인 대장장이 조 가저리Joe Gargery와 함께 켄트Kent 지방의 습지대에서 살고 있다. 누나인 조 부인Mrs. Jo는 가난한 살림에 어린 동생까지 키워야 하자 핍을 심하게 구박하지만, 순박하고 착한 매형은 핍과 친구처럼 지내고 있으며 핍을 자신의 도제로 삼아 나중에 함께 대장장이로 일하며 행복하게 살자고 한다. 어느 날 핍은 교회 묘지에 있는 부모님의 비석 근처에서 탈옥수와 마주치고 위협을 받아 그에게 음식과 줄칼을 가져다 준다. 이 탈옥수는 다른 탈옥수와 싸우다가 다시 감옥선으로 붙잡혀 가고 그 일은 핍에게 어린 시절의 악몽으로 남아있다.

핍은 조의 삼촌인 펌블추크 씨Mr. Pumblechuk의 주선으로 새티스 하우스Satis House에 칩거해서 살고 있는, 엄청난 부자이며 결혼식 당일 남자에게 버림받고 정신이 약간 이상해 진 미스 해비셤Miss Havisham과 아름답고 거만한 에스텔러Estella를 만나게 된다. 그 때 핍은 처음으로 자신의 처지가 보잘 것 없다는 것을 실감하고, 더 나은 존재, 즉 신사가 되고 싶다는 꿈을 가진다. 세월이 가면 미스 해비셤이 핍에게 한 재산 떼어줄 것이라던 모두의 기대와는 달리, 미스 해비셤은 핍에게 약간의 돈을 지불한다. 핍은 조의 도제가 되어 대장장이가 되지만 불만에 가득 찬 삶을 이어간다.

몇 년 후 변호사인 재거스 씨Mr. Jaggers가 핍을 찾아와, 앞으로 엄청난 유산을 상속받게 될 것이니 당장 런던에 올라가 신사수업을 받으라고 한다. 핍과 주변 사람들은 모두 이름을 밝히지 않는 그 은인이 미스 해비셤이라고 생각하고, 핍은 미스 해비셤이 나중에 자신과 에스텔러를 결혼시켜 줄 것이라는 기대에 들뜬다. 신사수업을 받게 된 핍은 열심히 공부는 하지만, 유산을 상속받을 것이라는 기대감에 점점 사치스러운 생활과 낭비에 물들어 빚에 쪼들리고, 친구가 된 허버트 포킷Herbert Pocket에게도 좋지 않은 영향을 끼친다. 에스텔러는 유럽에서 공부를 마치고 아름다운 숙녀로 성장해 돌아왔지만, 남자들에게 대신 복수해달라는 미스 해비셤의 요청에 따라 수많은 남성들을 유혹하므로 핍은 고통스럽기만 하다.

성년이 된 핍은 낯선 사람의 방문을 받는데, 그가 자신이 과거에 도와주었던 탈옥수이며 동시에 유산을 상속해 주겠다던 은인이라는 것을 알고 경악한다. 죄수 맥위치Magwitch는 핍이 베풀어준 작은 친절을 잊지 못해, 오스트레일리아로 유형가서 열심히 번돈을 모두 핍에게 주려고 한 것이다. 핍은 그제야 자신의 삶이 허황된 것임을 깨닫고 진정한 은인인 조를 무시한 것을 후회한다. 핍은 드러믈Drummle과 결혼하겠다는 에스텔러에게 마지막으로 자신의 사랑을 정열적으로 전하며 이 모습을 본 미스 해비셤은 자신이 핍과 에스텔러 둘 다를 불행하게 만들었다는 것을 깨닫고 괴로워한다.

핍은 영국에서 발각되면 즉시 사형에 처해질 맥위치를 탈출시키려고 계획을 짜지만 마지막 순간에 경찰이 막아서는 바람에 맥위치는 중상을 입고 잡힌다. 맥위치를 진정으로 아끼게 된 핍은 그가 법정에서 사형선고를 받고 이후 부상이 심해져 죽는 순간까지 그 옆을 지킨다. 맥위치가 죽은 후 핍은 며칠간 정신을 잃고 앓아누웠다가 조가 자신을 간호하고 있는 것을 발견한다. 조가 자신의 빚까지 다 갚고 고향에 내려간 것을 알게 된 핍은 조를 찾아 시골로 내려갔다가 조와 비디의 결혼을 목격한다. 이후 핍은 동양에 가서 열심히 일해서 빚을 다 갚고 다시 고향에 돌아왔다가 새티스 하우스의 폐허에서 드러믈이 죽고 혼자 된 에스텔러를 우연히 만난다.

● 『위대한 유산』 비평

『위대한 유산』은 독자의 재미와 감동을 우선으로 하는 대중소설가로서의 디킨즈와 현실에 대한 통찰을 예술적으로 형상화하는 본격소설가로서의 디킨즈가 행복한 합치를 이룬 걸작품이다. 디킨즈는 이 소설에서 빈부의 격차를 방조하면서 인간의 비현실적인 신분상승 욕구를 조장하는 중산층 사회를 비판하며, 신사가 되고 싶은 핍의 열망과 에스텔러에 대한 사랑을 연결시켜 한 개인의 갈등과 좌절로 형상화하고 있다.

빅토리아조의 사회에서 신분상승은 이론적으로 장려되었으며, 원래 신사계층이 아니더라도 일정한 경제력을 획득하고 교육을 받으면 신사계층으로 인정되었다. 『위대한 유산』에서도 노동계층인 핍이 자신의 비천한 처지를 벗어나 신사가 되겠다고 열망하는 것 자체는 설득력있고 공감이 가게 그려져 있다. 핍은 원래 조의 대장간을 세상에서 가장 멋진 곳으로 생각하며 앞으로 훌륭한 대장장이가 되겠다고 생각했었다. 그러나 새티스 하우스에서 에스텔러가 자신을 "상스런 일꾼 아이"[1]라고 멸

---

1 Charles Dickens, *Great Expectations* (Harmonsworth: Penguin, 1860-1. rpt. 1965), 89. 이후는 인용문 옆에 쪽수만 표시함.

시하자 수치심을 느낀 후 신사가 되기를 바라게 된다. 물론 조처럼 "어떤 사람은 대장장이고 어떤 사람은 은세공인이고 어떤 사람은 금세공인이고 어떤 사람은 구리세공인이야. 그 사이에 구별이 있어야 된다면 그대로 받아들여야지"(246)라며 현실적인 계층의 차이를 인정하며 만족하게 살 수도 있고, 신사가 되고 싶다는 핍의 소망에 대해, "핍, 지금 그대로가 더 행복하다고 생각하지 않니?"라는 비디의 말처럼 현재에 만족하고 살 수도 있다. 그러나 좋든 싫든 개인이 한번 변화의 물결에 휩싸이면 어쩔 수 없이 전진할 수 밖에 없으며, 그런 계기는 급속도로 변화하는 자본주의 사회에서 개인이 필연적으로 마주하게 되는 과정으로 그려져 있다.

> 누나의 성질 때문에 집이 내게 아주 즐거운 곳인 적은 결코 없었다. 그러나 조가 그 곳을 신성하게 해주었고 나는 그 곳을 믿었다…. 나는 대장간을 성인이 되고 독립을 향해 나가는 환한 길로 믿고 있었다. 단 일년 만에 이 모든 것이 변했다. 이제, 그곳은 형편없고 상스러울 뿐이었기에 나는 미스 해비셤이나 에스텔러 중 그 누구도 어떤 일이 있어도 그 곳을 보게 하고 싶지 않았다.
>
> 나의 배은망덕한 정신 상태가 얼마나 내 자신의 결점에서 비롯되었는지, 얼마나 미스 해비셤에게서 비롯되었고, 얼마나 내 누나에게서 비롯되었는지는 이제는 내게도, 그 누구에게도 중요하지 않다. 변화는 내 속에서 일어났다. 일은 나버렸다. 잘 되었건 못 되었건 간에, 변명할 수 있건 없건 간에, 그렇게 되어 버렸다. (134-5)

청년이 된 핍이 때때로 생각하듯이 차라리 미스 해비셤과 에스텔러가 대표하는 더 나은 세계가 존재한다는 사실을 몰랐더라면 훨씬 더 행복했을 지도 모른다. 그러나 조의 세계보다 더 크고 멋진 세계가 있다는 것에 눈을 뜬 핍이 스스로를 조의 고용도제로 묶어두려는 사람들에 대해, "내가 누군가 혹은 모두에 의해서 엄청나게 부당하게 취급받고 있다"(153)고 느끼는 것이나, 자신의 성장을 도모하면서 인간다운 대접을 받고 살아 보겠다는 핍의 야심 자체를 비난할 수는 없는 것이다.

그런데 과연 빅토리아조에서 신사가 된다는 것은 어떤 의미가 있는 것일까? 디킨즈는 바로 이 문제를 핍을 통해서 탐구한다. 초기작인 『올리버 트위스트』에서 디킨즈는 신사 계층에서 전락했던 올리버가 잃었던 재산을 다시 확보해서 신사의 위치에 복귀하는 것으로 소설을 끝맺는 반면, 『위대한 유산』에서는 핍이 신사가 되어서 어떤 삶을 사는지를 추적하면서 빅토리아조 사회에서 신사가 되는 것의 의미를 탐구하는 것이다.

디킨즈는 신사교육을 받기 위해 런던에서 살게 된 핍의 생활을 그리면서 핍이 도덕적으로 타락해가는 과정을 상세히 보여준다. 핍은 상속을 예상하고 많은 빚을 지며 사교 모임에 가입하여 엉뚱한 술잔치를 벌이기도 한다. 핍은 진정한 친구라고 할 수 있는 조와 비디를 잊고 지내며, 조가 런던에 오자 자신의 체면에 손상이 갈까봐 전전긍긍한다. 이처럼 디킨즈는 핍의 부정적인 면을 보여 주면서, 디킨즈는 재산이나 신사교육이 신사를 만들어 내는 것이 아니라는 것을 분명히 한다. 또 "마음이 진정한 신사가 아닌 자는, 세상이 시작된 이래로, 예법으로도 진정한 신사인 적이 없다"(204)라는 매슈 포킷의 말을 통해서 마음이 바르지 못하면 진정 신사다운 태도도 나오지 않는다고 하면서, 또한 역설적으로 진정한 신사란 신사다운 매너와 더불어 참된 마음을 가지고 있어야 함을 강조한다. 결국 핍은 교육을 받고 재산을 얻었기 때문에 신사가 되는 것이 아니라 자신을 도와준 죄수 맥위치의 손을 잡고 만인 앞에 설 수 있는 용기와 인격을 갖추었기 때문에 신사라고 불릴 수 있음이 확인된다. 디킨즈는 핍이 신사로 신분상승을 하는 이야기를 통해서 당대사회의 신사 개념의 허구성을 드러내면서, 여러 사회적 제약 속에서 자신의 인간됨을 확립하여 성숙한 인간이 되는 도덕적 각성을 겪어야 진정한 신사가 될 수 있으며 그런 의미의 신사는 인간이 지향해야할 비전임을 제시한다.

디킨즈는 신분상승이라는 주제를 대중적 이야기와 다른 방식으로 전개시키면서 당대 현실에 대한 통찰을 이루어 낸 것처럼, 핍의 사랑 이야기에서도 예리한 통찰을 이루어낸다. 시골의 노동계층에 속한 핍이 에스텔러를 처음 본 이후로, 자신의 보잘 것 없는 처지에도 불구하고, 또 그녀에게서 모욕을 받으면서도, 그녀를 사랑하게 되는 이야기는 충분히 개연성이 있다. 또 신사교육을 받게 된 청년 핍이 런던에서 다시 에스텔러를 만나면서 자신의 이성으로는 어쩔 수 없는 사랑과 갈등을 느끼는 것도 박진감 있게 잘 드러나 있다.

> 솔직한 진실을 말하자면, 내가 남자로서 에스텔러를 사랑했다면 그것은 내가 그녀를 저항할 수 없기 때문이었다. 정말이지, 슬프지만 나는, 항상은 아닐지라도 너무나 자주, 내가 그녀를 사랑하는 것은 이성과 장래와 평화와 희망과 행복과 있을 수 있는 모든 절망까지도 거역하면서라는 것을 알고 있었다. 정말이지, 내가 그것을 알기 때문에 그녀를 조금이라도 덜 사랑한 것은 아니었다. 그 사실은 그녀가 완벽한 인간이라고 내가 열렬히 믿는 경우나 마찬가지로 나를 억제하는 데에 영향을 끼치지 못했다. (253-4)

디킨즈는 이처럼 에스텔러에 대한 핍의 사랑을 심리적으로 현실감 있게 묘사하면서도 동시에 핍의 사랑이 순수한 감정적 차원에 그치지 않고 신분상승을 하고 싶은 그의 사회적 욕구와 밀접하게 관련되어 있음을 분명히 통찰하고 있다. 에스텔러에게 "당신은 내 존재, 나 자신의 일부라오 . . . 당신은 내 정신이 알게 된 모든 우아한 환상의 구체화가 되었소"(378)라고 하는 핍의 말에서 드러나듯이, 에스텔러는 핍에게 단순히 아름다운 여성이 아니라 보다 높은 종류의 삶을 대표하는 세련된 표본이기 때문에 그녀를 사랑하는 것이다. 핍의 사랑이 사회적 욕망과 밀접하게 연결되어 있다는 인식이야말로 사랑과 신분상승이 언제나 복잡하게 얽혀있는 현실을 잘 포착한 것이다.

핍의 사랑은 그의 신분상승에의 욕망과 밀접하게 연결되어 있기 때문에 핍은 인간을 물질로 여기는 부정적 사고에 물들게 된다. 핍은 자신이 유산을 받게 되었다는 통고를 받자 자신의 은인일 것으로 짐작되는 미스 해비셤이 나중에 유산과 더불어 에스텔러도 자신에게 넘겨 줄 것이라고 생각한다.

> 그녀는 에스텔러를 양녀로 삼았고, 나를 양자로 삼은 거나 마찬가지다. 그러니 우리를 맺어주는 것이 그녀의 의도가 아닐리 없을 것이다. 그녀는 내가 로만스의 젊은 기사가 하는 멋진 일을 전부 하고 공주와 결혼하게끔 마련해 두었다. (253)

또 핍은 파리에서 돌아온 에스텔러가 자신을 무시하고 다른 남자들과 어울리는 것 때문에 몹시 괴로워하면서도, "우리 후견인이 우리를 서로를 위해서 선택했다"(260)며 에스텔러가 결국에는 자신에게 주어질 보상이라고 여긴다. 에스텔러가 자신을 사랑하지 않는다고 느끼면서도 "그 상은 당연히 나를 위해 마련된 것이었다"(321)며 에스텔러를 후견인이 자신에게 줄 물건으로 여긴다는 점에서 핍은 인간을 사물화하는 양상을 보인다. 그런 핍의 모습을 통해 디킨즈는 사랑마저도 물질적인 차원으로 전락한 상황을 비판한다.

또한 디킨즈는 신분상승과 꼭 연결되어 등장하는 은인에 대한 낭만적인 환상을 전복한다. 『올리버 트위스트』에서 올리버는 착한 어린 아이라는 이유 하나만으로 브라운로우 씨나 메일리 부인과 같은 은인을 만나며, 그들이 모든 문제를 해결해주어 손쉽게 신사의 자리를 회복하지만, 『위대한 유산』에서 디킨즈는 그런 일이 현실에서는 거의 가능하지 않다는 것을 솔직하고 거칠게 드러낸다. 동시에, 어려운 현실을 벗어나기 쉽지 않은 사람들이 자신을 도와줄 존재를 기대하는 환상을 가지게 되면서 인간관계가 왜곡되는 현실을 보여준다. 미스 해비셤은 같이 놀아줄 아이를 찾았을 뿐인데 주변 사람들은 재산이 많은 독신녀인 그녀가 핍에게 한 재산 물려 줄 것이라는 기대를 한다. 조는 핍이 개 한 마리를 얻을지도 모른다는 상식적인 말을 했다가 그들에게서 바보 취급을 당한다. 문제는 주변사람들의 탐욕적인 기대에 감수성이 예민한 핍도 곧 전염이 된다는 점이다. 미스 해비셤은 핍이 더 이상 자신의 놀잇감이 될 수 없을 만큼 컸다고 깨닫자 핍에게 조의 도제가 되라며 약간의 돈을 준다. 그녀와의 관계는 그것으로 끝났다는 사실을 직시하는 조와 달리, 핍은 미스 해비셤이 여전히 자신을 위해 무엇인가를 할 것이라는 미련을 버리지 못한다. 그러다 자신이 유산을 상속받게 되었다는 소식을 듣자 당연히 미스 해비셤이 자신의 은인이라고 믿게 되는 것이다.

> 내 꿈이 이루어졌다. 나의 말도 안되는 공상을 말짱한 현실이 뛰어 넘었다. 미스 해비셤이 내 재산을 엄청나게 만들어 줄 것이었다. (165)

그러나 디킨즈는 은인에 대한 이런 환상이 얼마나 터무니없으며 "모두 꿈에 불과한 것"(341)인지를 분명히 드러낸다. 『올리버 트위스트』에서 디킨즈는 브라운로우 씨나 메일리 부인을 통해서 은인을 자신이 행복을 나누어줄 수 있다는 것 자체에서 행복을 느끼는 선의의 인물로 나타내었다. 그러나 『위대한 유산』에서 은인 역할을 하는 사람들은 전혀 다른 모습으로 나타난다. 소위 은인이라고 할 수 있는 미스 해비셤과 맥위치는 각각 에스텔러와 핍에게 자선을 베풀어 은인 역할을 한 셈이지만, 사실은 타인을 자신의 이기적인 목적을 달성하기 위한 도구로 삼은 것에 불과했다.

미스 해비셤은 에스텔러를 입양하고 키웠으므로 표면적으로는 에스텔러의 은인이라고 할 수 있지만, 남성에게 복수하려는 자신의 도구로 에스텔러를 이용한 것이었으며 그로 인해 결국은 에스텔러의 인간성을 망가뜨려 사람다운 삶을 살 수 없게 해버렸다. 또 핍의 은인이기는 커녕 핍을 "편리한 도구이며, 탐욕스런 친척들에게는 따끔한 침이며, 다른 연습기구가 근처에 없을 때 연습할 수 있는 기계적인 마음을 가진 모형"(341)으로 쓰면서, 자신을 은인으로 생각하는 핍의 오해를 방조하여 결국 그를 불행하게 만들었던 것이다.

핍에게 자신이 모은 전 재산을 다 물려주어 핍을 신사로 만들고자 했던 맥위치도 핍의 은인이 아니기는 마찬가지이다. 핍이 어린 시절 강요에 의해 베풀었던 작은 친절에 보답하느라고 자신이 갖은 고생을 해서 모은 돈을 핍에게 다 물려 주려고 한다는 점에서 맥위치는 분명 물질적인 면에서는 핍의 은인이다. 그러나 맥위치는, 자신이 신사가 아니어서 억울하게 당했던 과거를 보상받기 위해 돈으로 신사를 사려는 불순한 의도를 내보이므로, 에스텔러가 미스 해비셤의 복수의 도구였듯이 핍도 심리적 보상을 받으려는 맥위치의 도구에 불과하다.

> "그래, 핍, 구여운 녀석, 나가 니를 신사로 만들었지! 고걸 한 분이 바로 이 몸이지! 나가 그때 맹세를 했지. 나가 일 기니라도 번다면 그 돈은 니에게 가야 된다고. 나가 나중에도 맹세를 했었다. 나가 투자를 해서 부자가 되면 반드시 니가 부자가 되어야 한다고. 니를 편안하게 살게 할라고 나가 험하게 살았다. 니가 일을 안해도 되게 할라고 나가 죽어라고 일했다. 무슨 상관이냐고, 구여운 녀석아? 니가 은혜를 느끼

라고 니가 이런 말을 하겄냐? 천만에. 니가 말하는 거는, 니가 살려 준 똥개같은 작자가 머리를 높이 쳐들고 신사를 만들 수 있었다는 거를 니가 알라는 거여. 그리고, 핍, 니가 바로 그 사람이야!"

내가 그에게서 느끼는 혐오감, 그에게서 느끼는 두려움, 몸을 움츠리며 멀어지고자 하는 반감 등이, 그가 어떤 무시무시한 짐승이었더라도, 이보다 더 크지는 않았을 것이다. (337)

핍의 이런 혐오감은 자신의 후원자가 미스 해비셤이 아니라 죄수인 맥위치라는 것을 알게 되어서이기도 하지만, 더 큰 이유는 바로 맥위치가 보여주는 부정적인 소유욕 때문이다. 이 시점에서 비로소 핍은 자신이 타인의 도구에 불과했으며 인간이 아닌 물질로 간주된다는 것을 각성하기 때문이다. 그러므로 후견인의 정체를 알게 된 핍이 경악하며 더 이상 맥위치의 돈을 받지 않겠다고 결심하는 것은 이제 다른 사람의 도구로 살기를 거부하고 올바른 한 인격체로 서겠다는 결심이다. 디킨즈는 핍이 이처럼 신분상승이나 사랑, 은인에 대한 허구적인 환상을 극복할 때 비로소 진정한 신사가 되는 것으로 만들어 빅토리아조 신사에 대한 새로운 이정표를 세운다.

디킨즈는 핍의 여정을 그리면서 핍이 느끼는 죄의식을 상당히 강조하고 있다. 핍은 자신의 이런 저런 행동에 대해서 뿐 아니라 자신이 존재한다는 사실 자체에 대해서도 죄의식을 느낀다. 핍의 죄의식을 강조함으로서 일단 디킨즈는 핍에 대한 독자의 공감을 얻는데 성공한다. 신사가 되겠다는 핍의 열망은 자신의 삶을 향상시켜 보겠다는 인간으로서의 당연한 욕구로 볼 수도 있지만, 지나치게 공격적인 주인공의 태도는 하층계급의 신분상승에 대해 결코 호의적이지만은 않은 중산층 독자에게 거부감을 줄 수도 있었을 것이다. 디킨즈는 핍이 신분상승에 대한 열망을 가지고 있으나 자신의 행위에 대해 죄의식을 느끼는 것으로 강조하여 핍에 대한 독자의 공감을 지속적으로 얻고자 한 것이다.

한편 핍의 죄의식은 이런 기술적인 장치에 그치지 않고 당대 사회의 전반적인 상황에 대한 디킨즈의 비판적 인식과 연결되어 있다. 디킨즈는 핍의 죄의식이 형성된 구체적인 이유를 보여 주면서, 핍의 죄의식 자체보다도 그런 죄의식을 각 개인에게 부여하는 사회의 성격에 비판의 초점을 맞추고 있다. 어린 핍은 죄수를 도와주게 된 사건으로 주변 사람들에게 말할 수 없는 비밀을 갖게 되며 그것이 그가 죄의식을 느끼게 되는 한 이유가 될 것이다. 그러나 그 사건 이전부터 핍은 자신이 살아 있는 것 자체에 죄의식을 느끼고 있는데, 그것은 누나를 비롯한 주변 사람들의 박해 때문이라는 것을 디킨즈는 설득력 있게 그리고 있다. 어른들은 이유도 없이 핍을 "타고나기를 사악하다"(57)고 규정지으며, 펌블축은 누나가 핍을 "손으로 길러냈다"는 것을 강조하면서 살아있는 것 자체에 대해 고마워할 것을 강요한다.

> "자, 네발 달린 꿀꿀이라고 생각해보자." 펌블축이 말했다. "네가 그런 놈으로 태어났으면 지금 네 놈이 여기 있을 수 있겠나? 아니지–…. 그러면 너의 종착지는 어디가 될까…. 너는 그 품목의 시장가격에 따른 만큼의 돈을 받고 팔려 가겠지. 네가 짚 위에 누워 있을 때 도살자 던스터블이 네게 오겠지. 왼팔 아래로 너를 휘어잡겠지. 그리고 오른 손으로는 허리춤 주머니에서 주머니칼을 꺼내려고 작업복을 뒤적거리겠지. 그리고 네 피를 흘려서 네 목숨을 앗아 갈 거야, 그러면 손으로 키우는 일은 없는 거지. 그런 일은 절대 없지!" (58)

이렇게 짐승과 비교되며 고마움을 느끼라고 압박 받을 때 어린 핍은 자신이 태어나 존재하고 있다는 사실 자체에 대해서 죄의식을 느끼지 않을 수 없다.

> 나는 언제나 마치 내가 이성, 종교, 도덕의 명령을 어기고서, 내 친한 친구들이 하지 말라고 설득하는 것을 뿌리치고 태어나겠다고 떼를 썼던 것처럼 취급받았다. (54)

핍은 자신이 "감옥선으로 향하고 있었다"(46)라고 느끼는데 그것은 죄수에게 도움을 주는 불법적인 일을 했기 때문이기도 하지만 동시에 주변 사람들에 의해 죄를 지을 인간이라고 세뇌를 받았기 때문이다. 핍이 진정 창조적인 삶을 살기 위해서는 이런 죄의식을 극복해야 할 것이지만, 디킨즈는 핍이 유산을 받고 교육을 통해 신사가 된다고 해서 그러한 죄의식을 극복하고 죄와 불확실성에서 탈출하는 것이 아니며, 오히려 그런 죄의식을 만들어 내는 사회의 일원이 된다는 것을 보여 준다.

핍이 신사교육을 받기 위해 런던에 올라 와서 처음 마주치게 되는 것이 "오물, 지방, 피, 거품"(189)으로 얼룩진 스미스필드Smithfield 육류 시장과 뉴우게이트Newgate 감옥이다. 이것은 런던 전체가 부패와 타락으로 눌늘어 있다는 것을 상징한다. 그리니 디킨즈는 이전의 소설들에서처럼 당대 사회의 부정적인 면을 직접 공격하는 대신, 이런 사회가 만들어낸 병적인 인물인 웨믹Wemmick과 재거스를 통해서 이 사회의 병폐를 간접적으로 비판한다. 웨믹은 사무실에서는 고객들과 비정하게 흥정하고 그들의 뇌물을 받는 냉정하고 메마른 생활을 한다. 대신 그는 월워스Walworth에 있는 자신의 집에서는 동화같이 아기자기한 생활을 하면서, "뉴우게이트의 거미줄"(230)을 씻어내고 자신의 일로 인한 죄의식을 회피하고자 노력한다. 웨믹은 개인적인 가정생활을 통해 자기가 사회에서 하는 역할 때문에 느끼는 죄의식을 씻는 것이 그나마 가능한데, 그것은 그가 변호사의 보조에 불과하기 때문이다. 웨믹은 자기가 살고 있는 부패한 체재를 그대로 받아들이면서도 그것으로 인해 파멸되지 않고 사는 선한 사람이라고 할 수는 있으나, 그의 삶은 결코 긍정적일 수 없으며 그의 환상적인 도피는 언제 깨어질지 모르는 불안한 것이다.

변호사인 재거스는 결코 악당이 아니다. 그는 나름대로 최선을 다해 살아가려고 하지만 그 사회의 부패 구조의 핵심적인 구성원인 그에게는 개인적인 도피처마저 있을 수 없다. 그러한 상황은 사무실을 옮겨 놓은 것이나 마찬가지로 "공적인 표정"(234)을 띠고 있는 그의 집의 가구와 개인적인 감정을 제거한 그의 공식적인 말투로 상징된다. 재거스는 자신이 자신의 행위의 책임에서 벗어날 수 없다는 것을 분명히 알고 있으며 따라서 끊임없이 죄의식을 느낀다. 그는 마치 자신의 행위를 뜯어 버리고 씻어 버리고 싶은 듯 늘 손톱을 물어 뜯고 계속 손을 씻기 때문에 손톱은 망가져 있고 손에서는 언제나 비누냄새가 난다. 핍은 그런 재거스의 모양을 다음과 같이 묘사한다.

> 다음날 6 시에 나와 내 친구가 그에게 갔을 때 그는 평소보다 더 어두운 상황의 사건에 몰두해 있었던 것 같았다. 왜냐하면 우리는 그가 이 벽장에 머리를 박은 채 손을 씻을 뿐 아니라 얼굴도 문지르고 목도 헹구어 내는 것을 보았기 때문이었다. 심지어 그 일을 다 끝내고 고리에 단 수건을 다 돌려 쓴 후 그는 외투를 입기 전에 또 다시 주머니칼을 꺼내어 손톱에서 그 사건을 잘라 내었다. (233)

그 사회에서 자신이 하는 역할에 대해 죄의식을 느끼면서도 그 행위를 그만 둘 수가 없으며, 고작 자기 위안으로 비누로 손을 씻을 뿐인 재거스의 강박증에 시달리는 모습은 애처로움까지 불러일으킨다. 따라서 재거스는, "상황이 허락하는 한에는 깨끗하지만 그의 잠재적 선은 그런 도덕적으로 왜곡된 사회에서는 힘을 가지지 못하며, 자신은 그것으로 이익을 얻기 때문에 그 사회에 묵묵히 따른다."[2] 어린 시절의 강요된 죄

2 F. R. and Q. D. Leavis, *Dickens the Novelist* (Harmondsworth: Penguin, 1970), 402.

의식에서 탈출할 수 있는 핍과 달리 재거스는 변호사로서 자신의 업무를 계속 수행할 수밖에 없으므로 결코 죄의식에서 벗어 날 수 없는 것이다. 재거스의 사무실이 있는 곳의 이름이 "작은 영국"이라는 사실은 도덕적 타락에서 벗어 날 수 없는 재거스의 상황이 전 사회의 도덕적 풍토를 대표한다는 것을 의미한다.

맥위치가 사형선고를 받는 최후의 법정에서 디킨즈는 진짜 악당은 당대 사회 체제라는 것을 구체적으로 보여준다. 맥위치는 자신이 나쁜 짓을 한 것은 배고픔을 견딜 수 없어서였는데, 주변 사람들은 그를 "무섭게 딱딱해진 존재"(361)로 취급하면서 이해할 수도 없는 설교나 하곤 했다면서 사회의 부당함을 비난한다. 맥위치의 이런 불만은 누나에 대해 부당하다고 느끼던 핍의 공감을 얻으면서 그 타당성이 인정된다. 또 맥위치의 범죄가 개인의 잘못이라기보다는 사회 전체의 책임이라는 디킨즈의 태도는 32명이 한꺼번에 사형선고를 받는 법정에서 죄인과 판사가 빛으로 인해 한 줄에 연결되어 있다고 묘사하는 데서 드러난다.

> 태양이 법정의 큰 창문으로, 유리창의 반짝이는 빗방울을 통해 들어왔다. 그리면서 32명과 판사 사이에 넓은 빛의 기둥이 만들어져 그들을 함께 잇고 있어서, 아마도 청중 중의 누군가에게는, 양쪽이 다, 모든 것을 아시고 실수하지 않으시는 더 위대한 재판관에게로 조금도 차이나지 않게 똑같이 나아가고 있음을 상기시켰다. (467)

이런 묘사에서 디킨즈는 맥위치 같은 범죄자를 만들어 내는 데는 점잖은 체 하는 빅토리아조 사회 전체가 책임이 있음을 분명히 드러낸다. 그러므로 디킨즈는 핍의 죄의식을 강조하여 독자의 공감을 얻으면서도 결국 이런 죄의식과 죄를 양산하는 당대현실에 대한 치열한 비판을 이루어 내는 것이다.

● 영화 <위대한 유산>

『위대한 유산』은 자주 영화화된 작품이다. 1946년의 데이비드 린 감독의 영화는 아카데미상 2개를 수상한 우수한 작품으로 원작의 분위기를 잘 살린 것으로 평가된다. 1998년에 알퐁소 쿠아론Alfonso Cuarón이 만든 <위대한 유산>은 시대적 배경을 현대로, 공간적 배경을 미국으로, 즉 안개 낀 영국의 습지가 아니라 햇빛이 찬란한 플로리다의 해변으로 바꾸어 각색하였는데, 원작에서 가장 달라졌지만 영화 자체로는 설득력 있게 영상화되었다는 평을 받았다. 쿠아론은 작중 인물의 이름도 다소 변형시켰는데, 주인공 핍을 핀Finn으로, 미스 해비셤을 딘스모어Dinsmore로, 맥위치를 러스티그Lustig로 바꾸었다. 1999년에 영국 BBC 방송에서 4부작으로 만든 <위대한 유산>은 가장 원작에 가깝게 영상화된 작품이다.

1934년. 최초의 유성영화.
감독: 스튜어트 워커Stuart Walker
주연: 필립스 홈즈Phillips Holmes(핍)
제인 와트Jane Wyatt(에스텔러)
플로렌스 리드Florence Reed(미스 해비셤)

1946년. 오스카상 2개 부문 수상.
감독: 데이비드 린David Lean
각색: 앤소니 해프록-앨런Anthony Havelock-Allan
주연: 존 밀스John Mills (핍)
발레리 홉슨Valerie Hobson (에스텔러)
마티타 헌트Martita Hunt(미스 해비셤)
핀레이 커리Finlay Currie (맥위치)

1974년.

감독: 죠셉 하디Joseph Hardy

각본: 셔먼 옐렌Sherman Yellen

주연: 마이클 요크Michael York(핍)

새러 마일즈Sarah Miles(에스텔러)

마가릿 레이턴Margaret Leighton(미스 해비셤)

1981년. BBC TV 미니시리즈.

감독: 줄리안 아미에즈Julian Amyes

각본: 제임스 앤드류 홀James Andrew Hall

주연: 제리 선드퀴스트Gerry Sundquist(핍)

새러-제인 발리Sarah-Jane Varley(에스텔러)

조안 힉슨Joan Hickson(미스 해비셤)

1998년.

감독: 알퐁소 쿠아론Alfonso Cuarón

각색: 미치 글레이저Mitch Glazer

주연: 에단 호크Ethan Hawke(핀)

귀네스 팰트로Gwyneth Paltrow(에스텔러)

앤 벤크로프트Anne Bancroft(딘스무어 여사)

로버트 드니로Robert De Niro(러스티그)

1999년. BBC TV 영화.

감독: 줄리안 재롤드Julian Jarrold

각색: 토니 마찬트Tony Marchant

주연: 이안 그러퍼드Ioan Gruffudd(핍)

저스틴 워델Justine Waddell(에스텔러)

샬롯 램플링Charlotte Rampling(미스 해비셤)

버나드 힐Bernard Hill(맥위치)

토론 주제

1. 이 소설을 핍의 성장에 관한 교양소설이라는 점에서 논하시오.
2. 핍의 죄의식에 대해 논하시오.
3. 에스텔러와 비디를 비교하여 논하시오.
4. 맥위치와 미스 해비셤의 은인으로서의 역할에 대해 논하시오.
5. 신사계층으로의 신분상승에 대해 논하시오.

8장
F. 스콧 핏제럴드: 『위대한 개츠비』

● 미국의 꿈

미국 문학에서 신분상승은 "미국의 꿈"이라는 용어로 귀결된다. 그렇다면 미국의 꿈은 구체적으로 무엇인가? 미국의 꿈이란 기본적으로 청교도주의 정신을 기반으로 해서 자유와 평등의 이념을 구현하겠다는 이상으로, 신세계인 미국에서 유럽의 병폐와 구악을 극복하고 인류해방의 대의에 봉사할 수 있는 새로운 사회를 건설하자는 소망을 담고 있다. 이런 이상주의적인 철학에서 독립전쟁의 명분이었던 자유와 평등의 보편원칙이 도출되었고 미국 정치와 정신사의 기본적 내용과 방향이 규정되었다.

그런데 정신적인 측면으로서의 미국의 꿈은 곧 물질적인 성공에 대한 꿈으로 변질되어 간다. 기회가 풍부한 신천지 미국에서 신분의 귀천이나 빈부의 차이에 관계없이 노력하면 누구나 잘 살 수 있다는 자수성가의 꿈을 의미하게 된 것이다. 물론 물질주의적 성공에의 꿈 역시 청교도주의의 기본철학과 밀접하게 관련되어 있다. 청교도의 신앙윤리는 경건, 금욕, 절제를 강조하지만 사회적 가치로 환원되면서 근면, 검소, 절약으로 나타난다. 이런 금욕과 근면의 결과로 이룬 물질적 번영은 개인이 자신의 직업에 충실했다는 표시이자 개인의 성실함에 대해 신이 보여준

은총의 표시가 되므로 자랑스러운 것이었다. 그러므로 물질적 성공은 곧 미국의 꿈을 이루는 것으로 각인된다.

미국의 꿈을 대표하는 인물은 벤저민 프랭클린Benjamin Franklin(1706~1790)이다. 그는 17세에 맨손으로 필라델피아에 와서 성공한 사업가가 되었으며 과학자이며 외교관으로 활동했다. 그의 성공담을 담은 저서『자서전*Autobiography*(1771~1790)』은 자수성가에 대한 교본으로 여겨졌다. 그 책에서 그는 근검, 절약의 미덕을 실천해서 성공한 자신의 실례를 들면서, 청교도 윤리가 바로 이익 추구의 도덕적 정당성의 근거라는 사상을 미국전역에 퍼뜨리며 엄청난 인기를 얻었으며 물질적 성공에의 욕망에 정당성을 부여하게 된다. 프랑스의 철학자 토크빌Alexis de Tocqueville(1805~1859)은 미국을 방문한 후 미국인의 부에 대한 열망이 그 나라의 압도적인 취향이라는 감상을 피력한 바 있다.

미국의 꿈의 핵심은 기회가 누구나에게 열려 있으며 노력하면 누구나 성공의 꿈을 이룰 수 있다는 것이지만 사실은 그것은 미국의 현실과는 다른 허구적 신화에 불과했다. 실제로 1870년대의 직물, 철도 및 철강 회사의 중역 303명을 대상을 한 연구에서 90%가 상층내지 중간층 출신이었을 정도로, 일부의 대부호를 제외하면 대부분의 성공한 사람들은 이미 기반이 탄탄한 사람들이었던 것이다. 도덕적 올바름과 물질적 성공이 연결되어 있음을 강조한 프랭클린의 말 역시 허구임이 밝혀진다. 성공한 많은 사업가들이 노동자들에 대한 착취를 통해 대규모의 이윤을 남기면서 부익부, 빈익빈의 현상을 가속화시켰다. 철강업자인 카네기Abdrew Carnegie는 의회에서 수입품에 대해 높은 관세를 비준해 준 덕분에 자신의 철강품을 비싸게 팔 수 있어서 엄청난 이익을 얻었으며, J. 모건Morgan은 미국 남북전쟁 때 결함이 있는 총을 팔아 큰 이윤을 남겼다. 반면 흑인은 말할 것도 없고 가난한 백인은 미국의 꿈을 성취할 가능성을 생각도 할 수 없을 정도로 고달픈 삶을 살았다. 또 미국의 꿈이라는 환상을 쫓는 사람들은 물질적 성공을 추구하는 과정에서 진정한 삶의 의미를 상실하게 되는 정신적 황폐함을 경험하기도 했다. 미국의 꿈의 이런 양면성이 『위대한 개츠비*The Great Gatsby*』에서 생생히 그려진다.

● F. 스콧 핏츠제럴드 소개

F. 스콧 핏제럴드F. Scott Fitzgerald(1896-1940)는 재즈 시대라고 일컬어지는 1920년대의, "잃어버린 세대lost generation"라고 불리던 일군의 방황하는 젊은 작가들을 대표하는 작가이다. 1920년대는 1차 세계대전 이후 전쟁의 경험으로 인한 환멸과 허무감이 팽배해 있으면서도 동시에 전쟁이 낳은 경제적 호황에 편승한 향락주의가 만연해 있는 격동의 시기로서, 물질적 풍요와 정신적 빈곤의 괴리가 두드러진 시기이다. 이런 시대적 특성을 가장 민감하고 감성적으로 포착한 작가가 바로 핏제럴드이다.

핏제럴드는 1896년 미네소타 주 세인트 폴의 명문가에서 태어났으나 두 살 되던 해에 부친의 회사가 도산하는 바람에 뉴욕으로 이사했다. 핏제럴드는 프린스턴 대학에 재학하던 중에 제1차 세계대전이 발발하자 남부에서 군 복무를 하다가 종전이 되면서 뉴욕으로 올라왔고, 1920년에 자전적 소설 『낙원의 이쪽*This Side of Paradise*』을 발표했다. 이 소설이 순식간에 베스트셀러가 되면서 팟제럴드는 경제적 여유를 누리게 되었지만, 아내 젤다Zelda와 함께 파티와 술로 얼룩진 방탕한 생활을 하다가 결국 파탄 지경에 이르기도 했다. 그런 중에 1925년 유럽에서 10 개월

가량 머물며 『위대한 개츠비』를 발표하면서 핏제럴드는 1920년대를 대표하는 작가로 우뚝 서게 된다. 그는 부인 젤다와의 결혼생활을 토대로 해서, 술과 사치, 환상적 꿈으로 얼룩진 아름다우면서도 저주받은 삶을 그려낸 『아름다운 자와 저주받은 자*The Beautiful and Damned*』(1922), 『밤은 아름다워*Tender is the Night*』(1934)를 발표했다. 그는 알코올 중독과 병고에 시달리다가 1940년 『최후의 거물*The Last Tycoon*』을 집필하던 중 심장마비로 44세의 나이로 사망했다.

● 『위대한 개츠비』 줄거리

미국 서부 미네소타 출신이며 예일대학에서 공부한 청년 닉 캐러웨이Nick Carraway는 1922년 여름, 뉴욕의 증권회사에 취직하게 되어 롱아일랜드Long Island의 웨스트에그West Egg 구역에 집을 얻는다. 이곳에는 사교계에서 인정받지 못한 졸부들이 많이 거주하면서 부를 과시한다. 닉의 이웃집에는 제이 개츠비Jay Gatsby라는 신흥부자가 살고 있는데 그는 정체를 알 수 없는 인물로 알려져 있다. 개츠비는 매주 토요일 밤이면 거대한 저택을 개방하고 엄청난 파티를 열어 누구나 와서 먹고 마시며 즐기게 한다.

닉은 토박이 상류층이 살고 있는 우아한 주택 지역인 이스트에그East Egg에도 친지가 있다. 톰 부캐넌Tom Buchanan은 닉의 예일대 동창생이며 톰의 아내인 데이지Daisy는 닉의 친척이다. 닉은 톰의 초대를 받고 이스트에그의 저택에 가는데, 데이지와 톰의 결혼생활이 행복하지 않다는 것을 알게 된다. 톰은 웨스트에그와 뉴욕 시 사이에 있는, 산업쓰레기장인 회색빛 재의 계곡에 살고 있는 자동차 정비공 조지 윌슨George

Wilson의 아내 머틀Myrtle을 정부로 두고 있다.

여름이 지나면서 닉은 개츠비의 전설적인 파티에 초대받아 그에게서 파티를 여는 사연을 듣게 된다. 개츠비는 5년 전에 데이지를 만나 사랑에 빠졌으나 너무 가난한 처지라서 어쩔 수 없이 그녀와 헤어졌다는 것이다. 이후 밀주 판매를 비롯해 각종 수상쩍은 일까지 해서 큰 재산을 이룬 개츠비는 언젠가 데이지를 만날 날을 기다리며 그녀의 집 맞은편에 있는 저택을 샀으며 그녀가 사는 곳의 선창의 끝에 있는 녹색 불빛을 매일 밤 쳐다본다는 것이다. 개츠비가 누구나 참가할 수 있는 화려한 파티를 여는 것도 바로 데이지에게 깊은 인상을 주기 위해서라는 것이다. 개츠비의 부탁을 받고 닉은 데이지와 개츠비의 만남을 주선해주며 개츠비와 데이지는 자신들의 사랑을 다시 확인한다. 톰은 개츠비와 아내 데이지의 관계를 수상히 여기지만 자신과 데이지 사이에는 개츠비로서는 이해할 수 없는 과거가 쌓여있으므로 데이지가 자신을 버리고 개츠비를 택할 리가 없다고 확신한다.

모두 함께 뉴욕으로 갔다가 데이지는 개츠비와 함께 차를 타고 먼저 이스트에그로 돌아가고 뒤이어 톰이 닉과 함께 출발하는데, 닉은 중간 지점인 재의 계곡을 지나다가 개츠비의 차가 머틀을 치어 죽인 것을 알게 된다. 닉을 만난 개츠비는 데이지가 그의 차를 몰다가 머틀을 치었다고 하면서, 그래도 자신이 모든 책임을 지겠다고 주장한다. 그러나 데이지의 말을 들은 톰은 머틀의 남편 조지에게 그 차의 주인이 개츠비라고 알려준다. 조지는 머틀이 차를 운전하던 애인에게 할 말이 있어 그 차에 뛰어들었다가 변을 당했다고 생각했으므로 개츠비를 총으로 쏜 후 자살한다. 개츠비의 장례식을 간소하게 치른 후 닉은 다시 서부로 돌아간다. 닉은 동부 해안 지역에 사는 부유한 사람들의 도덕적 타락에 혐오감을 느끼며, 데이지를 대상으로 한 개츠비의 꿈이 돈과 부정직으로 인해 타락했듯이, 행복과 개인주의에 대한 미국의 꿈도 단순히 부를 추구하는 행위로 전락하면서 미국의 꿈은 끝장났다고 생각한다. 그러나 꿈을 현실로 바꾸려는 노력을 했다는 점에서, 톰이나 데이지 같은 사람들보다는 개츠비가 위대하다고 결론짓는다.

● 『위대한 개츠비』 비평

『위대한 개츠비』의 배경은 1920년대인 재즈시대의 뉴욕이다. 1차 세계대전이 끝난 당시의 뉴욕은 물질적 쾌락과 도덕적 태만이 만연한 분위기였다. 젊은이들은 인간과 사회에 대한 환멸을 느끼고 방황하면서 스스로를 잃어버린 세대로 자처했다. 『위대한 개츠비』는 이런 시대의 젊은이들의 삶과 사랑을 통해서 시대에 대한 질문을 하면서, 미국문화에서 가장 큰 화두인 "미국의 꿈"에 들어있는 성공과 실패의 의미를 탐구한다.

『위대한 개츠비』는 주인공인 제이 개츠비가 과거 로망스의 기사들이 찾아 헤매던 "성배"[1]로 상징될 수 있는 꿈의 여성 데이지를 다시 찾기 위해 갖은 노력을 다해 성공하지만 오히려 비극적 결말을 맞게 되는 이야기를 통해서, 물질적인 꿈으로 전락해버린 미국의 꿈과 그런 꿈을 조장해온 미국사회에 대한 비판을 드러낸다. 핏제럴드는 삼인칭 전지적 시점에서 개츠비의 삶을 전달하는 대신 닉 캐러웨이라는 일인칭 화자를 등장시켜서, 그의 시각을 통해 개츠비와 미국의 꿈, 미국 문화를 전달하는 서술구조를 채택했다. 닉은 개츠비의 이야기를 이끌어가면서 독자에

---

1 F. Scott Fitzgerald, *The Great Gatsby* (Harmondsworth: Penguin, 1926. rpt. 1974), 155. 이후는 인용문 옆에 쪽수만 표시함.

게 일정한 시각을 제공해주는 틀의 역할을 한다. 핏제럴드는 미국의 동부는 이미 개척 초기의 도덕적 순진성을 상실했으나 중서부는 아직 프론티어적인 도덕성과 순진성을 보유하고 있다고 본다. 중서부 출신인 닉은 순수한 시각으로 개츠비가 추구하는 꿈의 실체와 허구성을 이해하고 평가한다. 그는 동부의 타락한 삶과 개츠비의 빗나간 집착을 비교·관찰하면서, 그나마 개츠비의 삶은 "위대한" 면이 있다는 자신의 판단을 독자도 공감하게 이끈다. 또 개츠비가 이룩하려던 꿈의 실체를 파악하면서 닉 스스로도 깨달음을 얻는다는 점에서 이 소설은 닉의 정신적 성장을 다룬 빌둥스로망이기도 하다.

닉은 자신이 도덕적으로 엄격한 아버지의 교육을 받으면서 "욕망에 대한 제어장치로서 작용하는 내면적 규칙들"(65)을 엄격히 지켜왔다는 점을 내비치며 도덕적 판단자로서의 자신을 신뢰할 것을 요청한다. 닉은 "다른 사람을 비판하고 싶은 마음이 들 때는 이 세상 사람들이 모두 너처럼 유리한 특권을 누리지 못했다는 것을 명심해라"(7)는 아버지의 충고에 따라, 다른 사람을 대할 때 성급한 판단을 유보하면서 그 사람의 입장을 이해하고 공감할 마음 자세를 갖추고 있다. 이런 성향으로 인해 많은 사람들이 닉에게 자신의 속을 쉽게 털어 놓는 편이었으며, 그 결과 닉은 때로는 따분한 사람들의 이야기까지 들어주어야 했고, 이런 저런 사람과 다 친하게 지낸다는 이유로 "정치배"(7)라는 비난을 받기도 했다. 그러나 자신이 이렇게 "판단을 유보"하는 것은 "한없는 희망"(7)을 품는 것이라는 닉의 말처럼, 궁극적으로 닉의 태도는 인간에게 잠재해 있는 긍정적이고 위대한 면을 찾으려는 선한 의지의 표현이기도 하다. 그래서 닉은 수상쩍은 과거와 비밀을 숨기고 있는 듯한 개츠비에 대해서 설익은 편견으로 진단하는 대신, 그의 잠재된 인간성까지 제대로 이해해 주는 관찰자가 될 수 있다.

이처럼 판단을 유보하려는 기질로 인해 닉은 사회의 부조리에 항거하기보다는 회피하고 포기하는 소극적인 성향을 드러내기도 한다. 예를 들면, 닉은 톰 부캐넌이나 데이지가 "부주의한 사람들"(186)이라며 그들의 본질을 파악하고는 있다.

> 그들은 사물과 생물을 박살내고서는, 그들의 돈이나 엄청난 부주의나 그들을 뭉치게 하는 것이라면 무엇이든 그 속으로 후퇴한 후 다른 사람들로 하여금 그들이 일으킨 난장판을 치우게 했다." (186)

닉은 이렇게 그들을 비판하면서도 "어린애"와 같은 그들에게 말해봐야 자신을 "시골뜨기처럼 까다롭게 군다"(186)고 여길 것이라며 모른 체 하기로 마음먹는다. 그래서 개츠비가 죽은 후 데이지가 머틀을 죽인 운전자라는 사실을 경찰이나 언론에 밝히지 않으며, 2년 후 우연히 톰을 만났을 때 그를 외면하려다 말고 결국 악수를 나눈다. 그리고 타락한 인간들은 그들 방식대로 살아가게끔 내버려둔 채 자신은 부패한 인간들이 사는 동부를 떠나, "우주의 남루한 변경"(9)이라 여기고 떠나왔던 고향 중서부로 돌아가는 것이다. 그런 점에서 닉 캐러웨이는 1차 대전 후 현실을 개선하겠다는 희망을 포기해버린 1920년대의 좌절한 지식인의 한 모습이기도 하다.

그렇다면 수많은 불법 행위를 저지르면서 돈을 번 것이 분명하며 과거가 수상쩍은 신흥부자인 개츠비에게 닉이 공감을 느끼는 이유는 무엇이며, 결국 오해로 인해 총에 맞아 허무하게 죽는 개츠비를 닉이 "위대하다"고 규정하는 이유는 무엇일까? 그것은 개츠비가 품고 있던 어떤 고결하고 낭만적인 비전에 닉이 공감했기 때문이다. 닉은 처음에는 화려한 파티를 열며 보란 듯이 부를 과시하는 개츠비가 자신이 경멸하는 모든 것을 대표하는 인물이라고 생각하지만, 곧 그에게 평범하지 않은 내면이 있음을 감지하고 매력을 느끼게 된다. 개츠비가 죽은 후에는 그의 친구들이나 그의 파티를 즐겼던 수많은 사람들 중 누구도 자신에게 손해가 될까봐, 자신의 평판에 금이 갈까봐 장례식에 나타나지 않지만, 닉은 자신이 개츠비를 책임져야 한다고 여긴다.

> 나 혼자만이 개츠비의 편이었다…. 그가 움직이지도 않고, 숨 쉬지도, 말하지도 않고 집안에 누워있는 시간이 몇 시간이고 계속되자 책임질 사람은 나라는 생각이 점점 강해졌다. 왜냐하면 나 외에 다른 사람들은 아무도 그에게 관심을 가지지 않았기 때문이다. (170)

이렇게 닉이 개츠비의 장례식까지 치르며 그의 곁을 끝까지 지키는 이유는 개츠비에게 "무언가 찬란한 것"이 있음을 느꼈기 때문이다.

> 지난 가을 내가 동부에서 돌아왔을 때 나는 세상이 영원히 변함없으며, 일종의 도덕적 배려를 해주기를 원하는 기분이었다. 더이상 인간의 마음속을 특권이라도 있는 듯한 시선으로 헤집고 싶지 않았던 것이다. 그런데 단지 이 책의 제목으로 삼은 개츠비만은 예외이다. 내가 서슴없이 경멸하는 모든 것을 대변하는 개츠비 말이다. 만일 사람의 성격을 성공적인 행동의 끊임없는 연속으로 본다면, 개츠비라는 인물에게는 무언가 찬란한 것이 있었고, 인생이 약속하는 것들에 대한 고도의 감수성 같은 것이 있었다. 그라는 인간은 마치 1만마일 밖의 지진을 기록하는 저 복잡한 지진계와 연결되어 있는 듯 했다. 이러한 반응성은 창조적 기질이라는 이름으로 거창하게 불리는 저 맥없는 감수성과는 아무런 관련이 없었다. 그것은 언제나 희망을 안을 수 있는 이상한 재능이었으며, 내가 다른 사람에게서 본 적이 없었고 앞으로도 보지 못할 낭만적 자세와 같은 것이었다. (8)

여기서 닉이 개츠비의 "고도의 감수성"이며 "낭만적 자세"라고 규정한 개츠비의 특성은 바로 신세계에 처음 도착했던 미국의 옛 조상들의 자세와 연결되는 것이다. 개츠비가 죽은 후 굳게 닫힌 그의 집을 바라보면서 닉은 옛 조상들이 미국에 도착하면서 꾸었던 순수한 미국의 꿈과 개츠비의 꿈이 닮아 있음을 다시 확인한다.

> 달이 높이 떠오르면서 하찮은 집들은 녹아버리듯 사라지고 이전에 화란선원들의 눈에 떠올랐던 그 유서 깊은 섬이 점차로 모습을 드러냈다.– 새로운 세계의 싱그러운 녹색 가슴이 말이다. 그 사라진 나무들, 개츠비의 집을 짓느라 베어진 나무들은 이전에는 모든 인간들의 최후의 꿈들, 가장 위대한 꿈들을 소근 대며 일깨웠었지…. 그 곳에 앉아 그 오래된 미지의 세계에 대해 사색하면서 나는 데이지네 제방 끝의 녹색 불빛을 처음 발견했을 때 그가 느꼈을 경이로움을 생각했다. (187-8)

이런 공감을 바탕으로 닉은 톰과 데이지를 "썩어빠진 자들"로 규정하면서 개츠비에게, "당신은 그자들을 다 합친 것보다 더 값어치 있는 사람이오"(160)라고 선언한다. 닉은 톰이 대표하는 위선적이고 무기력한 상류사회보다는, 자신의 꿈을 실현시킬 수 있다는 믿음을 가지고 그 실현을 위해 노력했다는 점에서 개츠비가 위대한 면이 있다고 보는 것이다.

서술자 닉이 이처럼 개츠비에게 공감하면서도 개츠비의 꿈이 "낭만적"이라고 규정하듯이, 개츠비의 꿈은 근본적으로 문제를 내포하고 있다. 과연 개츠비처럼 타락한 수단을 써서 목표를 달성한 사람이 도덕적으로 어떻게 정당화될 수 있는가? 물질을 축적해서 사랑을 다시 탈환하는 것이 가능한가? 그렇게 탈환될 수 있는 사랑이라면 과연 가치가 있는 사랑인가? 되찾은 데이지는 그가 꿈꾸던 그 모습으로 남아있는가? 만일 그녀가 자신이 꿈꾸던 이상적인 모습이 아니라면 개츠비의 삶의 의미는 어디에 있는가?

개츠비는 자신이 가난하고 보잘 것 없는 상황이기 때문에 부잣집 딸인 데이지를 사랑하면서도 놓칠 수밖에 없었다고 생각한다. 그녀를 되찾는 길은 그녀의 주목을 끌 정도로 엄청난 부를 획득하는 것이라고 확신한 개츠비는 불법적이거나 비열한 짓 등 수단방법을 가리지 않고 갖은 수단을 다 해서 지난 5년간 돈을 벌었고 부자가 된다. 이후 개츠비는 데이지와의 재회를 꿈꾸며 데이지의 저택 맞은편에 보이는 곳에 큰 저택을 사서 매일 밤 거창한 파티를 여는데 그것은 오로지 데이지에게 자신이 가진 부를 과시하기 위해서이며, 언젠가 데이지가 소문을 듣고 자신의 파티에 참석해주기를 바래서이다. 그가 매일 밤 데이지를 향해 있는 모습을 닉은 목격한다.

> 그는 어두운 바다를 향해서 기묘한 자세로 두 손을 뻗었다. 그리고 나는 그가 서있는 곳에서 멀리 떨어져 있었지만, 아무리 봐도 그가 몸을 떨고 있다고 밖에 볼 수 없었다. 나는 반사적으로 바다 쪽을 바라보았다. 그러자 그곳에는 멀리 작게, 선창의 끝부분처럼 보이는 주변에, 조그마한 녹색 불빛이 하나 보였을 뿐, 그 외에는 달리 아무것도 보이지 않았다. 다시 한 번 개츠비의 모습을 찾았을 때 이미 그의 모습은 사라지고 없었다. (27-8)

여기서 마치 초자연적인 것처럼 나타나는 "녹색 불빛"은 바로 바다 건너에 있는 데이지의 저택의 배를 대는 잔교 끝에 있는 전구의 불빛으로, 그것은 개츠비에게는 희망의 표상이다. 그러나 데이지처럼 세련된 상류계층의 여성이 흥청망청한 파티의 소문을 듣고 찾아오리라고 여겼던 개츠비는 상류사회의 세심한 도덕이나 예법 등의 세상물정을 너무 모른 셈이다. 자신을 찾아오게 하려고 수많은 파티를 여는 각고의 노력을 한 후에도 데이지를 만날 수 없었던 개츠비는 뜻밖에도 새로 이웃에 이사 온 닉이 데이지의 가까운 친척이라는 것을 알게 되고 닉을 통해서야 데이지와 만나게 되는 것이다.

물질적인 성공을 거두겠다는 개츠비의 목표도 처음부터 너무 순진한 생각이었다는 것이 드러난다. 그것은 톰과 개츠비의 부를 비교할 때 잘 나타난다. 두 사람의 부는 그들의 저택에서 확연히 비교된다. 톰과 개츠비는 모두 엄청난 부자인 듯이 보이지만 더 세밀하게 보면 개츠비는 톰에게 비교도 되지 않는다. 개츠비의 집은 "어떤 기준으로 보더라도 호화로운 별장"이지만 노르망디의 어느 시청사를 "똑같이 흉내 낸듯한 건물"(11)인 반면 톰의 저택은 "조지 왕조 풍의 식민지 양식"으로 "해안에서 시작되는 잔디밭은 정면 현관 입구 쪽으로 400미터나 깔려 있는"(12) 것이다. 신흥부자에 불과한 개츠비의 저택은 모방에 불과하지만 세습부자인 톰의 저택은 그야말로 우아함의 결정체이다. 그러므로 물질적 성공만으로 데이지를 되찾겠다는 개츠비의 시도가 얼마나 무모한 것인지 다시 밝혀지는 셈이다.

더 큰 갈등은 개츠비가 데이지를 재회한 이후에 일어난다. 개츠비는 현실의 데이지가 자신이 꿈꾸었던 이상적인 데이지와 다르다는 것에 당혹해하면서, 데이지라는 꿈을 추구해온 자신의 삶이 "엄청난 실수"(94)라는 인식을 하게 된다. 그는 데이즈를 상징했던 녹색 불빛에 대해서도 "그 불빛이 가지고 있던 거대한 의미가 지금은 영원히 소멸해 버렸다는 생각"(100)을 하게 된다.

> 내가 작별 인사를 하러 건너가서 보니 당황한 표정이 개츠비의 얼굴에 다시 어려 있었다. 마치 그가 현재 누리는 행복의 성격에 대해 막연히 의심하게 된 것 같았다. 거의 5년이나 지났으니! 그날 오후만 하더라도 데이지가 그의 꿈에 못 미치게 무너지는 순간들이 있었음이 틀림없었다. 그녀 자신의 과실 때문이 아니라 그의 환상이 너무 거창하고 활기찼기 때문이었다. 그의 환상은 그녀를 넘어섰고, 모든 것을 넘

> 어섰던 것이다. 그는 창조적 정열을 가지고 자신의 환상에 뛰어들었고, 자기 길에 떠도는 모든 화려한 깃털로 자신의 환상을 장식했던 것이다. (102-3)

여기서 닉이 지적하듯이 개츠비가 실망을 하게 된 데에는 물론 현실적인 데이지의 모습에도 문제가 있기 때문이지만, 개츠비 자신의 "환상"이 너무 컸기 때문이기도 하다. 그는 "창조적 정열"로 데이지의 실체와는 상관없는 이상적인 여성상을 만들었고 이후 계속 그 환상을 키워왔던 것이다.

개츠비가 낭만적인 성향을 가지고 있으며 자신이 만든 환상에 빠져드는 성격이라는 것은 이미 그의 청소년 시절부터 나타났었다. 개츠비는 가난한 시골 농부의 아들로 태어났으나 자신의 상황을 마음으로부터 인정하지 못하며, 상상 속에서 자신을 완전히 다른 존재로 만들기 위해 자신의 성을 갯츠Gatz에서 개츠비로 바꾸고 자신을 "신의 아들"로 규정한다.

> 그의 부모는 주변머리도 운도 없는 농부였다. 개츠비는 상상 속에서 그들을 부모로 수긍한 적이 없었다. 진실을 말하자면, 롱아일랜드 웨스트에그의 제이 캐츠비는 스스로에 대한 이상적인 개념에서 만들어 낸 존재였다. 그는 하느님의 아들이었다. 그 말에 뜻을 부여하더라도, 그냥 그 말대로다. 그리고 그는 아버지 하느님의 사업, 즉 거대하고 조야하고 저속한 아름다움에 봉사했다. 그래서 그는 열 일곱 살 된 소년이 생각해 낼만한 그런 제이 캐츠비를 고안해내었고 끝까지 그 개념에 충실했던 것이다. (105)

소년 개츠비가 생각해낸 새로운 사업이란 물질적 성공을 거두는 것인데 그것은 벤저민 프랭클린이 물질적 성공을 미국의 꿈과 동일시한 이후 모든 미국인의 머리속에 각인된 개념이기도 하다. 개츠비가 죽은 후 미네소타 주에서 신문기사를 보고 장례식에 찾아 온 개츠비의 아버지 헨리 갯츠Henry C. Gatz는 개츠비가 청소년 때 만들어 그대로 지켜왔던 생활 계획표를 보여준다. 이 계획표는 벤저민 프랭클린의 생활계획표를 그대로 모방한 것이다.

성공하겠다는 개츠비의 막연한 환상은 데이지를 만나면서 본격적으로 개화될 기회를 맞게 된다. 장교로 근무하던 개츠비는 "엄청나게 우연한"(154) 기회에 자신이 처음으로 알게 된 "부잣집" 아가씨인 데이지의 집을 방문한 후 그 화려함에 압도당한다. 각종 수상쩍은 신분으로 위장하여 그런 부자들과 접촉하면서도 항상 그들과의 사이에 "눈에 보이지 않는 철망"(154)이 있음을 느끼던 개츠비는 데이지를 자신의 연인으로 만드는 것이 평소 꿈꾸던 물질적 성공을 이루는 것이 될 것이라고 여기게 된다. 개츠비는 데이지와 데이트를 하면서 보도블록이 사다리를 이루어 나무위의 비밀스러운 장소로 올라가는 환상을 보면서, 그곳에 올라가면 삶의 젖과 경이로운 우유를 빨 수 있을 것이라고 꿈꾼다. 그리고 데이지에게 키스하면서 개츠비는, "말로 다 할 수 없는 비전"을 그녀의 "사라지는 숨결"과 연결시키고 그녀가 꽃처럼 피어오는 것을 느끼면서 그녀를 이제 자신의 꿈의 "화신"(118)으로 규정짓는 것이다. 물질적 성공을 꿈꾸던 개츠비에게 이제 데이지는 그가 꿈꾸는 모든 것을 대표하는 목적이자 이상이 되는 것이다.

그러나 현실적으로 개츠비는 데이지와 "결혼했다는 기분"(155)만 느꼈을 뿐, 실제로는 데이지와 헤어져 유럽의 전쟁터로 갔어야 했고, 전쟁이 끝난 후에는 업무 착오로 미국에 곧 돌아오지 못하고 영국의 옥스퍼드에 얼마간 남아 있어야 하면서, 데이지의 편지에서 "안절부절 못하는 절망감"(156)을 감지하고 좌절하게 된다. 결국 그가 할 수 있었던 일은, 데이지의 결혼 소식을 듣고, 톰과 데이지가 신혼여행을 하는 동안 고향인 루이빌Louisville로 돌아와 추억의 거리를 떠도는 것뿐이다. 이런 경험을 겪는 동안 데이지는 개츠비에게 단순히 부잣집 아가씨가 아니라, 가질 수 없는 모든 것, 저 멀리 있는 이상을 상징하는 것이 되는 것이다. 그가 부를 축적하는 것은 그 자체가 목적이 아니고 데이지라는 보다 고결한 목표를 얻기 위한 수단이며, 데이지를 되찾는 것은 자신에게 가장 순결하고 충만한 순간을 회복하는 것과 연결된다.

그렇다면 과연 데이지는 개츠비가 생각한 대로 고결한 존재이며 그의 성배가 될 수 있는 존재인가? 사실 데이지는 인습에 젖어 사는 무기력한 여성에 불과하다. 그녀는 자기 집에 방문한 닉을 맞아 몸을 일으키려고 하다가 잘 되지 않자 "나는 행복해서 마비되었답니다"(15)라고 변명하는데, 사실 그녀의 삶 자체가 마비되어 있고, 그녀의 집에는 무관심과 무책임함이 만연해 있으며, 그녀가 살고 있는 세상도 마비된 것처럼 무기력 속에 정체되어 있다. 5년 만에 재회한 데이지의 실체는 목소리로 표현된다. 개츠비를 다시 만나게 된 첫 순간 데이지는 "꾸민 듯한 어조"(93)로 "더할 수 없이 사무적인 목소리"(94)로 말하면서 개츠비와 거리를 두다가, 개츠비가 수많은 고급 와이셔츠를 보여주자 개츠비가 과시하는 그 어마어마한 부에 감격해서 눈물을 흘린다. 그 장면은 데이지의 천박한 감상성을 나타내는 것이면서, 데이지가 개츠비의 파티에서 찾고자 하는 것이 자신의 세상에는 전혀 없는 "낭만적인 가능성"(116)이라는 것을 잘 보여주는 장면이다. 따라서 개츠비는 데이지의 목소리가 "돈맛으로 가득 차있다"(126)는 것을 깨달으면서 불편함을 느끼게 된다. 데이지는 그의 드높은 환상을 충족시켜 줄 여성이 아니라 허영과 싸구려 감상으로 가득 차 있는 허상에 불과했던 것이다.

이처럼 데이지에게 실망감을 느끼면서도 자신의 인생을 걸고 추구해 온 꿈을 쉽게 포기할 수 없는 개츠비는, 뉴욕 플라자 호텔에서 열린 파티에서 톰과 정면으로 대결한다. 개츠비에게 "어디서 굴러먹다 온 작자"(136)인지 모른다고 톰이 비난할 때, 개츠비는 데이지가 자신 만을 사랑한다고 주장한다. 그리고 데이지에게 톰을 한 번도 사랑한 적이 없으며 오로지 개츠비 자신 만을 사랑했다는 말을 확실하게 하라고 채근한다. 그러나 데이지는 그런 개츠비의 요구를 받아들일 용기가 없다.

> "아아, 당신은 너무 많은 걸 원해요!" 그녀가 개츠비에게 소리 질렀다. "저는 지금 당신을 사랑해요. 그거면 충분하지 않나요? 지난 일은 어쩔 수 없잖아요." 그녀는 어찌할 바를 모르며 흐느껴 울기 시작했다. "전 사실 한때는 저 사람을 진정으로 사랑했어요. 하지만 전 또 당신을 사랑했던 거예요." (139)

데이지는 전력이 의심스러운 신흥부자에 불과한 개츠비 보다는, 불성실하지만 세습부자로 상류사회에서 당당히 인정받는 톰과의 현실적인 결속에 더 집착하기에 갈등하는 것이다.

데이지는 현실에 안주하는 비겁함을 보이는데 그치지 않고 비도덕적인 면도 드러낸다. 파티에서 돌아오는 길에 데이지가 개츠비의 차를 운전하다가 쓰레기 하치장이 있는 "재의 계곡"에서 톰의 정부인 머틀을 치어 죽인다. 개츠비는 데이지를 보호하기 위해 그녀가 운전했던 사실을 숨기고, "아무도 보이지 않는 그녀의 집을 지켜보며 밤새도록 "신성한 불침번"(122)을 서면서 자신이 그 책임을 질 각오를 하고 한다. 그러나 데이지는 남편과 함께 이 일을 개츠비에게 떠넘기고 달아날 "음모를 꾸민"(153) 후 몰래 떠나버린다. 이런 데이지를 삶의 최고의 이상으로 두었다는 데에 개츠비의 비극이 근원하는 것이다. 데이지에게서 올 전화를 기다리면서, 아니 심지어 그녀에게서 전화가 오지 않으리라고 예상하면서 개츠비가 느꼈을 법한 회한을 닉은 우리에게 전달한다.

> 개츠비 자신은 전화가 올 것이라고 믿지 않았을 것이고 아마도 더 이상 상관하지 않았으리라고 생각된다. 만일 그게 사실이라면, 그는 그 옛날의 따스한 세계를 상실했다고, 단 하나의 꿈을 너무 오랫동안 품고 살아 온 것에 대해 값비싼 대가를 치렀다고 느꼈던 것이 틀림없다. 그는 장미꽃이란 얼마나 기괴한 것인지, 또 거의 돋아나지 않은 잔디 위에 쏟아지는 햇살이 얼마나 생경한지 깨달으면서, 나뭇잎 사이로 낯선 하늘을 올려다보며 틀림없이 몸서리를 쳤을 것이다. 현실감은 없으면서 물질적인 새로운 세계, 거기서는 가엾은 허깨비들이 공기처럼 꿈을 들이마시며 되는 대로 이리저리 방황했다. (168)

마침내 자신의 환상의 실체를 깨달은 개츠비의 절망감은 닉의 공감적이고 객관적인 서술을 통해 절제 있게 전달되기에 개츠비의 비극성이 더 두드러진다. 시대착오적이고 자기 모순적인 그의 꿈과 집념은 초기의 미국인들이 신대륙에서 꾸었지만 이제는 오염되고 굴절되어버린 거대한 환상을 암시한다. 개츠비의 이야기는 꿈을 이루기 위해 매진했지만 그 꿈의 대상 자체가 너무도 현실적이었기에 파멸한 한 이상주의자의 이야기이다.

● 영화 <위대한 개츠비>

미국에서 가장 대중적 인기가 있으면서도 예술적으로 훌륭하다는 평가를 받는 이 소설은 그만큼 영화로도 많이 만들어졌다. 미국의 꿈이라는 주제가 특히 관객들에게 공감을 일으켰으며 핏제럴드의 소설 자체가 영화의 기법을 많이 사용하고 있기 때문에 쉽게 영화화될 수 있는 장점이 있다. 1974년의 영화는 원작의 세밀한 내용을 충실하게 구현하고 있다는 장점이 있으나 진행이 다소 느려서 생명력이 없다는 비판을 받기도 했다.

1926년. 무성영화.
감독: 허버트 브레논Herbert Brenon
각본: 베키 가드너Becky Gardiner
주연: 워너 박스터Warner Baxter(개츠비)
로이 윌슨Lois Wilson(데이지)

1949년.
감독: 엘리엇 누전트Elliot Nugent
주연: 앨런 라드Alan Ladd(개츠비)
베티 필드Betty Field(데이지)
셸리 윈터스Shelley Winters(닉)

1974년.
감독: 잭 클레이튼Jack Clayton
각색: 프랜시스 포드 코폴라Francis Ford Coppola
주연: 로버트 레드퍼드Robert Redford(개츠비)
미아 패로우Mia Farrow(데이지)
샘 워터슨Sam Waterston(닉) (1975. 골든 글로브 남우조연상)

2001년.
감독: 로버트 말코비츠Robert Markowitz
주연: 토비 스티븐스Toby Stephens(개츠비)
미라 소르비노Mira Sorvino(데이지)

토론 주제

1. 개츠비는 미국의 꿈을 어떻게 구현하고 있는지 논하시오.
2. 데이지에 대한 개츠비의 사랑의 성격을 논하시오.
3. 개츠비를 위대하다고 규정할 수 있는지 논하시오.
4. 개츠비, 톰 부캐넌, 닉을 비교하며 논하시오.
5. 서술자인 닉에게 개츠비의 이야기는 어떤 의미가 있는지 논하시오.

IV.

인종적 정체성과 갈등

9장
토니 모리슨: 『가장 푸른 눈』

● 아프리카계 미국인[1]의 정체성

미국 흑인의 역사는 강제된 이산의 경험, 노예제를 벗어나려는 투쟁, 흑인의 정체성을 확보하려는 노력으로 이루어져 있으며, 이 역사는 미국문화의 근간을 이루고 있으므로 이에 대한 통찰은 중요한 의미가 있다. 인간이 인간을 소유하는 노예제는 고대로부터 존재했다. 그러나 기존의 노예제가 전쟁에서 승리한 민족이 패배한 민족을 노동력으로 이용하는 것인 반면, 미국의 흑인노예제는 인종적 차이를 근간으로 하여 타인종을 동물적 수준으로 비하하는 인종적 이데올로기를 강화했다는 점에서 큰 차이가 있다. 흑인노예들의 고향인 아프리카에도 노예제가 있었지만, 노예도 사유재산을 소유했으며 서약과 증언의 자격이 있었고 주인의 상속자가 될 권리도 있었고 때로는 가족의 일원이 되기도 했고 후손은 주인의 친족과 결혼할 수도 있었다. 다시 말하자면 노예도 인간으로 대접 받았던 것이다. 그러나 아메리카의 흑인노예는 인간이 아니라 동물로 취급받았고 그 과정에서 인격과 가족관계가 파괴당했다. 즉

---

1 흑인에 대한 공식적인 명칭은 니그로Negro에서 60년대에는 블랙 피플Black People, 현재는 아프리카계 미국인African-American/ Afro-American으로 진화했다.

피부색에 따른 주종관계를 형성하여 인종차별적인 가장 잔인한 노예제로 확립된 것이다.

1492년 콜럼버스Christopher Columbus(1451~1506)가 서인도제도를 발견하기 이전에 이미 포르투칼 인들이 아프리카 흑인노예를 10여명 정도 소유한 것이 흑인노예제의 시작이었다. 이후 아메리카 대륙에 도착한 스페인인들이 값싼 노동력을 확보하기 위해 아프리카에서 노예를 수입하기 시작하면서 향후 100여 년 동안 노예무역은 큰 이윤이 남는 사업으로 활발히 진행되었다. 아메리카의 식민 정착인들은 토착원주민인 인디언을 길들여서 노동력을 얻는 것이 불가능하다는 것을 깨달으면서 흑인노예를 그 대안으로 삼았다. 미국 남부의 주된 산업이 된 목화 농업이 급속도로 증가하면서 노예의 수입은 가속도로 증가했다. 남부의 대규모 농업에 의존하던 초기의 미국 경제에서 흑인노예는 없어서는 안 되는 중요한 노동자원이 되었으므로 미국정부 차원에서 노예제를 지원하게 된다. 강제로 고향땅에서 사냥 당해 이국땅으로 옮겨서 동물보다 못한 처지로 살아가게 된 흑인노예들은 노예제 200년 동안 폭동, 도망, 태업, 사보타지 등 다양한 방법으로 끊임없는 저항을 시도했다. 그러나 연방정부는 부유한 노예소유주들의 편이었으므로 노예무역금지법을 위반하는 것은 좌시하면서도 도망노예 송환은 엄격하게 시행했다.

1861년 노예해방의 문제를 두고 미국의 남부와 북부의 주들이 전쟁에 돌입했을 때 그것은 사실 흑인 노예들의 인권과는 거의 관계가 없는, 남북의 엘리트 집단의 경제적 · 정치적 대립에 불과했다. 즉 북부의 엘리트는 자유로운 토지이용, 자유 노동, 자유 시장, 제조업의 활성화와 같은 경제적 팽창을 원했으므로 자유로운 노동자가 필요했는데 그 주된 노동자원인 흑인들이 남부의 노예제에 묶여 있었으므로 노예해방이 필요했던 것이다. 당시의 대통령이었던 링컨Abraham Lincoln(1809~65)은 노예폐지론자들의 압력에 못 이겨 1862년 노예해방령을 발표하지만 여러 이유로 실행을 미루었고 1865년에야 의회에서 노예제 폐지가 선포되었다.

남북전쟁이 노예제 폐지를 주장한 북부의 승리로 1865년에 끝맺으면서 흑인들은 명목상의 해방을 성취했지만 현실적으로는 흑인에 대한 더욱 심한 탄압이 가해졌다. 자신의 재산인 흑인을 보호하려는 백인주인이 존재하지 않는 상황에서 흑인은 인종차별주의자들의 손쉬운 목표가 되었다. KKK단과 같은 흑인에 대한 민간 테러는 극에 달했지만 정부는 이를 방지할 의지가 전혀 없었다. 남북전쟁 이후 남부가 연방에서 분리되는 것을 막기 위한 유화책으로 연방정부는 오히려 흑인의 권한을 규제하는 정책을 더 강화했다. 1875년에 제정된, 공공시설 이용시에 흑인에 대한 차별을 금하는 법인 공민권법은 1883년 대법원 판결에서 무효로 확정되었으며, 1900년 남부의 모든 주는 흑인의 공민권 박탈과 흑인 분리를 법제화했다.

이 과정에서 흑인들의 권리 찾기와 정체성을 확립하려는 시도는 꾸준히 진행되었다. 부커 T. 워싱턴Booker T. Washington(1856~1915)과 W. E. B. 뒤보아W. E. B. Dubois(1868~1963) 등의 흑인사상가들이 흑인의 정체성을 뒷받침할 이론적 배경을 탐구했다. 워싱턴은 흑인 개개인이 근검, 인내, 산업 훈련 등의 미덕을 쌓을 것을 강조했고, 뒤부아는 교육을 통해 농업과 기계, 무역, 교육 분야의 흑인을 양성할 것을 주장했다. 꾸준히 계속되던 흑인 민권 운동은 2차 대전 동안 잠시 자중하는 경향을 보인다. 흑인들은 조국을 위해서 함께 싸우면 흑백 차별이 없어질 것이라는 기대를 가졌던 것이다. 그러나 막상 군대에서도 인종차별이 계속되자 그런 기대는 무너지고 만다. 흑인의 본격적인 권리 찾기는 1960년대의 민권 운동, 베트남 반전운동과 발맞추어 강화되었으며 말콤 엑스

Malcom X(1925~1965)나 마틴 루터 킹Martin Luther King, Jr.(1929~1968)과 같은 우수한 지도자를 중심으로 힘을 결집하게 된다. KKK단의 흑인 테러를 묵인하고 FBI를 통해 흑인지도자들을 협박하고 암살하는 정보 활동을 전개하던 연방정부는 정책 방향을 바꾸어, 일부 엘리트 흑인들을 체제 속으로 끌어들이기 위해 경제적 지원을 했으며 흑인지도자들을 백악관에 초대하여 파격적인 일자리를 제공하는 등 유화정책을 폈다. 흑인과 백인의 완전한 분리를 주장하면서 흑인만의 나라를 세울 수 있는 땅을 할애해 달라는 과격한 말콤 엑스 대신, 온건한 마틴 루터 킹을 더 지지하면서 그의 생일을 국가 공휴일로 정한 것도 미국 정부의 유화정책의 한 단면이다.

이러한 노력으로 점점 법치적 · 정치적 · 사회적인 부분에서 인종차별이 많이 해소되었으며, 불과 수십 년 전과 비교하더라도 오늘날은 놀라울 정도로 흑인의 인권이 향상된 모습을 보게 된다. 그러나 100여년이 넘는 세월 동안 노예제를 겪으면서 상처입고 훼손된 흑인의 정체성은 아직 쉽게 확립되지 못하고 있는 것도 사실이다. "검은 것이 아름답다 Black is beautiful"는, 1960년대의 흑인인권운동의 구호 자체가 검은 것을 아름답게 여기지 않는 현실을 역설적으로 반영한다. 고대로부터 검은 색은 악을 연상시켰고 흑인의 조상인 햄Ham의 자손들은 하느님의 저주를 받아서 검은 피부를 가지게 되었다는 성경 구절은 기독교가 정신적 근간을 이루는 서구문화에 여전히 잠재되어 있다. 현실적으로 아직도 대부분의 흑인은 경제적 하부구조를 이루고 있고, 흑인여성들은 옅은 피부를 아름다움의 기준으로 삼고 있으며 흑인의 곱슬머리를 피려고 노력한다. 토니 모리슨Toni Morrison의 『가장 푸른 눈*The Bluest Eye*』은 흑인이 겪는 문화적 식민의 상황을 충격적으로 드러낸다.

● 흑인여성이 받는 이중의 억압

흑인여성이 자식을 노예로 만들지 않기 위해 차라리 살해한 이야기를 다룬 토니 모리슨의 충격적인 소설 『빌러비드*Beloved*』에서 백인 노예주인 학교선생은, "정의(定義)는 정의되는 자가 아니라 정의하는 자의 몫이다"[2]라고 말하는데 이 말은 지배 담론의 핵심을 지적하고 있다. 역사는 승리자, 지배자의 관점에서 구성된 담론이다. 지배자의 논리는 자기 합리화를 거치면서 정당화되고 후대에 계승되면서, 세월이 흐른 뒤에는 진리로 확립되며 각인된다. 즉 피지배자는 지배자의 논리에 의해 정의되는 것이다. 대체로 정의를 당하는 쪽인 약자, 소수자들이 이러한 강제적인 정의를 거부하고 자신의 정체성을 찾으려는 과정은 엄청난 희생과 투쟁의 역사이다. 그것은 흑인의 역사에서 분명하게 나타나 있다. 흑인은 백인에 의해서 정의되면서 원래의 정체성을 상실했다. 그리고 흑인여성은 한 차원 더 참담하게 억압당해 온 존재이다. 흑인여성은 노예담론에 의해서는 인간이 아닌 소유물로 정의되었으며, 가부장적인 남성담론에 의해서는 열등한 존재로 착취당하는 등 이중의 억압을 받아왔다.

노예담론은 흑인을 인간이 아닌 노예로 정의하기 위해 각종 이데올로기를 만들어내었는데, 흑인여성에 대해서는 모성이 없는 존재라는 허구의 신화를 확립시켰다. 백인의 스토리텔링에서 흑인여성은 항상 백인남성을 유혹하는 요부이거나, 백인아이를 무조건적인 애정으로 사랑하는 유모의 모습으로 전형화되어 나타난다. 즉 "백인남성에게 자신의 다리를 닫지 못하고 백인아이에게 자신의 젖가슴을 거부하지 못하는"[3] 존재가 흑인여성이라는 것이다. 이처럼 흑인여성은 여성의 본질적인 자질이

2 Toni Morrison, *Beloved* (Harmondsworth: Plume Book, 1988), 90.

3 Michele Wallace, *Black Macho and the Myth of the Superwoman* (London: Verso, 1990), 92.

라고 미화된 모성이 결핍된 존재이자 과도하게 성적인 존재로 규정됨으로써 손쉽게 소유물로 사물화 될 수 있는 것이다.

가부장적인 남성담론에서 흑인여성은 여성의 범주에 들지 못한다. 당시의 여성이데올로기에서 이상적인 여성은 순종하는 딸, 헌신적인 아내, 훌륭한 어머니라는 기준을 만족시켜야 하지만 흑인여성은 이런 기준과 전혀 관계가 없는 존재로, 따라서 여성에 대한 모든 이데올로기적인 고려에서 면제된 존재로 여겨진다. 화장실 입구에 쓰인 "백인숙녀White Ladies"와 "유색인여자Colored Women"라는 팻말이 바로 이런 차별적 기준을 드러낸다. 숙녀라는 호칭은 나약하고 부드럽고 활동적이지 않은 중산층 백인 여성에게 어울리는 용어로, 여자라는 호칭은 강인하고 힘이 있고 독립적인 하층 흑인여성에게 어울리는 용어로 자리 잡는다. 흑인여성은 연약하고 순종적인 존재인 여성의 영역에 들 수 없는 거친 존재이며, 마치 식충식물처럼 무기력한 희생자를 포획해서 삼켜버리는 존재라는 이미지가 확산되는 것이다. 심지어 흑인남성들도 자신들을 억압했던 식민주체가 배포한 여성이데올로기를 비판없이 그대로 받아들여서 흑인여성을 비판한다. 노예제 하에서 뿔뿔이 흩어지는 가족을 모으기 위해 강해질 수밖에 없었던 흑인여성들을 비순종적이고 따라서 비여성적이라고 비판하면서, 이렇게 강한 흑인여성 때문에 흑인남성이 자신의 집에서 남자 구실을 못하게 된다고 주장한다.[4] 이처럼 노예담론과 남

4 1965년에 나온 미국 흑인가정에 대한 연구 보고서 「니그로 가정: 국가정책을 위한 과제The Negro Family: The Case for National Action」, 일명 「모이니한 보고서Moynihan Report」는 이런 통념을 확인시킨다. 다니엘 모이니한Daniel Patrick Moynihan은 흑인가정을 조사한 후 흑인의 열악한 삶은 가족의 와해에 그 근본적인 원인이 있으며 가족 해체의 책임은 흑인여성에게 있다고 결론을 내린다. 흑인여성이 가정에서 큰 목소리를 내고 주도하는 "흑인 모계 중심제black matriarchy"가 "흑인남성을 짓누르는 억압"으로 작용하

성담론이 연합해서 억압하는 상황에서 흑인여성은 이중고를 겪고 있었다. "흑인여성이 니그로의 신화에서 구출되면 여성의 신화가 그녀를 옭아맨다. 그녀가 여성의 신화를 벗어나면 니그로의 신화가 여전히 그녀를 잡아맨다."[5]

● 토니 모리슨 소개

토니 모리슨(1931~)은 흑인, 특히 흑인여성의 과거와 현재에 대한 날카로운 통찰과 감동적인 이야기로, 오늘날 미국의 최고의 소설가로 인정받으며 1993년의 노벨상 수상은 그녀의 성과를 인정해주는 분명한 계기가 되었다. 모리슨은 흑인의 노예제 역사와 삶을 힘 있고 치밀한 구성으로 형상화했으며, 흑인 구전문학과 시적 문체를 활용하여 미국문학에 새로운 활기를 불어넣었다고 평가된다.

모리슨의 본명은 클로이 앤소니 워포드Chloe Anthony Wofford로 오하이오 주 로레인Lorain에서 노동계층인 조오지 워포드와 라마(윌리스) George and Ramah (Willis) Wofford의 네 자녀 중 둘째로 태어났다. 그녀는 어린 시절부터 제인 오스틴, 레오 톨스토이Leo Tolstoy 등을 비롯한 고전 작가들의 작품을 많이 읽었으며, 그녀의 아버지는 흑인 공동체에

여 흑인여성의 주도적인 성향을 견디지 못한 흑인남성들이 가정을 버리고 달아나며, 그것이 가족해체로 이어지며 결과적으로 흑인의 열악한 삶의 악순환을 계속되게 하고 있다는 것이다. Lee Rainwater and William Yancy, eds. *The Moynihan Report and the Politics of Controversy* (Cambridge, Mass.: MIT Press, 1967), 75.

5 Deborah White, *Ar'n't I a Woman: Female Slaves in the Ante-Bellum South.* (New York: Norton, 1985), 28.

전해 내려오는 민담 등을 많이 들려주었다. 이런 경험이 그녀의 소설에서 내용으로, 또 기법으로 재탄생되고 있다.

1949년 흑인들의 하버드 대학으로 여겨지는 하워드 대학Howard University에 입학한 모리슨은 영문과에서 학사학위를 받은 후 1955년 코넬 대학Cornell University에서 석사학위를 받았다. 이후 휴스턴에 있는 텍사스 남부대학Texas Southern University에서 잠시 가르치다가 하워드 대학에서 교편을 잡았다. 1958년 자메이카 출신의 건축가이며 하워드 대학의 교수인 해럴드 모리슨Harold Morrison과 결혼하여 두 자녀를 두었으나 1964년 이혼한다. 이후 뉴욕 주의 시러큐스Syracuse로 옮겨간 모리슨은 랜덤 하우스Random House 출판사 뉴욕지부의 편집장으로 일했고, 이후 뉴욕주립대학과 프린스턴 대학에서 가르쳤다.

하워드 대학 시절 모리슨은 푸른 눈을 갖고 싶어 하는 흑인소녀에 대한 단편을 발표했는데 이것을 발전시켜 처녀작 『가장 푸른 눈』(1970)을 출판했으며 이후 『술라*Sula*』(1973), 『솔로몬의 노래*Song of Solomon*』(1977), 『타르 인형*Tar Baby*』(1981), 『빌러비드*Beloved*』(1987), 『재즈*Jazz*』(1992), 『낙원*Paradise*』(1997)을 출판했다. 특히 『빌러비드』는 비평계의 격찬을 받았으며, 2006년 『뉴욕 타임즈 북리뷰*The New York Times Book Review*』에서는 『빌러비드』를 지난 25년간 가장 사랑받은 미국소설로 발표했다.

● 『가장 푸른 눈』 줄거리

1941년 오하이오 주 로레인에 사는 맥티어MacTeer 부부에게는 아홉 살의 클로디어Claudia와 열 살의 프리다Frieda 두 딸이 있다. 이때는 대공황의 끝 무렵이라 부모는 딸들을 돌보는 일보다는 생계를 유지하는 일에 더 급급해 있지만, 이 가족에게는 사랑과 안정감이 넘친다. 이 집에 지능이 약간 모자란 피콜러Pecola가 기탁을 하고 있다. 피콜러의 아버지 촐리 브리드러브Cholly Breedlove는 자기 집을 불태우려고 한 주정뱅이이므로 클로디어와 프리다는 피콜러를 가엾게 여긴다. 피콜러는 백인 아역 배우인 셜리 템플Shirley Temple을 숭배하면서, 백인은 아름답고 자신은 지저분하고 추한 검둥이 계집아이라고 믿고 있다. 실제로 백인 가게주인은 그녀가 사탕을 사러 갔을 때 그녀를 투명한 존재인양 인간 취급을 하지 않으며, 옅은 피부색의 여자애를 좋아하는 남자애들은 그녀의 못생긴 까만 얼굴을 조롱한다.

피콜러는 가족에게 돌아가지만, 아버지는 여전히 술을 마시고 폭력을 행사하며 어머니 폴린Pauline은 자기 가족보다는 가정부로 일하는 백인 가족의 집에서 금발의 백인 딸을 돌보는 것에 더 만족감을 느끼며, 오빠인 새미Sammy는 가출을 일삼고 있다. 이렇게 산산조각이 난 가족을 바라보면서 피콜러는, 자신이 푸른 눈을 가진 아름다운 아이였으면 가족이 자신을 사랑했을 것이고, 그러면 자기 가족의 생활도 달라졌을 것이라고 믿으며 푸른 눈을 가지게 해달라고 기도한다.

피콜러의 부모가 딸인 피콜러에게 이렇게 좌절감을 주는 것은, 그들 자신의 성격과 가난 탓도 있지만 흑인으로서의 불안한 정체성이 이들을 파괴하고 있기 때문이다. 촐리와 폴린은 흑인으로서의 고통스러운 트라우마를 안고 있다. 부모에게 버림받고 왕고모에게 키워진 촐리는 청소년 시절에 데이트를 하다가 두 명의 백인에게 위협을 당해 그들이 보는데서 강제로 성교를 했으며, 그 이후로 인간적인 열등감을 느끼며 거칠고 불안정한 삶을 살아간다. 폴린은 한 쪽 다리를 저는 신체적 장애뿐만 아니라 흑인이라는 열등감으로 인해 스스로를 고립시키다가, 영화 속의 백인 여주인공의 삶에 빠져들어 자신의 추한 외모와 가난한 현실을 잊는다. 어느 날 촐리는 술을 먹고 집에 왔다가 설거지를 하는 피콜러를 보고 연민과 증오심이 뒤얽힌 감정으로 피콜러를 강간한다. 폴린은 마루에 의식을 잃고 누워있는 피콜러를 보고도 딸의 말을 믿지 않고 그녀를 때린다. 피콜러는 미치광이 전도사인 소프헤드 처치Soaphead Church를 찾아가 푸른 눈을 달라고 요청하고, 처치는 그녀의 어리석음을 이용해서 자기가 싫어하는 개를 피콜러가 죽이게 만든다.

피콜러가 자기 아버지의 아이를 임신했다는 것이 온 동네에 알려지는데, 대부분 사람들은 그 아기가 죽기를 바라지만 클로디어와 프리다는 아기가 살아남기를 바라면서 저금한 돈을 털어 금잔화 씨를 사서 심고, 꽃이 피면 피콜러의 아기도 살 것이라고 믿는다. 그러나 꽃은 피지 않고 피콜러의 아기는 조산되어 죽는다. 또 다시 피콜러를 강간한 촐리는 달아났다가 구호소에서 죽고 피콜러는 실성해서 자신이 소원하던 푸른 눈을 드디어 가지게 되었다고 믿는다.

● 『가장 푸른 눈』 비평

토니 모리슨은 인터뷰에서, 어린 시절 이웃에 살던 흑인 여자아이가 푸른 눈을 가지게 해달라고 기도하는 모습을 보고 분개했던 자신의 기억을 떠올려 이 소설을 쓰게 되었다고 밝히고 있다. 『가장 푸른 눈』은 흑인소녀가 푸른 눈을 염원할 수밖에 없게 만드는 거대한 힘과, 그로 인해 흑인 공동체 내에 생겨나는 사회적 왜곡을 파헤친다. 흑인소녀를 지배하고 통제하는 힘은 바로 문화의 이름으로 도처에 편재하며 영향력을 행사하는 백인의 시각이며, 그중에서도 남성의 시각이다. 미국 흑인은 백인이 주도하는 사회에서 오랜 기간에 걸친 노예생활과 경제적 열악함으로 인해 고통을 받으면서 자신의 삶을 백인의 가치로 측정하고 평가하도록 강요받아왔다. 이처럼 타자의 시선을 통해서 자신을 보고 평가하는 것에 익숙해진 흑인들이 타자인 백인의 시선을 극복하고 흑인됨의 긍정적 면모를 회복하는 것은 진정으로 어려운 일이라는 것은 쉽사리 짐작된다. 흑인은 추하다는 무가치의 신화에 이미 젖어 있는 흑인들이 검은 것이 아름답다는 구호를 계기로 해서 자신들의 흑인됨에 대한 자신감을 회복할 수 있다고 보는 것은 지극히 순진한 시각일 것이다.

1941년 오하이오 주의 작은 마을인 로레인에서 흑백문제는 단순히 피부색의 차이가 아니라 빈부의 차이까지 포함하고 있다. 흑인과 백인은 환경이 판이하게 다른 두 지역에서 철저히 분리되어 살고 있다. 흑인지역은 철로 근처에 있으며, 이곳의 하늘은 용광로에서 나온 "둔중한 오렌지 빛"으로 덮여 있고, "제철소 주변을 감싼 골목길에 벌겋게 달아 연기를 피우면서 처박혀 있는 광석더미"[6]가 곳곳에 쌓여 있다. 그러나 백인지역에는 제철소 지역의 오렌지 빛 하늘이 결코 침범해 올 수 없는 듯 항상 푸른 하늘이 펼쳐져 있다. 백인 중산층인 피셔Fisher가의 저택은 "꽃이 가득 쌓인 손수레가 있는 흰색의 거대한 저택"(84)으로 묘사되어 있다. 암울하고 가난에 찌든, 산업사회의 폐기물을 쌓아둔 쓰레기장 같은 흑인구역과, 산업사회의 주체이면서도 그 산업의 흔적은 전혀 없이 평화로운 낙원 같은 백인지역이 대조되어 있는 것이다.

이처럼 흑인과 백인이 사는 지역이 철저히 분리되어 있는 것과는 대조적으로 이들의 삶은 긴밀하게 연결되어 있다. 이들을 연결하는 매개체는 교육, 소비, 잡지, 영화 등의 문화적 환경이다. 흑인과 백인은, 정도의 차이는 있지만, 교육, 인형, 책, 잡지, 영화라는 거대한 시장경제의 산

---

6 Toni Morrison, *The Bluest Eye* (New York: Washington square Press, 1970). 12. 이후부터는 인용문 옆에 쪽수를 표시함.

물을 함께 소비하는 문화 공동체를 이루고 있다. 그런데 이런 문화 공동체를 주도하는 권력은 한 쪽에 편중되어 있다. 문화를 생산하고 배포하며 주도하는 힘은 백인 중산층의 것이다. 정식교육을 처음 접하는 아동에게 읽기 교과로 부과되는 "딕과 제인"의 이야기는 문화적 편향성을 잘 보여준다. 이 교과에서 딕과 제인 가족의 피부색은 언급되고 있지 않다. 그러나 딕과 제인이 흰 색과 빨간 색이 예쁘게 칠해진 집에서 아빠, 엄마, 고양이, 강아지와 함께 행복하게 사는 완벽한 가족의 모습은 흑인의 삶과는 거리가 먼 백인 중산층 가정의 모습이다. 이런 표백된 이미지가 흑백, 빈부의 차이에 상관없이 정상적인 가족의 모델이며 규범인 것으로 유포되고 있다.

백인중심의 단일한 문화적 이미지는 교과서에 한정되지 않고 다양한 문화적 매개체를 통해서 다른 인종, 다른 문화의 사람들에게도 정상적인 규범으로 내세워지고 있다. 어린 여자아이를 상대로 한 인형시장에서는 금발 머리에 푸른 눈의 인형이 생산, 유통되어, 백인 뿐 아니라 흑인도 이런 인형을 구매하고 소비하는 것이 당연시된다. 할리우드 영화에서는 백인 여배우들이 낭만적인 사랑의 여주인공으로 등장해서 백인 뿐 아니라 흑인관객에게도 사랑과 성공의 꿈을 심어준다. 백인 중심의 가치가 백인 뿐 아니라 흑인에게도 규범이며 이상으로 심어지는 것이다.

흑인공동체가 백인 주도적인 문화를 거부감 없이 함께 소비하고 즐기는 것은 식민주의자와 피식민자의 관계에서 전형적으로 드러나는 역학관계이다. 식민주의자는 피식민지에서 자신의 문화, 인종, 역사의 가치와 우월성을 선전하는 반면, 피식민자의 문화적, 인종적, 역사적 정체성을 무시하고 말살하는 식민정책을 고수한다. 이런 식민정책을 효과적으로 이루기 위해 식민주의자는 피식민자 중에서 자신의 가치와 일치될 수 있는 소수의 엘리트계층을 형성하여 이들이 식민주의자들의 문화와 가치를 모사하게 허용한다. 그러면 피식민지의 일반민중은 엘리트 계층의 세계관을 상식으로 받아들이므로 결과적으로 자신을 억압하는 힘에 오히려 협조하는 경향을 드러내는 것이다. 이리하여 지배집단이 정치, 경제 뿐 아니라 문화도 점거하고 있는 상태에서 피지배집단이 지배계급의 가치를 모사하고 내재화하는 과정이 확립되는 것이다. 이런 모사의 과정에서 피식민자는 주체로서의 자신의 영상을 상실하며 타락하게 된다.

> 흑인으로서, 자신의 영상을, 즉 스스로를 어떻게 볼 것인지를(우리의 시선이 식민화되지 않는다면), 혹은 남에게 보이는 모습 등을 통제할 수 없다는 것을 깨달을 때의 고통은 우리를 갈기갈기 찢어 놓을 정도로 강력하다. 우리의 자아와 정체성을 확립하려던 노력의 이음새를 발라 찢어 놓을 정도다. 그로 인해 우리는 종종 억제된 분노에 휘말리게 된다. 무력해지고 진이 빠지며 때로는 가슴이 막막할 따름이 된다. 우리 정신의 바로 이 틈으로 분별없는 공모, 자기 파괴적 분노, 증오, 마비를 일으키는 절망이 밀고 들어설 여지가 생긴다.[7]

흑인의 상황은 그들이 지배적인 인종과 매우 근접해 있다는 것 이외에는 순수한 식민지의 피식민자의 상황과 별로 다를 게 없다. 식민주의자에 해당되는 백인의 문화는 피식민자에 속한다고 볼 수 있는 흑인 계층을 장악하고 있다. 소프헤드Soaphead가 신에게 보내는 편지에서, "식민지의 우리는 우리 백인 주인의 특성, 물론 그들의 가장 나쁜 특성 중에서 가장 극적이고 가장 명백한 것을 우리 자신의 것으로 삼았습니다" (140)라고 한 말은 흑인의 모사를 인정하는 말이다.

---

7 bell hooks, *Black Looks: Race and Representation* (Boston: South End Press, 1991), 3-4.

모리슨은 백인의 가치를 모사하는 과정에서 흑인이 타락할 수밖에 없다는 것을, 딕과 제인 교과에 들어 있는 의미구조를 해체하면서 상징적으로 드러낸다. 딕과 제인의 이야기는 각기 다른 식으로 세 번 되풀이된다. 첫 번째 텍스트는 정상적인 문맥으로 되어 있으며 딕과 제인의 풍족하고 행복한 가족사를 일상적인 진리로 제시한다. 그러나 부호가 생략된 두 번째 텍스트는 이런 의미를 제대로 전달하지 못한다. 그나마 힘겨운 노력을 하면 유추를 통해 원래의 의미를 복원할 수 있었던 두 번째 텍스트와 달리, 띄어쓰기마저 생략된 세 번째 텍스트는 전혀 원래의 의미를 전달하지 못한다. 이처럼 원래의 의미가 완전히 상실된 세 번째 텍스트를 통해 모리슨이 암시하는 것은, 백인중산층의 삶의 지표가 흑인빈민의 삶의 모델로 그대로 적용될 수 없다는 것이다. 또 달리 보자면, 세 번째 텍스트는 그 자체로서는 무의미한 것이며 여기에 부호와 띄어쓰기를 부여하여 질서 있는 문장구조를 복원하여야 원래의 의미를 재생할 수 있다. 즉 원래의 질서 있는 의미구조는 첫 번째 텍스트이며 세 번째 텍스트는 첫 번째 텍스트를 모사하는 방향으로 나아가야 한다. 첫 번째 텍스트가 백인의 가치라면 세 번째 텍스트로 대표되는 흑인의 가치는 후진적이고 열등한 텍스트에 불과한 것이다.

이처럼 백인이 헤게모니를 잡고 있는 사회에서 흑인은 경제적으로도 열악하기 때문에 더욱 열등감을 가지게 되고, 물질적인 무능력에서 오는 열등감을 내재화하면서 정신적 황폐까지 겪게 된다. 이러한 이중 과정이 브리드러브 가족에 대한 묘사에 잘 드러나 있다.

> 마치 미지의 전지전능한 주인이 그들 각자에게 추함이라는 외투를 입으라고 주었고 그들은 군말 없이 그것을 받아들인 것 같았다. 주인은 "너희는 추한 존재니라"라고 말했고 그들은 주변을 돌아보면서 그 말

> 을 반박할 거리를 찾지 못했다. 사실 그들을 향한 간판마다, 영화마다, 시선마다 그 말을 지지하는 것을 목격했다. "그렇습니다."하고 그들은 말했다. "당신이 옳습니다." 그래서 그들은 추함을 받아들여서 마치 망토처럼 위에 걸치고는 그대로 세상으로 나갔다. (34)

여기서 "전지전능한 주인"은 백인을 가리킨다. 브리드러브 가족은 백인이 말하는 것을 그대로 받아들이면서 백인적인 시각에 저항 없이 굴복해버린다. 이들은 백인의 가치를 내재화하여 "흰 것이 아름답다"는 가치를 뼈 속까지 익힌 채 살아가며 그 과정에서 자신들을 비하하게 된다. 브리드러브 집안은 압도적인 백인문화 속에서 자신의 정체성을 찾지 못하는 허약한 흑인 전체를 대표하고 있다.

대개의 피식민자들은 엄청난 힘으로 압박해 오는 식민적 가치를 극복하고 대항할 저항적 시선을 가지고 있지 못하다. 특히 심리구조가 약한 피식민자가 식민적 타자와 접촉할 경우, 타자를 닮고 보사하는 것을 행동의 목표로 삼게 되면서 필연적으로 자아의 붕괴를 겪게 된다. 백인주도적인 사회에서 백인의 가치관을 수용하고 내재화하게 된 흑인여성은 백인여성을 완전한 기준으로 설정하면서 아름다움의 기준을 흰 피부, 금발머리, 푸른 눈으로 상정하고, 검은 피부, 검은 눈, 곱슬머리, 즉 가장 흑인다운 모습은 부정적인 것이고 자신의 검은 몸은 벗어버려야 할 대상이며 결과적으로 자신은 없어져야 할 존재로 여기게 된다. 바로 제럴딘Geraldine, 폴린, 피콜러가 그런 여성으로, 그들은 타자인 백인남성의 시선이 부과하는 미의 기준에 자신을 맞추어 그 사회에 편입되고자 하나, 타자의 시선이 주는 강압적인 정의를 뛰어넘는데 실패한 희생자들이다. 이들의 실패의 양상은 각기 다르게 나타나지만 이들이 자신의 몸에 대한 갈등을 하면서 정체성의 상실을 겪는다는 점에서 흑인여성의 질곡을 공통적으로 보여준다.

제럴딘은 자신의 검은 몸에 대한 열등감으로 인해 온전한 삶을 영위하지 못하는 전형적인 흑인여성이며, 피부색으로 인간의 가치를 평가하는 백인의 가치기준이 흑인 내에서도 계급을 형성하여 흑인 공동체의 분열이 야기되는 상황을 잘 드러내는 인물이다. 흑인 집단 내에서도 피부색이 더 옅을수록 우월하다는 "물라토 미학"은 미국과 서인도제도에서의 흑인의 노예화와 식민화의 찌끼이지만 여전히 흑인사회 내에서 큰 힘으로 작용하고 있다. 미국 사회에서 피부색이 옅을수록 백인의 승인을 얻을 수 있는 가능성이 많았으며 그로 인해 옅은 피부색은 흑인집단 내에서도 우월한 위치를 점거하는데 중요한 역할을 했다. 이 소설에서도 새까만 피부의 피콜러가 멸시의 대상인데 반해 "샛노란 피부의 꿈의 아이"(52)인 모린 필Maureen Peal은 인기를 누린다. 백인의 가치에 따른 피부색의 구분은 흑인사회 내부의 갈등을 초래하여 흑인문제를 "인종 사이의 갈등"일 뿐 아니라 "인종 내의 갈등"으로 만들어버린 것이다.

제럴딘도 바로 이런 옅은 갈색 설탕 피부의 흑인여성이다. 옅은 피부색의 흑인여성들은 피부색 덕분에 자신들을 백인에 근접한 존재로, 혹은 근접할 수 있는 존재로 여기므로, 백인의 가치를 온몸에 받아들여 내재화하면 자신들은 백인사회로 진입할 수 있다는 환상을 가지고 있다. 이 과정에서 가장 장애가 되는 것이, 피부색이 옅어지기는 했지만 여전히 흑인의 전형적인 요소를 지니고 있는 자신의 몸이다. 그러므로 이들은 필사적으로 자신의 몸을 변형시키려고, 즉 백인과 가깝게 만들려고 노력한다.

> 그들은 딕시 피치[8]로 머리를 피고 옆가리마를 탄다. 밤에는 누런 종이로 머리카락을 말고 머리에 수건을 두르고 손을 배 위에 포갠 채 잔다 …. 그들은 엉덩이가 너무 뒤뚱거리지 않게 하려고 힘을 준다. 립스틱을 바를 때면 입술이 너무 두껍게 보이지 않으려고 입 전체에 바르지 않는다. 그들은 머리카락 끝이 말릴까봐 걱정하고, 걱정하고, 또 걱정한다. (68)

이들은 몸을 바꾸는 일에 그치지 않고 흑인 특유의 "열정의 끔찍한 불쾌함, 본성의 불쾌함, 폭넓은 인간 감정의 불쾌함"(68)을 제거하는 일에도 전력을 투구한다. "몸과 마음, 정신에서 아프리카를 의미하는 모든 것으로부터 자신을 떼어내려고"(132) 노력하는 것이다.

물라토 계통의 흑인여성들은 교육이야말로 자신들을 백인과 더 가까워지게 하는 가장 효율적인 방식으로 생각한다. 이들은 백인의 교육을 받으면서 거기서 가르치는 모든 것을 흡수하려고 최선을 다한다. 사실 흑인여성 뿐 아니라 흑인 전체에게 거부되었던 인간적인 삶을 회복할 수 있는 가장 중요한 길이 교육이라는 것에는 의문의 여지가 없다. 특히 흑인여성에게 교육은 더 큰 의미가 있다. 순결한 여성성의 상징으로 간주되는 백인여성과 달리 흑인여성은 난잡하고 노발적인 동물적 타자로 규정되어 왔으므로, 교육을 통해서 흑인여성도 백인 여성만의 미덕으로 간주되어온 "검소, 인내, 도덕성, 예법"(68)을 체득할 수 있다는 것을 보여줌으로써, 흑인여성의 인간으로서의 존엄성을 명시적으로 주장할 수 있기 때문이다. 그러나 백인을 규범으로 삼은 교육체계에서 흑인이 백인을 모사하는 것이 흑인됨의 진정한 자긍심을 확보할 수 있게 해주는 것인지에 대해서는 의문이다. 모리슨은 "백인의 일을 세련되게 하는 법"

---

8 당시 미국에서 인기있던 머리 기름 종류

(68)을 배우는 것에 불과한 이런 교육은 흑인을 더욱 식민적인 상황으로 밀어 넣을 뿐이라고 비판한다.

> 그들은 무상 토지 불하를 받은 대학이나 사범학교에 다니면서 백인의 일을 세련되게 하는 법을 배운다. 백인의 음식을 준비하는 가정학과, 흑인아이를 복종하도록 가르치는 교사교육, 지친 주인을 위로하고 그분의 거칠어진 정신을 즐겁게 해줄 음악 등을 배우는 것이다. 현관 그네가 있고 피 흘리는 가슴을 담은 냄비가 있던 그 부드러운 저택들에서 시작되었던 과목 중에서 남은 것을 여기서 배운다. 즉 처신하는 법을. (68)

흑인이 자신의 정체성을 확립하지 못하고 백인의 가치를 모사 하려고 할 때, 교육은 흑인이 백인의 하인이 되는 굴종적 상황을 더 효율적으로 정착시키는 도구가 된다. 사실 제럴딘같은 흑인여성이 백인의 삶의 기준에 따라 살기 위해 교육을 받고, 돈을 벌고, 멋진 집을 마련하고, 옷을 잘 입는 등, 갖은 노력을 다 하더라도 이들은 여전히 백인사회에 진입되지 못하며 그 과정에서 자신의 인종적 정체성을 상실할 뿐이다.

그런데 제럴딘을 비롯한 옅은 피부색의 흑인여성들은 자신들이 백인사회로 진입하지 못하는 이유를 백인들의 편협함이나 폐쇄성 때문이 아니라 자신에게 여전히 남아있는, 교육으로도 다 지우지 못한 흑인성 때문이라고 여긴다. 자신의 흑인됨에 대한 거부는 다른 흑인에 대한 혐오감으로 발전한다. 이들은 자신을 다른 흑인, 흑인다운 흑인과 구별하고자 하고 흑인공동체에 편입되기를 거부한다. 이들은 자신을 흑인집단에서 떼어놓으려고 자신을 "유색인"으로, 하층의 짙은 피부색의 흑인을 "검둥이niggers"로 구분한다. 그리고 "그들은 쉽게 구별될 수 있다. 유색인은 깨끗하고 조용하지만 검둥이들은 더럽고 시끄럽다"(71)라고 정의한다. 피콜러가 자기 집에 있는 것을 보고 제럴딘이 기겁을 해서 "나가

.... 이 더러운 검둥이야. 내 집에서 나가란 말이야"(75)라고 소리칠 때 제럴딘은 피콜러에게서, 자신이 그토록 피하려고 애썼던 흑인의 전형, 어디에나 있으며 파리떼 처럼 몰려 있는 검둥이를 보는 것이다.

그런 한편 제럴딘은 자신이 백인 그룹에 수용되기는커녕 그토록 멀리하고자 하는 흑인과 동일시되고 있다는 위기감을 느끼고 있다. 제럴딘은 "유색인과 검둥이 사이의 경계가 언제나 분명한 것은 아니었다. 미묘하면서도 숨길 수 없는 표식들이 그것을 없애려고 위협했으므로 경계를 늦추지 말아야 한다"(71)라고 여긴다. 자신이 아무리 노력해도 흑인이라는 인종적 정체성을 부정할 수 없다는 것을 제럴딘은 본능적으로 감지하고 있는 것이다. 그럼에도 불구하고 끝내 자신의 몸을 경시하면서 백인과 닮으려는 환상을 추구할 때 제럴딘은 자신의 정체성을 상실하게 되며 궁극적으로 아들 주니어에게 인종적 긴장의 삶을 안겨주는 비극을 초래한다.

폴린과 피콜러는 제럴딘이 무시하며 외면하고자 하는 검둥이의 피부색을 가지고 있는 대표적인 흑인여성이다. 이런 흑인여성들은 제럴딘같은 옅은 피부색의 흑인과 비교할 때 백인과 닮기에는 너무나 먼 지점에 있으므로 백인에게서 인정받고 수용될 가능성은 더욱 희박하다. 경제적으로 열악한 상태에 있는 경우 이들 흑인여성들은 더욱 깊은 좌절 속으로 빠져들게 된다. 폴린과 피콜러 모녀는 흑인 중에서도 밑바닥 인생을 사는 흑인여성들의 열악한 삶의 모습을 잘 보여준다.

폴린 역시 지배적인 백인사회의 시선에 대항할 저항적인 시선을 가지지 못한 허약한 주체로서, 검은 자신의 몸을 부정적으로 보면서 거부하는 전형적인 흑인여성이다. 폴린은 젊은 시절 사고를 당해 발이 휘고 평발이 되어 걸을 때마다 절룩거린다. 이러한 신체적 결함으로 인해 폴린은 자신의 몸에 대한 부정적 인식을 가지게 되면서 "동떨어짐과 무가치함"(88)을 느끼게 된다. 그러나 자신의 몸에 대한 열등감을 가지고 있는 상태에서도 자신의 고향인 남부에 있을 때 폴린은, "*모든 종류의 색깔이 내 속에 있었다*"(92)[9]고 느낄 정도로 생명력이 충만했고 촐리와 건강한 사랑을 맺기도 했으나, 북부로 이사를 온 후에는 자신의 검은 몸에 대한 열등감이 심화된다. 그 주된 원인은 북부에 와서 더 가난해진 탓도 있을 테고, 촐리와의 부부관계가 악화된 탓도 있을 테지만, 더 큰 원인은 남부의 고향에서는 폴린이 흑인 공동체 내에서 끈끈한 유대감을 느낄 수 있었고 그로 인해 정서적 안정감을 누릴 수 있었던 반면, 북부의 도시에서는 공동체 내의 유대감을 상실하면서 고립감과 열등감을 가지게 된 데에 있다. 게다가 남부에 비해 더 많은 백인을 더 자주 접촉하면서 자신의 검은 몸에 대한 열등감은 더욱 심화된다.

허약한 자아를 가진 폴린에게 가장 큰 영향을 주는 것이 할리우드 영화이다. 할리우드 영화는 백인의 미디어 이미지의 시선 중에서도 가장 강력하고 영향력 있는 것으로, 도처에 존재하며 묵시적으로 지배한다. 폴린은 영화가 주는 메시지를 송두리째 흡수한다. 도시의 고달픈 삶에서, 현실적으로 벗어나기 힘든 빈곤 속에서, 할리우드 영화는 폴린의 환상을 이루어주는 가장 손쉬운 피난처가 된다. 폴린은 푸른 눈과 금발의 진 할로우Jean Harlow[10]와 스스로를 동일시하면서, 낭만적인 사랑을 하고 멋진 가정을 꾸리는 환상에 빠진다. 백인감독이 백인 남녀를 주인공으로 해서 만든 이런 영화를 진실로 받아들이면서, 폴린은 멋진 삶을 가능하게 하는 아름다움이란 백인의 아름다움이라는 것을 확신하게 된

9 이 글에 나타난 이탤릭체는 모두 작가의 것임.

10 미국의 영화배우로 본명은 할린 할로우 카펜터Harlean Harlow Carpenter (1911~1937).

다. 이제 폴린은 자신의 검은 육체에 대한 끝없는 경멸에 휩싸인다. 그리고 자신의 검은 몸을 백인의 몸으로 바꾸기 위해 머리모양을 바꾸고 새 옷을 사서 입는다. 그러나 결국 그것이 불가능하다는 것을 깨닫자 폴린은 자기 몸에 대한 모멸감을 가질 뿐 아니라 남편이나 아이들의 검은 몸도 경멸하며, 모든 흑인의 몸과 정신, 문화까지도 부정하게 된다.

자신이나 흑인들의 검은 몸을 추한 것으로 여기는 폴린은 백인인 피셔Fisher의 집에서 "이상적인 하인"(101)으로 만족한다. 피셔의 집에는 그녀가 그토록 찾던 "아름다움, 질서, 청결, 칭찬"이 있다. 폴린은 드디어 "이 질서, 이 아름다움"을 "자신만의 세계"(101)로 간직하려고 하며, "그녀의 삶의 모든 의미있는 것을 그녀의 일에서"(102) 찾는다. 폴린은 피셔의 하녀로서 일하면서, 외상을 하러 간 자신을 경멸하던 상인들이 피셔의 집에 와서 자신에게 굽실거리는 것을 보면서, 못생긴 피콜러 대신 금발머리의 피셔의 어린 딸의 부드러운 머리를 빗겨주면서 만족감을 느낀다. 그러나 그녀가 느끼는 만족감은 허구다. 그럼에도 불구하고 폴린이 이 "대리 인생"에 기꺼이 만족하고 있다는 데에 그녀의 비극이 있다. 그녀가 백인의 유혹적인 힘에 철저히 굴복하여 정신적 식민을 당하는 것에 기꺼이 만족하는 것은, 그만큼 지배적 이데올로기의 힘이 강력하다는 것을 말해주며 또한 흑인여성의 정체성 찾기가 얼마나 어려울 것인지를 시사해준다.

피콜러의 경우는 척박한 가정환경으로 인해, 또 어린 나이로 인해 타자의 시선에 쉽게 굴복해 버리는 더욱 절망적인 사례를 보여준다. 자신의 검은 몸을 부정하기에 딸을 낳고서는 "아이구, 못 생겼구만"(100)이라고 규정지어버리는 폴린을 어머니로, 청년기에 백인에게서 겪은 수모로 인해 흑인인 자신에 대한 모멸감을 가지고 있는 촐리를 아버지로 둔 피콜러는, 가정에서 정서적 안정감을 얻지 못하고 있다. 이런 상황에서 어린 피콜러가 자신에 대한 정체성을 온전히 키워나갈 것이라고 기대하기는 힘들 것이다. 피콜러는 "자라는 것에 대한 두려움, 타인에 대한 두려움, 삶에 대한 두려움"(102)이라는 인종적 신경증의 징후를 갖게 된다.

피콜러는 자신의 몸에 대한 경멸감을 각인하면서 자신이 불행한 이유는 "추함의 비밀"(39)과 관계가 있다고 여기며 자신의 검은 몸을 부정하는 비정상적인 사고를 가지게 된다.

> 언젠가 피콜러에게 떠오른 생각은, 만일 그녀의 눈이… 다른 색이었다면, 말하자면 예뻤다면, 자신도 달랐을 것이라는 거였다. 만일 그녀가 다르게, 아름답게 생겼다면, 아마도 촐리도 달랐을 것이고 브리드러브 부인도 달랐을 것이다. 아마 그들은 말했을 것이다. "어이구, 피콜러는 눈도 예쁘지. 이런 예쁜 눈앞에서 우리가 나쁜 짓을 해서는 안되지." (40)

이처럼 피콜러 역시 폴린과 마찬가지로 육체적인 아름다움이라는 기준에 의해 자신의 존재가 수용되거나 거부될 것이라고 보고 있다. 동시에 아름다움이라는 기준에서 볼 때 자신의 검은 몸은 당연히 추하다고 규정한다. 백인의 가치판단이 주도하는 사회는 흑인여성의 몸이 추할 뿐 아니라 아무것도 아닌 존재이며 그러므로 보이지 않는 존재라는 개념을 유포하고 고착시키고 있다. 성적 차별의 문화적 결과가 여성을 볼거리로 만들었다면 인종차별의 문화적 결과는 흑인여성을 보이지 않게 만든 것이다. 가게 주인인 백인 이민 야코보우스키Yacobowski는 가게에 온 피콜러를 보지만, "그는 그녀를 보지 못한다. 그로서는 볼 만 한 게 아무 것도 없었기 때문이다."(42) 야코보우스키의 "호기심이 있어야 할 곳에 있는 공허한 시선,… 인간적인 인식의 철저한 부재, 미끄러지는 듯한 절연성"(42)은 자신의 모습에 대한 정체성을 가지지 못한 피콜러에게 자신의 보이지 않음을 확인시켜 준다. 피콜러는 그것을 자신의 흑인성에 대한 거부로 읽을 수밖에 없다.

> 혐오감은 틀림없이 그녀에 대한, 그녀의 흑인성에 대한 것이었다. 그녀 속의 모든 것은 유동(流動)이고 기대이다. 그러나 그녀의 흑인성은 정체되어 있고 두려운 것이다. 바로 흑인됨이 백인의 눈에 불쾌감 서린 공허한 날의 원인이며 또 그것을 만들어낸다. (42)

미국의 백인이민들은 흑인에 대한 경멸감을 서로 나누어 가지면서 미국사회에 동화되었다고 할 수 있으므로 야코보우스키가 보여주는 진공 속의 혐오감은 사실 모든 백인이 공유하고 있는 감정이다. 그러므로 가족에게서, 그리고 산재한 주변의 시선 속에서 자신의 흑인성에 대한 혐오감을 읽게 되는 피콜러는, 자신의 검은 몸을 "사라지게"(39) 해달라고 빌면서, 아름답게 여겨질 새로운 몸, 즉 백인의 몸을 바라게 된다. 그래서 피콜러는 백인여성의 몸이 그려진 물건에 집착한다. 피콜러가 우유를 자꾸 마시고 싶어하는 이유는 우유 컵에 그려져 있는 셜리 템플의 보조개가 있는 얼굴을 계속 보고 싶어서이다. 또 피콜러는 메리 제인이 그려져 있는 캔디를 좋아해서 자주 사먹는다. 매끄러운 금빛머리와 푸른 눈, 미소 짓는 흰 얼굴의 메리 제인은 깔끔한 위안의 세상을 제공할 것이라는 환상을 주기 때문이다.

> 사탕을 먹는 것은 어쨌든 눈을 먹는 것이고, 메리 제인을 먹는 것이다. 메리 제인을 사랑하는 것이다. 또 메리 제인이 되는 것이다.
>
> 그녀는 삼 페니로 메리 제인과 아홉 번의 기막힌 쾌락을 즐겼다. 사탕에 그 이름을 빌려준 사랑스런 메리 제인. (43)

현실의 삶이 힘들어질수록 피콜러가 백인여성의 몸에 집착하는 정도는 심화된다. 마침내 피콜러는 백인여성의 모습을 만지거나 먹는 행위에서 더 발전해서 자신의 몸을 백인의 몸으로 바꾸려는 시도를 하게 된다. 그녀는 푸른 눈을 달라고 매일 밤 빠지지 않고 기도하는데 그것은 피콜러의 절망적인 현실을 말해준다. 흑인인 피콜러가 백인 여성의 몸을 가진다는 것은 처음부터 불가능할 수밖에 없는 꿈이므로 이런 소망은 결국 그녀를 파멸시킬 뿐이다.

피콜러의 파멸은 그녀의 허약한 성격 때문이며 본인의 책임이기도 하지만 동시에 그 책임이 백인 중심의 가치체계에 있다는 것은 다음과 같은 클로디어의 생각에서 분명하게 제시된다.

> 만일 그녀[모린 필]가 예쁘다면, 그녀가 예쁘다고 여겨질 수 있다면, 우리는 예쁘지 않았다. 그건 무슨 뜻이었나. 우리는 못한 존재였다. 더 상냥하고 더 똑똑하지만 여전히 더 못한 존재였다. 인형이라면 우리가 없앨 수도 있었다. 그러나 세상의 모린 필들을 마주할 때 부모나 아줌마가 내는 달콤한 목소리나, 우리 친구들의 눈에 드러나는 복종이나, 선생의 눈에 드러나는 매끄러운 시선을 없앨 수는 없었다. 그 비결은 무엇이었나? 우리가 무엇이 모자랐나? 왜 그것이 중요했나? 그래서 어떻단 말인가? 그러나 질투심은 우리에게는 낯설고 새로운 느낌이었다. 그 동안 내내 우리는 모린 필이 우리의 적이 아니며 그런 격렬한 미움을 받을 가치도 없다는 것을 알고 있었다. 두려워할 *대상*은, 우리가 아니라 *그녀*를 아름답다고 여기게 하는 그 *존재*였다. (61-2)

그러므로 피콜러가 정신병에 걸려 파멸되는 근본적인 원인은 미국사회가 단 하나의 미와 덕에 대한 기준, 즉 백인의 가치 기준을 제시하고 있기 때문이라는 것이 분명해진다. 그런 의미에서 피콜러는 잘못된 가치체계 아래서 희생당한 희생자의 전형이라고 할 수 있다.

모리슨은 백인 주류사회에서 여전히 침식당하는 흑인의 모습을 그리는 것에 그치지 않고 그 억압적인 지배구조에 저항해서 살아남을 수 있는 가능성을 제시한다. 그것은 클로디어를 통해 이루어진다. 클로디어는 선물 받은 푸른 눈의 금발 인형을 아름답다고 여기기보다는 멍청한 눈에 팬케이크 같은 얼굴이라며 해체하고 부수어 버린다. 그녀의 행동은 백인사회가 부여하는 배타적인 문화 이미지의 힘을 거부하는 저항적 시선을 담고 있다. 그러면 거대한 힘의 지배구조 속에서 클로디어는 어떻게 백인의 모사를 거부하고 흑인으로서의 정체성을 주장하는 것이 가능했을까. 모리슨은 그것을 어린 시절에 성장하면서 받은 부모의 사랑과 흑인공동체의 끈끈한 유대와 연결시킨다. 어머니에게서 추하다고 여겨지던 피콜러와 달리 클로디어는, 어머니를 "내가 죽지 않기를 바라는 손의 소유자"로 인정하며 "진하고 깊은 사랑"(14)을 느낀다. 또 클로디어는 어머니를 비롯해서 이웃 아주머니들이 모여 나누는 한담, 거기에 깃들어 있는 따뜻한 웃음 등으로 묘사되는 흑인공동체의 결속감에서 자신의 존재에 대한 확신을 얻는다. 이를 통해 모리슨은 흑인의 정체성을 확립하기 위해서는 우선 가정과 공동체의 끈끈한 유대에서 그 희망을 찾아야 함을 시사하고 있다.

● 영화 <가장 푸른 눈>

이 비극적이고 참혹한 이야기의 고통과 슬픔이 카시 레먼스Kasi Lemmons의 현실적인 각본으로, 또 칼 프랭클린Carl Franklin 감독의 탄탄한 영상으로 잘 드러나 있다.

2008년.

감독: 칼 프랭클린

대본: 카시 레먼스

주연: 케케 파머Keke Palmer(피콜러 브리드러브)
아운자누에 엘리스Aunjanue Ellis(폴린)
라빈 굿윈Ravin Goodwin(클로디어)

토론 주제

1. "가장 푸른 눈"의 의미를 논하시오.
2. 흑인여성의 정체성에 대해 논하시오.
3. 피부색의 역할과 의미를 논하시오.
4. 브리드러브 가족의 문제를 논하시오.
5. 긍정적 대안으로 제시되는 가치를 논하시오.

10장
데이비드 황: 『엠. 나비』

● 아시아계 미국인의 정체성

이민을 기반으로 해서 이루어진 미국은 다양한 인종, 다양한 민족이 만들어내는 다양한 문화가 갈등하면서도 미묘하게 공존하는 현장인 것도 사실이지만, 미국문화의 주류를 이루는 것은 일찍부터 이민을 와 자리 잡은, WASP[1]로 통칭되는 백인이다. 미국의 문화는 백인의 문화가 주체가 되어 타문화를 동화시켜온 역사적 산물이며, 그 과정에서 흑인종이나 황인종은 주류문화와 갈등을 겪으면서 동화를 강요당해 왔다. 특히 아시아계 미국인은 이민의 역사가 짧은 만큼 아직도 미국 주류 사회에서 갈등을 겪고 있다.

1840년에서 1924년 사이에 대거 미국으로 건너간 아시아계이민은 미국의 주류인 백인과 분명히 구분되는 외모와 뒤늦게 습득한 엉터리 영어로 인해 열등한 주변인으로 인식되면서 인종차별을 겪게 된다. 아시아계 이민에 대한 차별의식은 미국정부의 이민정책에 그대로 반영되어 있다. 아시아계 이민의 수가 점점 많아지고 그로 인해 국내에서 반아시아 감정이 증가하자 미국 정부는 1924년 아시아계 이민을 제한하는 법

1 White Anglo Saxon Protestant. (영국계 백인 신교도).

을 통과시키고 이후 상당 기간 동안 아시아계 이민이 중지된다.

아시아계 이민은 대중문학이나 영화에 나타난 동양인의 스테레오 타입의 이미지로 미국인들의 뇌리에 각인되었다. 대표적인 이미지는 색스 로머Sax Rohmer(1883~1959)가 1912년부터 시리즈로 출판한 후만추Fu Manchu 시리즈에서 만들어졌다. 중국계 악당인 후만추는 발목까지 오는 원피스 같은 검은 옷을 입었고 손톱을 길게 길렀으며 눈은 교활하게 찢어진 모습으로 각종 사악한 음모를 꾸미는 인물이었다. 또 한 이미지는 얼 데어 비거스Earl Derr Biggers(1884~1933)가 1925년부터 출판한 소설의 주인공 찰리 찬Charlie Chan이다. 역시 중국계이며 탐정인 찰리 찬은 언제나 평정을 유지하고 있으며 교활한 지혜가 가득하고 느릿한 말투로 유교적인 경구를 어색한 영어로 내뱉는다. 그 외에도 대중매체 속의 동양인은 무기력한 이교도, 우스꽝스런 하인계층, 피에 굶주렸거나 사업에만 몰두하는 일본인, 무성적이며 털이 없는 아시아계 남성, 노예처럼 순종적이거나 욕정적인 아시아 여성, 공부만 잘하고 일만 하는 멍청이, 백인아내에게 꼼짝 못하는 부유한 아시아계 남자들, 백인남자에게 매달리는 미스 사이공 등이다. 이들 이미지 속에 나타난 아시아계 이민자들은 한 마디로 "모범적 소수족"이거나 혹은 "절대 동화되지 않는 이방인"으로 이분화되어 있다.

아시아계 이민은 자신이 떠나온 고국과의 문화적 정체성을 이루면서 개인적인 정체성을 찾으려 하는 경우 미국인으로 인정받을 수 없기 때문에 갈등을 느끼게 된다. 이러한 문화적 갈등이 가시적으로 드러난 대표적인 예가 2차 대전 때 일본계 미국인이 처한 상황이다. 일본과의 전쟁이 선포되자 미국은 일본인과 일본계 미국인을 전혀 구별하지 않고 적으로 간주하여 강제로 캠프에 집단수용했고 일본계 미국인들은 적으로 규정되지 않기 위해 일본문화와 관련된 것을 모두 버리거나 거부해야 했다.[2] 자신은 미국인이라고 생각했던 많은 일본계 미국인 2세, 3세들은 극도의 혼란과 갈등을 느꼈다. 완벽한 영어를 구사하며 미국적으로 사고하고 미국적으로 행동하던 아시아계 미국인 2, 3세들은 스스로가 완전한 미국인이 되었다고 생각했는데, 한 순간에 자신들이 어눌하고 음흉하고 때로는 신비로운 동양인으로 취급받는다는 것을 깨달으면서 자신의 정체성에 대한 갈등을 겪었다.

아시아계 미국인의 정체성에 대한 새로운 정의가 확립되는 중요한 계기는 아시아계 이민을 제한하던 쿼터제가 폐지되어 아시아계 이민이 급속도로 늘게 된 1965년이다. 그 후 20여 년 간 아시아와 태평양 지역에서 이민을 온 인구는 1,000퍼센트 정도까지 늘었고 이민자의 구성도 인종이나 국가, 언어, 사회계층, 정치상황, 교육, 정착양상 등에 있어서 매우 다양해졌다. 따라서 아시아계 미국인이라는 정체성이 더 이상 미국태생인지의 여부나 몇 개 주요 아시아 국가로부터의 이민자들로 대표될 수 없게 된다. 이제 아시아계 미국인의 정체성은 난일한 동일성보다는 이종성hybridity을 강조하며 아시아와의 문화적 관계 위에서 설정된다.

● 데이비드 황 소개

『엠. 나비*M. Butterfly*』에 나타난 서양의 오리엔탈리즘과 제국주의 이데올로기에 대한 비판은 미국에서 소수민족으로 살아가는 데이비드 헨리 황David Henry Hwang(1957~)의 삶과 무관하지 않다. 그는 캘리포니아 주 로스엔젤리스에서 태어난 중국계 미국인으로 예일 드라마 스쿨

2 미국 정부는 적국인 독일계 미국인에 대해서는 아무런 조처를 취하지 않았는데 여기서도 아시아계 이민에 대한 차별이 드러난다.

과 스탠포드 대학에서 공부를 했으며 그때 동양인으로 인종차별을 경험했던 것으로 보인다. 황은 1980년에 아시아계 미국인들의 문화 및 정치적 경험에 관한 일련의 작품을 썼으며, 대학 재학 시절 창작된 첫 연극, 『새 이민자 *F.O.B.(Fresh Off Boat)*』(1979)는 기존 이민자와 새로 온 중국계 이민자들 간의 갈등을 극화한 것으로 오비Obie상을 수상했다. 1988년 브로드웨이에서 대성공을 거둔 『엠. 나비』를 통해 황은 아시아계 최초로 토니상을 수상했으며, 그 외 『철도의 춤 *The Dance of the Railroad*』(1981), 『가족기도*Family Devotions*』(1981), 『어떤 목소리*The Sound of a Voice*』(1983), 『금동이*Golden Child*』(1998), 『노란색 얼굴*Yellow Face*』(2007)에서 비슷한 문제를 다루고 있다. 황은 미국의 현대의 삶에서 중국계 미국인, 더 나아가 아시아계 미국인의 역할이 어떤 것인지를 질문하는 것이다. 『엠. 나비』의 성공 이후 황은 오페라, 영화, 뮤지컬 등 다양한 분야에 관심을 보이고 있으며 이러한 활동을 통해 미국에서 가장 유력한 극작가로 여겨진다.

● 『엠. 나비』 줄거리

3막으로 구성된 연극 『엠. 나비』(1988)는 1986년 스파이 혐의로 파리의 한 감옥에 갇혀서 재판을 기다리는 65세의 주인공 르네 갈리마르Rene Gallimard가 자신의 지난 20년의 삶을 회고하다가 감옥에서 자살하는 것으로 마무리된다. 전체 틀은 독백형식이지만 플래시백 기법으로 과거를 회상하면서 자신과 송 릴링Song Liling의 관계를 규정한다. 1960년부터 거의 10년간 문화혁명을 겪던 시기의 중국과 이후 1966년부터 현재 시점까지의 파리에서의 삶이 무대에 올려진다.

1막은 13장으로 나누어져 있다. 파리의 감옥에 수감되어 있는 갈리마르가 나타나 자신의 기이한 사랑 때문에 세상의 놀림감이 된 경위를 설명하고, 지아코모 푸치니Giacomo Puccini(1858~1924)의 오페라 <나비 부인*Madama Butterfly*>(1904)의 내용을 소개한다. 이후 갈리마르는 자신이 송과 연인이 된 과정을 설명한다. 갈리마르는 중국 주재 프랑스 대사관에 외교 공무원으로 도착했다. 그는 나비 부인의 아리아를 열창하는 아름다운 중국 오페라 여가수 송 릴링을 보고 사랑에 빠진다. 사실 송은 여장한 남성이었다. 전통적인 베이징 오페라에서는 여성이 무대에 서는 것이 금지되어서 남성이 여성의 역할을 맡았던 것인데 갈리마르는 그런 문화적 차이에 무지했던 것이다. 송은 전형적인 동양여성으로 행세하며 갈리마르와 사랑을 나눈다. 몇 년간 관계를 맺던 갈리마르는 아내와 프랑스로 돌아가며 송과 헤어진다.

2막은 11장으로 구성되어 있다. 어느 날 송이 프랑스로 갈리마르를 찾아온다. 이미 아내와 이혼하고 혼자 살고 있던 갈리마르에게 송이 두 사람의 자식인 아이를 보여주자 이후 두 사람은 부부로 살게 되며, 갈리마르는 송과 자식을 위해 프랑스의 기밀정보를 빼내어 송에게 넘겨준다. 그리고 15년이 지나 갈리마르는 중국정부에 프랑스의 기밀을 넘긴 첩보 행위를 한 죄로 체포되며 반역죄로 유죄판결을 받고 감옥에 갇힌다. 그 재판 중에 충격적인 사실이 밝혀진다. 갈리마르가 지금까지 자신의 "완벽한 여인"으로 알고 있었던 송이 사실은 남자인데 20년 동안 여성으로 행세하면서 자신의 아내 역할을 했다는 사실을 알게 된 것이다. 갈리마르는 믿을 수 없는 현실에 참담해진다.

3막은 3장으로 구성되어 있다. 막이 열리면 1986년에 파리에서 열린 갈리마르의 재판 장면이 나타나고, 다시 감옥에서 복역하는 갈리마르가 등장한다. 갈리마르는 푸치니의 <나비 부인>의 연출을 맡아서 공연하는데 자신이 상황을 설명하는 해설자의 역할과 나비 부인의 역할을 맡아 연기를 한다. 그는 <나비 부인>의 마지막 장면을 공연하면서 바로 자신이 나비였다는 것을 깨닫고 가슴을 찔러 자살한다.

● 『엠. 나비』 비평

『엠. 나비』는 1986년 5월 11일자 『뉴욕 타임즈*New York Times*』에 실린 기사에서 모티프를 얻어 탄생되었다. 당시 기사의 내용을 보면 전 프랑스 외교관인 베르나르 부리스꼬Bernard Bouriscot가 중국 오페라 여가수인 쉬 페이푸Shi Pei-pu와 사랑에 빠져 동거를 했는데, 그동안 부리스꼬는 베트남에서의 미군의 증감 여부 등 프랑스의 민감한 기밀 정보를 중국에 빼돌렸다는 것이다. 부리스꼬는 스파이 혐의로 재판에 회부되었는데 그 과정에 밝혀진 충격적인 사실은 부리스꼬의 애인인 쉬 페이푸가 사실은 남자라는 것이었다. 부리스꼬 본인은 20여년을 페이푸와 함께 살면서 잠자리를 같이 하고 아이까지 낳았는데도 그가 남자라는 사실을 전혀 몰랐던 것이다. 부리스꼬는 함께 사는 동안 페이푸의 벗은 몸을 한 번도 본 적이 없었지만 그것을 중국 관습이며 동양 여성의 정숙함 때문이라고 이해했다는 것이다. 이 기사를 접한 황은 부리스꼬의 착각은 바로 서구인이 동양인을 보는 상투적인 시각에서 비롯된 것임을 실감했다. 부리스꼬는 문화적 환상에서 만들어진 전형으로서의 동양여성을 사랑한 것이며, 페이푸는 동양여성은 순종적이라는, 특히 서양남성에게 헌신적이라는 서양인들의 허구적 상상력을 교묘하게 이용하여 첩보행위를 한 것이었다.

황은 부리스꼬의 실화는 푸치니의 <나비 부인>으로 재현된 오리엔탈리즘의 명백한 결과라고 보고 이를 『엠. 나비』에서 분명히 부각시킨다. <나비 부인>은 미군 장교의 현지처가 되었던 일본 여성 초초상Cio-Cio San, 일명 나비가 일편단심 남편이 돌아오기를 기다리다가, 그가 백인 여성과 결혼한 것을 알고 자결하는 이야기이다. 이 오페라는 서양이 동양을, 남성이 여성을, 백인 남성이 아시아 여성을 정복한다는 신화를 충족시키면서 서양인들의 심리에 문화적 고전으로 자리 잡게 된다. 황은 이 오페라를 패러디하면서 부인Madame 대신 엠M.을 사용하여 "마담Madame"과 "뮤슈Monsieur"를 동시에 포괄하게 했다. 황은 <나비 부인>이 만들어낸 허구적 신화를 전복하여 동양이 서양을, 여성이 남성을, 아시아 여성이 백인 남성을 이용하는 것으로 그려서, <나비 부인>이 보여주는 백인우월주의 신화와, 복종적인 동양인 여성의 상징이 된 "나비의 신화"를 해체한다. 이처럼 황의 연극은 동양을 이데올로기적으로 고정시키고 전형화시키는 서양의 권력을 풍자하면서, 서양과 동양, 남성과 여성에 대한 기존의 가치관을 전복시킨다.

『엠. 나비』는 회상극 형식을 통해 과거와 현재, 환상과 현실을 긴밀하게 교차시키는 구조를 채택하고 있다. 특히 동양여성에 대한 갈리마르의 편견이 <나비 부인>의 미군 장교인 핑커튼Pinkerton의 사고와 긴밀하게 연관되어 있다는 것을 드러내기 위해, 갈리마르는 극중극으로 나타나는 환상 속에서 수시로 핑커튼과 동일시된 모습으로 나타나며 갈리마르의 친구 마르끄Marc는 핑커튼의 친구 샤프리스Sharpless와 동일시되어 나타난다.

때는 현재 시점 파리의 감옥으로, 조명이 밝아지자 감방에 수감되어 있는 65세의 갈리마르의 모습이 드러난다. 그는 관객을 향해 자신의 감방을 소개한 후, 전 세계에 걸쳐 흥밋거리이자 "유명인사"가 되어버린 자기 자신을 소개한다. 전체 연극 중에서 3막 1장에서만 송이 혼자 무대를 장악한다. 나머지 부분에서는 현재 시점의 갈리마르가 무대 한 편에 위치한 감방을 배경으로 하여 무대에 계속 존재하면서 조명을 받고 있고, 무대 저쪽에서는 회상 속의 과거 장면이 펼쳐진다. 따라서 관객은 조명을 받고 있는 현재의 갈리마르와 다른 쪽 무대에서 등장하는 회상 속의 과거의 갈리마르를 동시에 보게 된다.

회상 속에서 프랑스 외교관 르네 갈리마르는 1960년경에 중국에 파견된다. 그가 중국에 온 시기는 2차 대전 이후 아시아 지역의 여러 국가들이 탈식민화를 이룬 시점이다. 프랑스는 자신의 식민지였던 인도차이나에서 패배해 물러난 상태이며, 인도차이나의 또 다른 지역인 베트남에서는 공산주의 국가인 북베트남을 상대로 미국이 힘겨운 싸움을 수행하고 있는 상황이다. 중국은 이미 여러 유럽 열강들의 식민화를 경험했고, 이후 본토에서 일본을 상대로 2차 대전을 겪었으며, 1949년 공산주의 국가 수립을 이룬 상태로, 주변 아시아 국가에 대한 패권을 시도하고 있다. 그러므로 중국이 어떤 정치적 입장을 취할지는 미국과 유럽 열강들에게는 중요한 관심거리였다. 각국은 서로의 정보를 탐색하려고 치열한 노력을 벌이는 중이었다. 갈리마르의 사랑 이야기는 바로 이런 민감한 정치적 상황을 배경으로 하고 있다.

갈리마르는 푸치니의 <나비 부인> 오페라에서 나비 부인 역할을 하며 아리아를 부르는 송 릴링을 보면서, 그녀의 노래 실력이 아니라 성량이 풍부하고 체구가 큰 서양의 가수와 다른 그녀의 연약함과 섬세함에 매혹된다.

> **갈리마르**: 사람들은 오페라에선 가창력이 전부라고들 말합니다. 제가 오페라를 즐기지 못했던 이유는 아마 이 때문이었을 것입니다. 여기… 여기 가창력이 없는 나비 부인이 있었습니다. 하지만 그녀는 우

아함, 섬세함을 가지고 있었지요…. 저는 그 소녀가 바로 나비 부인이라고 믿었습니다. 그녀의 고통을 믿었습니다. 저는 제 품 안에 그녀를 안고 싶었습니다. 그토록 섬세한 그녀를. 심지어 저는 그녀를 보호해 주고 싶었고 그녀를 집으로 데리고 가서 그녀가 웃을 때까지 달랠 수 있기를 바랬습니다. (15-6)

그러면서 갈리마르는 송의 나비 부인이 지금까지 자신이 본 중에서 "가장 믿을 수 있고" "완전히 설득력 있는"[3] 동양 여성의 이미지를 재현했다며 찬사를 보낸다. 푸치니가 표현한 나비 부인을 전형적인 동양여성의 모습이라고 생각하는 것은 갈리마르뿐만 아니라 서양 전체가 동양에 대해 가지고 있는 이데올로기이기는 하지만, 그러나 중국에 와있는 외교관이면서 중국 무대에서는 남성이 여성의 역할을 한다는 기본적인 문화적 사실도 모른채 중국을 판단하고 평가하려고 한다는 점에서 갈리마르는 터무니없을 정도로 오만하다. 그의 오만함은 자신이 서양인이라는 단 하나의 사실에서 유래한다.

그런데 사실은 갈리마르가 서구 사회에서는 얼마나 "비남성적인", 보잘 것 없는 존재였는지 강조되고 있다. 갈리마르는 프랑스에서 자신이 "살 생기시도 않고 용감하지도 못하며 힘도 없는"(10) 남성이었으며, "서구에서 나의 삶은 너무나 실망스러운 것"(76)이었다고 회고할 정도로 미약한 존재로 살아왔다. 어려서부터 그는 "파티에 가장 초대될 것 같지 않은"(2), 성적으로나 사교적으로 매력적이지 않은 남자였으며, 20대에는 여성들이 싫다고 대답할까봐 데이트 신청을 해 본 적이 한번도 없는 남자였던 것이다. 그렇기에 더욱 갈리마르는 "모든 남성이 아름다운 여성을 원하며 못생긴 남성일수록 이 욕망은 더 크다"(14)고 생각하

3 David Henry Hwang, *M. Butterfly* (New York: Plume, 1989), 17. 이후는 인용문 옆에 쪽수를 표시함.

며 아름다운 여성을 소유하는 것이야말로 남성성을 획득하는 가장 확실한 길이라고 생각하고 있다. 그래서 갈리마르는 자신의 남성성을 느끼게 해 줄 여성을 만나기를, 자신을 위해 기꺼이 옷을 벗어줄 아름다운 여성을 만나기를 평생 원해 왔던 것이다. 즉 스스로 자신의 남성성을 확립하지 못하기 때문에 자신보다 약한 타자인 여성에게 힘을 행사함으로써 자신의 남성성을 획득할 수 있기를 바랐던 것이다. 그러나 자신을 주눅들게 하는 강인한, 혹은 거대한 체구의 서양 여성에게서는 그런 소망을 이룰 꿈도 꾸지 못했던 갈리마르는 연약함의 표상이라고 느껴지는 동양 여성에게는 자신이 본질적으로 강인한 존재라고 착각한다. 따라서 동양을 허약한 타자로 상정하는 서양의 오리엔탈리즘에 깊이 물든 갈리마르가 동양인 중국에서 자신의 남성성을 획득할 수 있다는 자신감을 가지게 되는 것이다. 갈리마르는 자신이 서양인이라는 이유만으로 "외국인 악당"(31)인 핑커튼과 같은 자신만만한 남성이 된다고 착각하는 오만에 빠지는 것이다.

갈리마르가 강인한 남자로 거듭 나기 위해서는 허약한 타자의 설정이 선행되어야 한다. 갈리마르는 자신을 강인한 남성상인 핑커튼과 동일시하는 순간 송을 전형적인 순종적인 동양 여성인 초초상과 동일시한다. 그는 극중극에서 자신과 동일시되는 인물로 등장하는 핑커튼을 통해, "동양여자들은 스스로 푸대접받기를 원하더군요"(6)라며 동양 여성이란 본능적으로 서양의 힘을 칭송하기를 원하는 존재라고 설정한다. 그런 착각 위에서 갈리마르는 자신도 핑커튼처럼, "섬약하고 순종적인 동양여성"(22)인 송에게 자신의 "남성적 절대 권력"(32)을 행사할 수 있다고 확신하게 된다. 갈리마르는 동양여인인 송이 열등하고 무력하다고 확신하면 할수록 그런 무력한 존재를 마음대로 휘두를 권력을 스스로 가지게 되었다고 자신하게 된다. 열등한 "여성"을, 열등한 "동양"을 자신의 타자로 설정함으로써 갈리마르는 "남성"으로서, "서양"으로서 자신의 "주체성"을 확립하는 것이다. 그리고 작가 황은 갈리마르의 이런 사고가 갈리마르 개인의 문제가 아니라는 것을 강조한다. 환상 속에 등장한 갈리마르의 친구 마르끄 역시 갈리마르와 송의 사랑을 남녀의 문제로 보는 것이 아니라 동서양의 문제로 파악하면서, 송의 마음속에는 어쩔 수 없이 갈리마르에게 굴복하려는 본능이 있으므로 그녀의 사랑은 "운명"(25)이라고 보는 것이다.

갈리마르는 송과의 관계를 단순히 남녀 간의 개인적인 문제로만 인식하지 않는다. 송에 대한 그의 인식은 바로 중국, 동양 전체에 대한 그의 인식과 필수적으로 연결되어 있기 때문이다. 아름다운 동양 여성인 송이 절대적으로 자신에게 순종한다고 느끼면서 자신이 보잘 것 없는 남성이라는 열등감을 벗어버리게 된 갈리마르는, 그 자신감을 공적인 영역까지 확산시킨다. 송이 수줍고 열등한 여성을 연기하면 할수록 커져가던 갈리마르의 남성적 우월감은 서양인의 제국주의적인 우월감으로 발현된다. 그는 "동양인들은 힘과 권력을 보여주면 누구한테나 달라붙게 돼있죠… 동양인들은 항상 더 강한 힘에 굴복하지요"(45-6)라는 오만한 태도로 아시아의 정치 · 외교적 상황을 공격적으로 판단하게 된다.

처음에는 직장에서 직업적인 능력으로도 인정받지 못했고, 사교모임에서 다른 사람들과 자연스레 어울리지 못하고 한구석에서 얼쩡거리던 갈리마르가 이제 처음으로, "남자가 부릴 수 있는 절대적인 권력이 용솟음치는 것"(32)을 느끼면서 행동과 말투까지 자신감을 드러내자 주변 사람들은 그에게 점점 매력을 느끼게 된다. 심지어 그에게 중국 애인이 있다는 소문은 그가 동양을 지배할 수 있는 제국주의자로서의 능력이 있다는 증거로 여겨지면서 그의 직업적인 능력에 대한 평가도 올라가고 그의 외교적, 정치적 판단 능력이 인정받게 된다. 그 결과 부영사로 승진하게 된 갈리마르는, "똘롱 영사가 내 남성성을 인정해준 거야. 내가 진정한 남성이 되어서 이런 혜택을 받게 된 거야!"(46)라며 승진과 자신의 남성성을 연결시킨다.

이처럼 갈리마르의 개인적이고 공적인 남성성이 동양 여성의 절대적인 순종에 기반을 두고 있을 때, 과연 그 동양 여성이 갈리마르가 판단한 대로의 특성을 가지고 있는지, 다시 말하자면 과연 송이 갈리마르가 생각한 대로 열등한 "여성"이며 열등한 "동양"을 대표하는가에 갈리마르의 모든 문제가 달려 있는 셈이다. 그런데 이미 모든 관객이 알고 있듯이, 송은 여성이 아닌 남성이며, 어리석고 허약한 동양이 아니라 서양의 오해와 허구를 근본적으로 파악하고 이용한 교활한 존재라는 점에서, 갈리마르는 처음부터 우스꽝스런 존재에 불과했던 것이다.

송은 처음부터 갈리마르의 동양에 대한 서구적 환상을 이용한, 거짓과 환상으로 포장되어 있는 존재이다. 그녀는 겸손하고 수줍어하며 두렵고 당황스러운 듯이 갈리마르를 대하면서, 자신은 몸값이 100엔의 가치도 안 되는 보잘 것 없는 존재라면서 머리를 조아리던 나비 부인을 완벽히 모사한다. 송은 극도로 순종적이고 희생적인 동양여인의 이미지를 완벽하게 구현하여 "완벽한 여성"(4)으로서 갈리마르의 환상과 욕망을 충족시킨다. 갈리마르의 친구 마르끄는 송이 백인에게 매력을 느끼는 동양여성이라고 단정 짓는다. 즉 백인에게 매력을 느끼며 항복할 수밖에 없는 것이 동양여성인 그녀의 운명이므로 백인인 갈리마르는 그녀를 쉽게 취할 수 있다는 것이다. 그리고 동양여성의 그런 복종 본능은 "우리 핏속에 흐르고 있는 흔한 얘기"(25)라며 "나비 부인"의 우화를 암시한다. 마르끄는 백인 남성 사이에 구성된 이데올로기를 표현하는 것이며 이런 이데올로기에 젖어있는 갈리마르는 송의 유혹을 받아들일 만반의 준비가 된 셈이다.

송은 남자이지만 서구인의 이데올로기에 완벽하게 들어맞는 동양여성을 모사하고 재현한다. 그녀는 "우린 항상 당신들 백인들에게 어떤 매력을 느껴왔지요, 안 그런가요?"(22)라며 슬쩍 갈리마르의 제국주의적인 본능을 자극한다. 그리고 갈리마르가 집을 방문하자 송은, "전 중국 여자예요. 전 결코… 결코 남자를 집에 초대한 적이 없어요. 제 과감한 행동에 얼굴이 빨개지네요"(31)라는 고백을 하여 자신을 수줍고 두려움에 가득 찬 여성으로 내세운다. 이에 갈리마르는 남성적이며 폭력적인 힘을 행사하고 싶은 욕구까지 느끼면서, "바늘에 찔려 고통에 몸부림치는 나비를 잡을"(32) 생각에 일부러 송을 얼마간 찾아가지 않으며 애태우기도 한다. 송은 자신을 만나러 오지 않는 갈리마르에게, "우리가 마지막으로 본 지 벌써 6주가 지났어요. 친구를 곤경에 빠뜨리는 일이 당신의 버릇인가요? 때로는 당신을 미워하고 때로는 제 자신을 미워하지만 저는 항상 당신을 그리워 합니다"(35)라는 항복의 편지를 보내어 더욱 갈리마르의 자존심과 권력욕을 북돋아 준다. 갈리마르는 자신의 승진 소식을 들은 후에야 기쁨에 들떠 송을 찾아와서는 마치 송의 항복을 받아내겠다는 듯이 강하게 밀어붙이면서, "당신은 나의 나비요, 아니요?"라고 거듭 거듭 묻는다. 송이 마침내 "당신의 나비에요."(40)라고 수줍게 대답하자 갈리마르의 허구적 환상은 완벽하게 충족된다. 두 사람이 성적 관계를 가지게 된 이후에도 송은 자신의 벗은 몸을 보이지 않는 수줍음, 갈리마르의 남성적 힘에 대한 존경심과, 두려움을 나타내면서 갈리마르의 남성성과, 서양의 남성성에 절대적으로 복종하는 태도를 보인다. 심지어 불임문제로 의사를 만나야 한다는 갈리마르에게 송은, 중국에서는 그럴 경우 남성은 의사를 찾지 않고 다른 여자를 찾으며, 자신은 진정한 남성을 알아보는 그런 다른 여자라면서, 불임의 책임을 남성에게서 여성에게로 옮겨놓아 남성으로서의 열등의식을 가진 갈리마르에게 자신감을 부여하면서 남성적 환상을 충족시켜 준다. 또 갈리마르의 청혼을 거절하면서 송은, 자신은 서양남성의 경력을 망치는 존재가 되지 않겠으며, 자신과 아이는 결코 갈리마르의 짐이 되지 않겠다며 극도로 희생적인 면모를 보인다. 그러나 동양여성으로서의 이런 미덕이 사실은 서양인의 동양인에 대한 심리를 철저히 파악하고 난후 처음부터 철저히 계산된 연기였다는 점에서 그 풍자의 효과가 크다.

사실 맨 처음 등장하는 송, 즉 아직 갈리마르를 유혹할 의도가 없었던 송은 이런 수줍은 모습과는 상당히 다른, 주관이 뚜렷한 여성의 모습이었다. 송은 나비 부인의 연기에 감탄하는 갈리마르에게, 금발미녀가 일본인과 사랑에 빠져 그를 기다리다가 그가 재혼했다는 사실을 알고 자살하면 그 여자를 정신 나간 바보로 여기지 않겠냐며, <나비 부인>을 "우스꽝스러운"(16) 얘기라며 갈리마르의 허구적 믿음을 조롱한다. 또, "그건 당신들 서양 사람들이 가장 좋아하는 환상 중의 하나가 아닌가요? 순종적인 동양 여성과 잔인한 백인… 서양인을 위해 스스로 자살하는 사람이 동양인이기에… 아… 당신은 그걸 아름답다고 하네요."(17)라며 서양과 동양의 관계에 대한 통찰을 보인다. 그러므로 송이 남성이라는 것을 곧 알게 되는 관객들은 송이 철저히 연기를 하고 있다는 것을 알고 있으므로 갈리마르가 느끼는 힘은 처음부터 환상이라는 것이 분명히 전달되며, 따라서 갈리마르와 서양의 제국주의적인 환상은 처음부터 풍자의 대상이며 우스개가 되는 것이다. 갈리마르는 연극의 마지막 장면에 이르러 핑커튼과 자신을 동일시했던 것이 허구였음을 인정한다. 갈리마르는 나비 부인처럼 기모노로 갈아입고 화장을 하고는, 사랑받을 가치도 없는 외국인 악당을 사랑해서 죽은 기모노의 여인이 자신과 서양남성의 환상 속의 여성일 뿐임을 직시하면서, "나의 이름은 르네 갈리마르입니다 – 또한 나비 부인이라고도 알려졌지요"(93)라고 말하게 된다.

송이 나비가 아니라 갈리마르가 나비라는 사실은 이미 예측되던 것이다. 중국의 문화혁명으로 인해, 또 베트남 및 중국의 정세에 대한 예측을 잘못한 것에 대한 책임을 지고 프랑스로 귀국한 갈리마르는, "중국에 있을 때 완전한 여인을 사랑했으며, 그녀에게서 사랑받은"(76) 추억에 사로잡혀 아내와 이혼하고 혼자 살면서 송을 그리워한다. 이제 기다림이 나비 부인/송의 몫이 아니라 핑커튼/갈리마르의 몫이 된다. 파리로 찾아온 송을 갈리마르가 무조건적으로 반기며 차를 권하는 모습은 과거에 갈리마르가 찾아갔을 때 송이 하던 행동을 재현하는 것이다. 갈리마르가 송의 요청에 따라 중요 문서를 취급하는 우편배달부로 취직해 정보를 빼돌리는 간첩행위를 하는 것은 나비/송이 핑커튼/갈리마르를 조종하는 것이며, 핑커튼/갈리마르가 나비가 된 것을 보여준다.

3막에서 화장과 여장을 벗고 최고급 아르마니 양복을 입은 남자로 나타난 송은 재판을 받으면서 20여 년간 갈리마르를 속일 수 있었던 비결을 말하라는 판사에게, 첫째로 "남자들은 그들이 믿고 싶은 것만 듣기"(82) 때문이며, 둘째는 서양의 오리엔탈리즘 때문임을 밝힌다.

> **송**: 법칙 두 번째. 서양 남자들은 동양과 만나는 순간부터 혼란에 빠진다는 것입니다. 서양은 동양에 대해 일종의 국제적 강간 심리를 가지고 있습니다. 이 강간 심리에 대해 아십니까?
>
> **판사**: 정의를 내려주기 바라오.
>
> **송**: 근본적으로, "그녀의 입이 안 된다고 해도, 눈으론 된다고 한다"는 믿음을 칭합니다. 서양은 스스로를 남성적이라고 생각하고 있습니다. 자신을 거대한 총, 거대한 산업, 거대한 돈과 일치시키죠. 상대적으로 동양은 여성적으로 여겨집니다. 약하고 섬세하고 가난하고…… 하지만 예술에 능하고 신비스러운 지혜로 가득한 존재. 소위 말해서 여성적 신비와 동일시됩니다.

그녀의 입이 부정해도 그녀의 눈은 긍정한다. 바로 이 논리에 근거해 서양은, 동양이 마음속 깊은 속에서는 굴복 당하기를 간절히 **원한다고** 믿고 있습니다. 여자란 스스로 혼자 생각할 수 없기 때문이라는 거지요. (82-83)

동양인 남성 송은 자신의 행위를 가능하게 한 남성과 여성, 서양과 동양에 대한 냉철한 인식에 기반을 두고 행동했던 것이다. 반면 남성과 여성, 서양과 동양에 대해 처음부터 철저히 환상과 거짓에 기반을 둔 이데올로기로 스스로를 기만했던 갈리마르는 송이 남성임이 드러나는 순간, 모든 것이 "완벽한 거짓"(89)이며 자신은 "남자가 창조한 여자를 사랑한 남자"(90)라는 각성을 하면서 그의 서구적 남성 주체성은 기반을 잃게 되는 것이다.

갈리마르: 저는 동양에 대한 환상을 하나 가지고 있습니다. 일말의 가치도 없는 외국 악마에 대한 사랑 때문에 자결한 청삼이나 기모노 차림의 연약한 여성, 어떤 종류의 벌도 기꺼이 받고, 그걸 무조건적으로 사랑으로 키워서 되돌려 주는 여성에 관한 환영입니다. 제 인생이 되어버린 게 바로 이 환상입니다. (91)

● 영화 <엠. 나비>

이 영화는 데이비드 황이 직접 각색한 시나리오를 바탕으로 하여 데이비드 크로넨버그David Cronenberg가 감독을 맡았다. 크로넨버그의 대표작인 <플라이*The Fly*>(1986), <크래쉬*Crash*>(1996) 등의 영화에서 드러나듯이 크로넨버그는 인간과 곤충, 남성과 여성 등의 기존의 이분법적인 경계를 무너뜨리면서 통념에 도전한다. <엠. 나비>에서도 그는 동양/서양, 여성/남성의 이항대립의 경계를 뒤집으며 고정관념에 도전하고 있다. 단, 동양과 서양의 문화적, 정치적인 갈등에 무게를 둔 원작과 달리 성정체성의 갈등에 더 관심을 두고 있다.

1993년.
감독: 데이비드 크로넨버그
각색: 데이비드 헨리 황
주연: 제레미 아이언스Jeremy Irons(르네 갈리마르)
존 론John Lone(송 릴링)

토론 주제

1. 『엠. 나비』와 <나비 부인>을 비교하며 논하시오.
2. 남성으로서의 갈리마르에 대해 논하시오.
3. 갈리마르가 송을 20여 년간 여성으로 여기는 것이 어떻게 가능했는지 논하시오.
4. 갈리마르가 스스로를 나비 부인이라고 지칭하는 것의 의미를 논하시오.
5. 송이 서양인의 동양인에 대한 허구를 어떻게 이용하는지 논하시오.

11장
제인 정 트렌카: 『피의 언어』

● 초국가적 입양의 진실

국외로 입양을 보내거나 입양을 하는 경우에 대해 해외 입양overseas adoption, 국가간 입양intercountry adoption, 국제 입양international adoption 등 다양하게 지칭한다. 또 국외 입양은 사실상 동등한 국가 간의 상호교류가 아니라 경제적으로 열악한 제 삼 세계에서 제 일 세계로 흘러가는 일방통행식의 교류라는 점에서 초국가적 입양transnational adoption이라는 전문용어를 사용한다. 또한 백인이 입양되는 경우보다는 주로 아프리카 흑인이나 동양인이 백인 가정에 입양되는 현실을 주시해서 초인종적 입양transracial adoption이라는 용어를 사용하기도 한다. 이 글에서는 경계를 넘는 입양의 성격을 강조하는 용어인 초국가적 입양transnational adoption이라는 용어를 사용한다.

혈족, 공동체, 국가 내에서 이루어지는 일반적인 입양과 달리 국가의 경계를 넘고, 인종의 경계를 넘는 초국가적 입양이 이루어진 것은 지극히 현대의 일이다. 제 2차 세계대전 이후 서구의 부국을 중심으로 인도주의적인 차원에서 전쟁고아들을 입양하면서 시작된 국외입양은, 한국전쟁 이후에는 한국아동을 비롯한 아시아계 아동을 대대적으로 입양하는 초국가적이며 초인종적인 입양으로 확대된다. 입양은 정상적인 양육을 필요로 하는 곤경에 처한 아동과, 아이를 키우고 싶은 욕구를 가진 어른의 상호 만족을 도모하는 생산적인 장치라고 여겨졌으며, 입양부모의 선한 동기와 그런 양부모를 만나게 된 아동의 행운이 강조되었다. 초국가적 입양 역시 그 연장선에서 평가되었을 뿐 아니라, 국가와 민족, 그리고 인종적 경계를 넘는다는 점에서, 인종적 타자를 가슴에 품는 진정한 도덕적 순수성을 보여주는 증거이며, 특히 초국가적 입양을 가장 많이 한 미국의 다원주의 가치가 성공한 증거라고 여겨진다. 그러나 초국가적 입양은 빈곤계층의 여성이나 미혼모가 자신의 아이를 키울 수 없게 만드는 사회구조와, 온전한 가족을 이루고 싶은 부유한 부모들의 욕망이 서로 맞아 떨어진 결과물이다. 따라서 초국가적 입양은 가난한 나라의 아동이 부유한 나라로 수출되는 일방통행적인 구조를 가지고 있으며, 부국과 빈국의 경제적·사회적 불균형과 착취 구조를 드러내므로, 인종, 성, 자본주의, 국가 간의 관계를 고려하여 논의되어야 한다.

국외로 입양을 보내는 국가 중에서는 한국이 압도적인 우위에 있는데, 그것은 한국의 경제사정이 열악해서라기보다는 한국의 정책방향과 가부장적 사회구조에서 기인한다. 식민통치에서 벗어난 직후 전쟁을 겪으며 피폐해진 한국은 경제적 발전을 국가의 최우선 목표로 삼으면서 전쟁고아를 비롯한 버려진 아동에 대한 복지정책을 포기하고 대신 해외입양이라는 손쉬운 방법에 의존한다. 1970년대 이후로는 소외계층의 아동, 그 중에서도 미혼모의 아이가 고아 아닌 고아로 둔갑하여 해외입양의 대상이 된다. 혈연을 중시하는 한국의 문화에서 국내입양이 정착되지 못한 이유도 있지만, "없어도 좋은 불결한 국외자"는 해외로 방출해도 된다는 국가적 의식도 한 몫을 했다. 1980년대에 초국가적 입양이 급격히 증가한 기저에는 정치적 불안을 실감하던 남한 정권이 미국을 포함해 입양을 받는 선진국들과의 관계를 개선하려는 정치적 목적이 개입되어있다. 초국가적 입양은 1988년 서울 올림픽을 기점으로 주춤해진다. 올림픽을 계기로 한국의 비약적인 경제발전을 선전하려던 정부는 세계 제 1위 고아 수출국이라는 점이 세계 언론에서 부각되면서 우방국들로부터 도덕적인 비난을 받게 되고, 1970년대부터 남한의 고아 수출을 대대적으로 비판해오던 북한의 비판이 더욱 거세지자, 초국가적 입양의 수를 줄이게 된 것이다. 1998년 경제위기가 발생하면서 다시 초국가적 입양은 증가했다가 2000년대에 들어 다소 감소 추세를 보이고 있기는 하나 여전히 세계 상위권에 맴돌고 있다.

초국가적 입양은 입양을 보내는 나라인 한국과 입양을 받는 나라인 선진국, 특히 미국과의 이해관계가 맞아 떨어진 시장논리의 산물이기도 하다. 미국이 한국 뿐 아니라 아시아에서 가장 입양을 많이 한 "입양산업의 최대 소비국가"로 자리매김하는 데는, 국제정치 구도에서의 미국의 입지가 한 몫을 했다. 미국은 냉전시대에 소련의 공산화에 맞서 민주주의의 종주국으로서 활약하면서, 전 세계에 걸쳐 고아가 넘쳐나므로 이들을 도와야 한다는 신화를 각종 매체를 통해 배포한다. 특히 공산정권인 소련과 북한을 저지하는 마지노선인 남한을 지원하면서, 아시아전역에 걸쳐 "자비로운 백인 어머니"의 위상을 확립하고, "백인이 비백인을 구원한다"는 이데올로기를 완성한다. 내부적인 이유는, 입양아동에 대한 국내의 급증하는 수요를 충족시키기 위해 초국가적 입양이 절실히 필요했다. 미국 국내의 여러 요인으로 인해 아이를 원하는 부모에 비해 아이의 수가 절대적으로 부족한 수요와 공급의 불균형이 벌어졌던 것이다. 입양을 원하는 대다수의 백인가정은 대체로 흑인아이를 기피하는 경향이 있었다. 또한 1970년대의 흑인공동체는 흑인아동이 백인가정에 입양되는 것을 강력하게 반대했으며 그에 관한 법안제정까지 이루어졌다. 결국 아시아계 아동이 손쉬우면서도 매력적인 입양대상으로 떠올랐다. 아시아계입양아는 훨씬 싼 가격으로 구매가 가능했다. 또 부지런하고 똑똑하며 주류문화에 순종적인 “모델 마이너리티”로 각인된 아시아계 이민들의 이미지가 입양대상 아이들에게도 그대로 투사되면서, “근면하고 친화력 있는 수동적인 아시아 여아들”이 백인 핵가족에 쉽게 동화될 것이라고 여겨진 것이다.

미국은 “닫힌 입양”정책을 시행했으며, 대부분의 백인 입양가정이 입양아의 인종적 정체성에 대해 “침묵과 눈감음의 역사”를 드러낸다. 실상 미국의 초국가적 입양은 타자에 대한 이해와 공감을 실현한 장이 아니라, 백인 중산층의 핵가족 이데올로기를 충족시키기 위한 수단이다. 백인 중산층 주체는 부모가 되어 아이를 키워야만 자기 가치를 높이고 제대로 된 시민으로 역할할 수 있었다. “가족을 이루지 못한 여성은 무슨 가치가 있는가?”라는 질문은 핵가족 이데올로기를 단적으로 표현하는 말이다. 따라서 불임 부부에게 입양은, 미국에서 완벽한 시민 주체가 되기 위해 필수적인 조건이었다. 그런 점에서 초국가적 입양아는 백인 이성애 핵가족을 지탱하는 “중요한 이데올로기적 노동”을 수행하는 것이다. 전통적인 루터교 신앙을 가지고 있으며 동질적이며 보수적인 공동체를 이루고 있는 미네소타에서 한국인 아동을 가장 많이 입양했던 것도 그와 같은 맥락에서 이해된다. 미네소타의 초국가적 입양은 사랑을 실천하자는 교회의 종교적 신념이 대대적으로 실천된 결과물이기도 하지만, 극단적으로 보수적인 미네소타 주에서 남자는 남편이자 아버지, 여자는 아내이며 어머니였어야 온전한 인간으로 인정받았기 때문이었다.

● 초국가적 입양아의 정체성과 갈등

초국가적 입양은 "디아스포라Diaspora[1]와 이민의 가장 특권적인 형태"이다. 아시아계 이민자들이 미국 입국 심사대에 길게 늘어서서 입국이 거부될 지도 모른다는 두려움에 초조한 얼굴로 기다리고 있는 반면, 아시아계 입양아는 백인 양부모가 서류를 제출하는 순간 곧 바로 백인의 품에 안겨 백인가족의 중심으로 진입하는 특권을 누리게 된다. 초국가적 입양아는 입양가족과 만나는 공항에서 공식적인 입양서류를 통해 일단 백인 주체로 새 생명을 얻으면서 사회적 정체성과 개성을 획득하는 것이다. 아이의 유일한 법적 보호자가 된 입양부모는 입양아가 "마치 입양부모와 혈통적으로 연결된 것처럼 가정하면서" 입양아의 타자성을 외면한다.

입양이 된 나이에 따라 다르기는 하지만, 대부분의 입양아들은 자신이 입양되었다는 것을 본격적으로 의식하게 되면서 상실감을 강하게 느꼈다고 고백한다. 특히 백인 가정에서 백인의 문화를 향유하면서 자신이 백인이나 다를 바 없다고 여기며 살던 초국가적 입양인은, 부모나 형제, 친척의 몸과 완전히 다른 자신의 몸을 의식하는 순간부터 고립감, 소외감, 인종주의를 경험하면서, 초국가적 입양으로 인한 감정적, 정신적 대가를 치르게 된다. 타자인 자신을 양육하고 사랑하며 교육의 기회를 준 입양부모에게 새삼 감사하는 마음을 가지게 되지만, 『피의 언어』에서 제인이, "내가 서류에 얼마나 많은 교육의 기회를 받았다고 표시할

1 이산(離散). 원래는 바빌론 유수 후에 뿔뿔이 흩어진 유대인들, 혹은 그 상황을 가리키는 말이나 근래에는 특정 인종집단이 고국에서 자의나 강제로 떠나야 했던 현상을 뜻함.

수 있어야 엄마를 잃을만한 가치가 있었다고 말할 수 있을까?"[2]라고 반문하듯이, 과연 얼마나 좋은 양육과 좋은 교육을 받아야 생부모를 상실하고, 모국과 문화, 인종적 집단에서 강제로 끌려나온 고통의 정당한 대가가 될 것인지 묻지 않을 수 없는 것이다.

그런데 초국가적 입양인은 입양가족 내에서 도움을 얻을 수 없다는 점 때문에 더 큰 좌절을 경험한다. 인종에 대한 편견과 차별에 대처해 나갈 때 가족과 공동체 내에서 도움을 얻는 아시아계 이민자들과 달리 입양아는 가족에게서 도움을 받을 수 없으며, 그런 점에서 입양은 "고립된 경험"이다. 대부분의 입양부모는 타인종의 아이를 입양하여 친족이라는 친근한 공간속으로 불러들임으로써 인종적 타자를 대면하게 되는 경험을 하지만, 입양아와 같은 인종인 아시아인에 대해서는 경멸감을 나타내면서, "인종적 타자성을 적극적으로 지우고 억압하는" 동인으로 작용한다.

인종적 타자에 대한 부지와 억압은 초국가적 입양의 공직담론의 기지를 이루고 있다. 초국가적 입양에 대한 공식적인 규정을 정한 헤이그 협약(1993)은 입양아와 입양부모의 관계를 공고히 하기 위해 입양아의 과거를 깨끗이 지우는, 완벽한 단절 정책을 명시하고 있다. 미국의 입양정책도 입양에 관한 모든 과정이나 서류를 기밀로 유지하면서 입양가족이 마치 혈통적 가족인양 설정한다. 미국의 입양정책은 1990년대 이후에는 점차 열린 입양으로 방향을 선회하여, 초국가적 입양아의 과거를 수용하며 모국의 문화와 접촉하게 하면서, 입양인이 "복수의, 혹은 유연한 정체성"을 이룰 수 있는 방향을 모색하고자 시도한다. 그러나 타자에 대한 경험이나 이해가 부족한 백인부모는 "순전히 축제적이며, 역사가

2 Jane Jeong Tranka, *The Language of Blood.* (Saint Paul, Minnesota: Graywolf Press, 2003), 229. 이후는 인용문 옆에 쪽수만 표시함.

배제된 문화"를 전달하는 경향에 그치고 만다.

입양가족과 백인사회 내에서 주체에 대한 갈등을 겪고 정체성의 혼란을 경험한 입양인 중 상당수는 자신의 정체성을 찾기 위해 생모와 모국을 찾는 귀환을 시도한다. 귀환은 1990년대 이후에야 활발하게 진행되는데, 자신의 의지대로 모국을 다시 찾으려는 정신적 각성이 선행되어야 했을 뿐 아니라, 현실적으로는 경제적인 상황이 뒷받침되어야 했기 때문이다. 한국계 입양인의 귀환의지가 실제로 귀환으로 이어지게 된 데는, 고아수출국이라는 오명을 벗기 위해 김대중 정부에서 시작한 입양인 고국 방문의 행사가 큰 역할을 했으며 한번 물꼬를 튼 입양인들의 귀환은 개인적인 차원을 넘어 큰 물결을 이루며 계속되고 있다.

그런데 생모와 모국을 찾는 한국으로의 귀환은, 입양인에게 인종적 타자로서 겪던 억압의 경험에서 풀려나 해방을 경험하는 기회가 되기도 하지만, "입양인들이 지금까지 백인 사회에서 힘들게 쌓아온 정체성과 삶의 세계를 불안정하게 만들고 존재의식을 흐트러뜨리는 과격한 경험"을 요구한다는 점에서 결코 쉽지 않다. 지금껏 힘들게 쌓아왔던 백인적 주체로서의 정체성을 뒤로 하고 한국인이라는 새로운 정체성에 직면하려는 이 과정에서 초국가적 입양인은, 이중 · 삼중으로 장애와 부딪치기 때문이다. 강제적으로 망각된 과거를 새로이 기억하려는 입양인의 귀환 시도는 입양부모의 지지를 얻지 못하므로 입양인은 양부모에게 죄의식을 느끼며 실제로 양부모와 불화를 겪기도 한다. 게다가 귀환한 모국에서 입양인은 자신이 버려졌던 이유인 불편한 진실, 한국 가족 내의 자신의 불편한 위치를 재확인하게 된다. 전쟁고아가 대부분이었던 초기의 입양인들과 달리, 1960년대 이후의 입양인들의 생모는 노동계층, 십대의 미혼모, 버려진 편모, 창녀, 강간의 희생자 등 "최하위계층"의 여성들인 경우가 많으며 이런 상황의 입양인은 비밀로 묻어두고 싶은 존재로 여겨졌던 것이다. 입양인의 내력은 "한국의 국가적 기억상실"에 속하며, 입양아는 "한국역사의 유령 같은 아이들"인 것이다. 입양인의 귀환을 환영하는 담론에는 여전히 멸시나 동정의 암묵적인 시선도 내포되어 있으나 이와 정반대의 시각도 입양인을 불편하게 만들기는 마찬가지다. 대부분 백인가정에서 자라 대학교육까지 받은 입양인들은 원래의 비천한 처지에서 신분이 상승한 존재로 여겨지며, 영어 능력이 성공의 보장이 된다고 여기는 한국에서 특히 미국입양아들은 운 좋은 존재로 부러움을 산다.

한국 사람들 속에 섞이며 인종적 동질감을 경험하면서 편안하다고 느낀 다음 순간 직면하게 되는 언어와 문화에 대한 이질감도 입양인이 자신의 존재의 정체성에 대해 혼란을 겪게 하는 요소이다. 한국인의 외모이면서 한국어를 전혀 하지 못하고 한국의 문화를 낯설어하는 초국가적 입양인은, 미국의 한국계 이민자 사회에서 소외되었듯이, 단일민족이라는 수사로 다져진 한국의 민족수의적 분위기에서 배신자 취급을 받기도 한다. 이 귀환여행에서 입양인은 막연히 가지고 있던 환상적인 기대와 현실의 차이에서 괴리감을 느끼면서 더 큰 좌절감을 경험하게 된다.

입양인들은 또한 전쟁, 가난, 혼외임신 등의 이유로 그들의 존재를 서둘러 망각했던 조국이 이제 자신들을 같은 핏줄로 엮어진 한국인이라는 민족담론에 포함시키려고 하는 것에 불편함을 느낀다. 정부의 공식담론은 입양인을 국가의 잠재적인 인적 자원으로 포함시키려는 정책과 연결되어 있다. 한국정부는 세계화프로젝트를 추진하면서 입양인들이 한국과 서구를 긴밀하게 이어주는 문화적 가교의 역할을 하기를 바란다. 그러나 생모와 자신의 본질적인 기원을 찾고 정체성을 확립하기를 원하는 입양인들은, 입양인 개인의 상처나 국가적 허물을 슬쩍 묻어버리고는, 민족주의 담론을 표방하면서 자신들을 인적자원으로 활용하기 위해 재영토화 하려는 한국정부의 애국주의적인 메시지에 불편함과 거부감을 느낀다. 입양인들은 미국적 주체로 살아가는 것에 불편함과 부적절함을 느끼고 거기서 멀어졌듯이 혈연적 민족주의로 감싸 안으려는 한국정부의 공식담론에서도 떨어져 나오게 된다.

그렇다면 이들은 어떻게 자신의 정체성을 규정할 수 있을까? 하나의 정체성은 스스로를 규정하고자 하는 의지이며, 다른 정체성과의 차이에 의해 영향 받으며 끊임없이 재규정된다. 그러므로 입양을 보낸 나라와 입양을 받은 나라의 경계를 자유로이 넘나드는 탈경계적 주체로 볼 수 있는 초국가적 입양인이 분명한 장소가 정해져 있는 한 문화를 선택하는 것이야말로 허구라고 볼 수 있다. 분명한 것은, 이 어머니에서 저 어머니로 옮겨 가는 과정, 이 역사에서 저 역사로 옮겨가는 과정에서, 자신의 정체성을 규정하려고 노력하며 이야기하는 작업이 입양인의 정체성을 형성한다는 것이다. 초국가적 입양인은 인종, 시민권, 언어, 종교, 문화의 범주를 넘나드는 독특한 존재로, "입양가족과의 힘든 긴장관계를 기꺼이 풀 수 있는 자발성과, 생물학적 가족과 공동체와의 관계를 (재)정립할 능력"이 있는 존재이며, "진정으로 경험에 기반을 둔 새로운 정체성을 성공적으로 창조할 능력"이 있는 존재로 정체성을 확립하게 된다.

● 제인 정 트렌카 소개

제인 정 트렌카Jane Jeong Trenka(1972~)는 1972년에 서울에서 태어났으며 6개월의 나이에 4살 반인 언니와 함께 미네소타 주에 있는 시골 마을의 백인 부부에게 입양되었다. 1995년에 한국의 가족과 재회했으며 현재는 한국에서 해외 입양인 문제를 해결하는 일에 관심을 기울이고 있다. 소설로 『피의 언어*The Language of Blood*』(2005)와 에세이집 『내부의 이방인: 초인종적 입양에 관한 글*Outsiders Within: Writing on Transracial Adoption*』(2006)과 『탈주하는 환영들: 입양아의 한국 귀환 *Fugitive Visions: An Adoptee's Return to Korea*』(2009)이 있다.

자신의 입양경험을 기록한 자전적인 소설인 『피의 언어』에서 트렌카는, 미국의 백인가정에 입양된 한국계 여아로서의 입양경험과 인종적 갈등을 재현한다. 아시아계 입양인인 제인이 입양가족 내에서 느낀 심리적 갈등, 백인사회에서 겪는 인종적 좌절, 모국인 한국에 귀환하면서 느낀 이질적인 감정, 가부장적이고 여성억압적인 모국의 현실에 대한 자각, 이후 새로이 정립하게 된 양부모, 생모, 친족과의 관계, 그 속에서 겪는 정체성의 갈등과 극복을 통해서 초국가적 입양을 만들어내는 구조적인 문제에 대한 다양한 질문을 던지고 있다.

● 『피의 언어』 줄거리

『피의 언어』는 제인 정 트렌카의 자전 소설로 일인칭 화자의 회고록 형식으로 구성되어 있다. 입양아로서의 예민한 심리를 감정적이고 시적인 표현으로 서술하여 감동을 일으키면서, 소설 중간에 드라마나 신문기사 형식을 삽입하는 등 다양한 형식적 실험을 포함하고 있다. 제인은 한국에서 태어나 생후 6개월 된 시기에 4 세 반인 친언니 캐롤Carole과 함께 미국 가정에 입양된다. 제인을 입양한 브라우어(Brauer) 부부는 미네소타 주의 시골에 사는 보수적인 기독교 백인이며 아버지는 금속 노동자로 일하는 평범한 가정이다. 제인은 자라나면서 부모와 다른 자신의 외모를 민감하게 인식하면서 자신의 존재를 열등하게 느낀다. 제인은 자신이 잘못을 저지르면 다시 반품을 당할 것이며 그러면 두 번째로 부모에게서 버림받을 것이라는 불안감에 시달린다. 불임으로 아이를 낳지 못하자 입양을 선택한 양어머니의 냉정한 성격은 이런 불안감을 가중시킨다.

입양인으로서의 불안감 뿐 아니라 인종적인 불안감도 제인에게 큰 장애가 된다. 제인이 살고 있는 마을은 인종적·문화적 단일성을 당연하게 여기는 편협한 환경이므로 이곳에서 아시아계 입양인으로 살아가는 것은 고통스러운 경험이 된다. 그녀를 사랑하는 아버지는 제인이 아시아계 남자 친구를 사귄다는 말에 그런 못생긴 인종과 사귀지 말라고 야단친다. 대학에 간 제인은 자기 소개서의 인종란에 백인이라고 썼다가 수정하라는 지시를 받으며, 동양인이라는 이유로 백인 스토커의 위협에 시달리면서 자신의 인종적 정체성에 대해 갈등한다.

어느 날 제인은 한국의 생모가 자신을 찾는 편지를 발견한다. 제인은 생모가 가난한 형편 때문에 딸 둘을 입양 보냈지만 딸들을 사랑하고 기억하며 만나려고 애쓰고 있다는 것을 알게 되자, 마음의 상처를 씻고 생모와 연락을 나누고 한국으로 가족을 만나러 간다. 한국의 가족들을 만나면서 제인은 자신이 못생긴 아시아인이 아니라 아름다운 존재로 여겨지는 것에 자부심을 느끼며, 한국의 생모와 다른 자매들에게 따뜻한 정을 느낀다.

어머니의 죽음을 보고 미국에 다시 돌아온 제인은 그동안 냉정하게만 여겼던 미국 어머니의 여자로서의 어려움과 삶도 이해하려고 한다. 제인은 한국의 어머니를 찾아간 자신을 용서하지 않는 미국 어머니와 화해하려고 하지만 거부당하고 그녀의 아버지 역시 제인보다는 아내의 편을 든다. 이에 제인은 좌절하지만 자신이 새로 찾은 한국 가족과의 끈끈한 유대를 꿋꿋하게 지켜나가기로 한다. 제인은 몇 세대에 걸쳐 두 대륙 사이를 이주하는 왕나비처럼 한국과 미국 두 곳 모두에 자신의 정체성이 있다고 생각한다.

● 『피의 언어』 비평

1970년대에 입양된 제인의 이야기는 입양서사의 전형적인 갈등으로 시작한다. 자신이 원래의 부모에게서 버림받은 존재라는 것을 인식한 순간부터 제인은 자신의 존재 가치에 대한 불안에 빠져들며, 이런 불안은 자신이 또다시 버려질 수 있다는 두려움으로 확대되면서, "나는 나쁜 애인거야"(24)라고 자신을 질타하는 자기 부정이 일상화되어 있다. 이런 불안과 우울은 어머니가 자신을 특별히 "선택"했다는 말을 듣고서도 줄어들지 않는다. 선택은 임의적이며, 선택되었듯이 반품될 수도 있기 때문이다.

> 혼자 앉아 있으니 문득 어떤 생각이, 무서운 생각이 떠오른다. 나는 다시 가게로 돌려보내 질지 몰라. 나보다 더 착하고 더 철이 들었고, 상처 주는 말 따윈 하지 않는 여자 아이와 교환될지도 몰라. 아니야, 난 돌려보내지기 싫어. 여기 있고 싶어. 우리 가족을 사랑하니까, 두 명의 엄마가 다 날 버린다면 분명 다시는 어느 누구도 날 원하지 않을 거니까. 그렇게 되면 난 가게에서 영원히 살아야 될 거야. (24-5)

반품되지 않기 위해 어머니를 화나게 하지 않을 것이며 어머니에게 완벽한 딸이 되겠다고 결심하는 어린 제인의 심리상태는, 이미 그녀가 입양으로 인한 트라우마를 겪고 있다는 것을 암시한다.

곤경에 처한 아동을 구한다는 초기의 공식 입양담론은 점차 입양아는 하늘이 내려준 선물이라는 담론으로 전환되는데, 선물담론은 입양아의 과거를 깨끗이 지울 수 있고 입양아의 생모와 모국을 망각할 수 있기 때문이다. 제인의 어머니 역시 과거와의 완벽한 단절이라는 공식 입양담론에 부응하듯이 입양이나 한국을 암시하는 말은 한 마디도 입 밖에 낼 수 없게 하는 강박적인 환경에서 제인을 양육한다. 그러나 선물이며 선택이라는 용어 자체는 어머니와 자식 사이에 존재한다고 여겨지는 독점적이며 무조건적인 결속을 침해하는 언어로 이 모녀 관계가 "상품화의 영역"에 있다는 것을 암시하는 말이며 "교환 가능성과 대체 가능성"을 상기시킨다. 선택이라는 개념에는 "상품화와 보호, 시장과 구원"이라는 상반된 개념이 동시에 들어있기 때문이다. 제인은 어머니에게 사랑의 선물이자 보호의 대상이면서 동시에 욕망과 소비의 대상이기도 한 특별한 종류의 자산이 된다.

제인이 자신의 존재가치에 더욱 불안감을 느끼는 것은 자신이 "'대타'로 온 아이"(110)라는 점이다. 어머니의 몸이 정상적이었다면 태어났을 백인 남자아이, "수태가 되지 않았던 진짜 자식, 어머니처럼 예쁜 푸른 눈에 아버지처럼 야릇한 미소를 지녔을 뽀얀 피부의 남자아이"(28)를 자신이 대신하고 있다는 사실은 끊임없이 제인을 괴롭힌다. 제인의 불안은 어머니에게서 전이된 것이기도 하다. 불임 때문에 입양을 선택한 제인의 어머니는 아이를 낳지 못하는 자신의 몸에 대한 불만으로 인해 정신적 불안정을 겪으면서, 집을 불편할 정도로 완벽하게 소독된 상태로 유지하는 결벽증을 보인다. 역시 입양인인 제인의 친구 메리Mary가 지적하듯이, 제인의 어머니는 제인을 사랑하면서도, 자신의 몸의 "불임을 상기시키는 존재"이며 "부적절함과 불완전함을 상기시키는 존재"(207)인 제인을 무의식적으로 미워하고 있으며, 그로 인해 제인에게 안정감을 주지 못한다.

이러한 상실감과 불안감이 입양인들이 공통적으로 겪고 있는 트라우마라면, 초국가적 입양인인 제인은 인종의 차이로 인한 극심한 불안까지 경험한다. 제인이 살고 있는 미네소타의 할로우Harlowe는 지극히 보수적인 인종체제를 갖추고 있는 곳으로, 자체 정화체계를 가지고 있어서 다른 민족 출신은 견디지 못하고 떠나버리며, 동성애자나 트렌스젠더도 용납되지 않는, 극도의 "동질성"(21)을 유지하는 마을이다. 따라서 제인과 언니 캐롤은 이 동질적인 사회에서 극히 이질적인 존재로서 주시의 대상이 된다. "얘들 데려오는데 얼마나 들었어요?"(34)라는 질문을 하며 자신들을 사물화하는 백인들의 시선에서, 제인은 응시의 대상인 자신의 못생긴 몸을 읽어내면서 자신의 이질성을 굴욕적으로 각인한다.

게다가 자신을 지지해주어야 할 가족과 친지들에게서도 인종차별적인 시선을 느낀다는 점에서 제인은 쉽게 극복될 수 없는 치명적인 상처를 입는다. 아버지와 어머니의 백인의 몸을 무의식적으로 롤 모델로 삼던 제인은, 거울 앞을 지나면서 문득 못생긴 아시아계 여자아이가 있는 것을 보고 깜짝 놀라지만 곧 그것이 바로 자신임을 깨달으며, 어머니의 아름다운 몸을 닮지 못한 자신의 몸을 혐오하게 된다. 그런데 제인이 자신의 아시아인의 몸을 혐오하는 것은 본질적인 반응이 아니라 부모의 시선을 모방한 것이라는 것이 밝혀진다. 제인의 아시아계 남자친구를 사람이 아니라 "시커멓고 멍청한 원숭이"(66)같다며 조롱하는 아버지의 말을 들으면서, 자신을 가장 사랑해주어야 할 부모에게서 자신의 몸에 대한 경멸을 확인하게 되므로, 제인은 극복할 수 없는 인종적 상처를 입는 것이다.

제인의 부모는 입양이라는 과정을 통해 강제적 이주를 당해 인종적 타자로 사는 제인의 처지를 이해하지 못한다. 그들은 제인의 과거와 인종적 차이를 외면하려 할 뿐, 그녀가 생부모와 가정, 모국을 잃은 것이

"애도되지 않은, 진정으로 애도될 수조차 없는 크나큰 상실"이며, 백인 가정에 입양됨으로써 얻게 된 양육과 교육 등의 이익이 "크나큰 감정적 혹은 정신적 상실의 대가"라는 것을 이해하지 못하는 것이다. 그녀의 인종적 우울을 이해하지 못하는 부모와 제인 사이에는 감정적 골이 깊어지고, 따라서 제인은 침묵과 고립에 빠져들게 된다.

입양가족 내의 인종주의적 태도는 더 큰 범주의 사회로 나갔을 때도 계속된다. 제인은 대학에 제출하는 서류의 인종란에 자신을 백인으로 표시해서 보내지만 대학사무실에서는 아시아-태평양군도인Asian-Pacific Islander이라고 수정해서 돌려보낸다. 한국인으로 규정되기를 거부하면서 자신은 "문화적으로 백인"(129)이라고 여기던 제인이 "범아시아 사기꾼"(75)이라는 것이 공식적으로 확인된 셈이다. 그녀가 동양인의 외모를 지녔다는 이유만으로 그녀에게 집착하는 백인 스토커는, "너는 백인 사회에 사는 한국인에 불과해"(83)라며 제인의 정체를 분명히 규정짓는다.

제인이 "예쁘다"(149)는 말을 그렇게나 듣고 싶어 했던 이유는 인종적 타자로서의 열등감과 관련되어 있다. 자신과는 다른 외모의 부모와 친척을 보면서, 아시아인의 외모에 대한 아버지의 경멸적인 평가를 들으면서 인종적 열등감을 쌓아온 제인에게, 아름답다는 말이야말로 그녀의 존재가치를 높여주는 의미 있는 말이다. 한국어머니를 만나면서 제인이 진정으로 정서적 충족감을 느낀 순간은, 어머니가 "이쁜 애기"라고 불러주었을 때이다. 그 말은 자신을 정말 소중하고 아름다운 존재로, 즉 인종적 열등감을 느끼지 않아도 되는 존재로 인정하는 것이며, 제인의 자존감을 완성해주는 실천 행위이다.

> 무엇보다도 엄마의 '이쁜 애기'라는 두 마디 말이 내 이야기의 나머지 줄거리를 바꿔놓았다는 말을 엄마에게 해주고 싶다. 그 이전까지 누

군가가 나를 그토록 간절히 원하거나 사랑한다는 느낌을 받아본 적이 없었던 것이다. 엄마의 이 말은 지금, 여기, 엄마와 있는 이 순간부터 시작해 앞으로 내 강인함의 깊은 원천이 되리라. (172-3)

일단 제인은 생모, 그리고 더 나아가 모국에 대해 우호적인 태도를 가지고 있다. 어머니가 자신을 보호하기 위해 언니를 딸려서 입양 보낸 것이나, 자신을 찾으려고 노력한 어머니의 사랑과 고통, 귀환을 결심하기 오래전부터 어머니와 자매들과 편지를 교환하며 소통을 나누었던 것, 귀환해서 어머니를 비롯해 가족들에게 사랑을 받은 것 등으로 인해 미국보다 한국에 더 애착을 느끼는 경향을 보인다. 초국가적 입양인들은 고국을 막연히 환상 속의 신비로운 장소로 여기는 경향이 있는데, 제인 역시 환상적으로 생각하는 면이 있다. 그녀가 살아온 친근한 미네소타는, "들판이 뻗어있는 땅, 루터파 교회가 옥수수 밭 사이에 드문드문 있고, 금욕주의가 모든 세대의 뼈 속까지 박혀있는 땅"(15)이라고 현실적이면서도 다소 부정적으로 묘사한 반면, 한국은, "배 밭과 시내가 있는 땅, 산 속에는 깊숙이 절이 터를 잡았고, 사람들은 큰 소리로 웃고, 조상을 추모하는 땅"(14)으로 다소 미화하고 있다. 제인은 "보이지 않는 동맥으로 전달되는 감정의 맥박"(80)을 강조하면서, "나는 이 땅에서 무엇인가를 얻어야한다"(14)며 조국에서 자신의 존재를 확실하게 해줄 각성을 이루기를 거의 강박적으로 원한다. 수많은 사람들이 몰려있는 남대문 시장에서는 익명의 존재로 함께 휩쓸려 다니면서 똑같은 얼굴들 속에서 처음으로 편안함을 느끼며, 자신이 "진짜 한국인"(119)이 되었다는 느낌을 받는다.

아무 말도 하지 않은 채 섞이면서 적어도 한 시간은 들키지 않고 '진짜' 한국인이 된 기분을 즐겼다. 어깨와 어깨가 부딪칠 만큼 빽빽이 들어찬 사람들이 길을 터주면서 나를 삼켜버렸으며, 인파 속에 받아들

> 여진 나는 동질성 속에 묻힐 수 있었다... 그래서 나는 미국인들에게서 벗어날 기회를 거듭해서 노렸으며, 변신을 기대하면서 내 심장이 크게 뛰는 소리가 들릴 정도였다. 여느 사람들처럼 다시 내 모국의 뱃속에서 살아있는 한국인이 되는 흥분을 느꼈던 것이다. (119-20)

제인이 자신을 한국인으로 여기게 되는 가장 큰 기반은 한국어머니에게 느끼는 끈끈한 감정이다. "나는 당신의 몸과 마음을 닮은 딸이에요. 비록 내가 당신을 언어로 다시 벼려내지 못하더라도, 피의 언어로 당신을 안고 갈 거예요"(160)라고 말할 때, 제인은 어머니로 상징되는 한국적인 요소를 자신의 정체성으로 삼고 있는 듯하다. 소설의 마지막 장면에서 한복을 입고 자신의 미래의 딸과 한국어머니와 손을 잡고 날아오르는 환상을 보여주면서 제인은 한국적인 문화, 정서와의 강력한 유대를 표현한다.

이처럼 한국적인 정서와 문화와의 탄탄한 유대를 암시하면서도 인물로서의 제인을 재현하는 작가 제인 트렌카의 태도는, 한국적인 정체성을 회복하는 것이 그리 간단한 문제가 아니라는 것을 분명히 인식하고 있음을 드러낸다. 제인이 남대문의 한국인들과 섞이면서 동질감을 느낄 수 있었던 짧은 순간은 그녀가 아무 말도 하지 않았기 때문이며, 소통하려는 순간 그녀는 한국인의 얼굴을 한 이방인으로 소외될 것이 분명하다. 작가는 제인을 통해 초국가적 입양인과 한국의 우호적 관계를 제시하는 만큼이나, 한 개별 입양인의 다양한 경험과 상황에 따라 초국가적 입양인과 생모, 특히 모국 사이에는 문제가 존재한다는 실례를 제인의 언니 캐롤을 통해 나타낸다. 캐롤은 입양 당시에 어린 나이였지만 낯선 미국 땅에서 생존하기 위해 미국인으로 철저히 동화되어야 한다는 것을 체득했다. 그녀는 너무나 완벽하게 동화되어 자신의 한국 이름도 잊어버렸으며, 생모와 모국에 대한 관심도 없고, 자신의 기원을 찾으려는 노력도 하지 않는다. 하지만 캐롤의 철저한 동화 역시 초국가적 입양인이 겪는 좌절과 억압의 증상이다. 그녀가 자신을 버린 한국의 어머니에게 배신감을 느꼈기 때문에 갓난아기로 같은 집에 입양된 동생 제인에게 생모나 한국에 대해 마치 입에 “사랑만큼 두텁고 뚫기 힘든 재갈”(30)을 문듯이 일체 말을 하지 않는다. 캐롤은 제인에게 생모를 “네 어머니”(141)라고 지칭하면서 생모에 대한 분노를 암시한다. 나중에 캐롤도 생모를 만나러 한국을 방문하지만 한국에서는 숨도 제대로 쉴 수 없었다며 불편한 심정을 드러내며 생모와 딱히 감정적 연대감을 느끼지 못한다. 여기서 입양인과 생모, 더 나아가 모국의 관계가 혈연이라는 감정적 수사로 손쉽게 해결될 문제가 아니라는 점이 드러난다.

제인 자신도 자신의 귀환이 “한국이나 서울이 아니라 내 가족 때문”(12)임을 분명히 하면서, 가족에 대한 감정과 한국과 민족에 대한 감정을 구별하고 한국을 자신의 주체성의 기반에서 제외한다. 제인이 한국의 민족주의 담론에 쉽사리 흡수되지 않을 것이라는 점은 그녀가 다시 미국으로 돌아가 미국 어머니와의 화해를 모색하는 것에서 암시된다. 자신을 키우면서 어머니라면 할 수 밖에 없는 “지저분하고 힘든 일”(68)을 다 떠맡은 존재가 미국 어머니 마거릿Margaret이며 그녀가 자기 방식으로 딸을 사랑했다는 것을 깨달은 제인은 미국 어머니를 이해하고 화해하려는 노력을 한다. 제인이 자신의 과거를 기억하고 경험하기 위해 한국어머니를 찾아간 것에 대한 미국 어머니의 분노는, 제인이 자신만의 자식이라는 독점적인 소유권의 “환상”때문이며 “근거도 없는 거짓”(192)임을 분명히 알면서도, 제인은 나름대로 고통스런 삶을 산 미국 어머니에 대한 이해에 한발 다가선 것이다. 제인은 미국 어머니의 “의무와 동격인 사랑”(237)도 사랑이라는 사실을 인정한다. 자신의 입양이 “한국 어머니의 아름다우면서도 무시무시한 문화”(115) 때문에 비롯되었듯이, 양부모의 인종적 편견도 그들 개인의 결점이 아니라, 억압을 경험하지 못했던 강대국 미국의 일원이며, 더 나아가 역사적으로 인종적 타자를 무시하고 억압해왔던 백인종의 일원인 점에서 기인한 것을 인정하는 것이다.

> 내 부모님이 그들의 민족과 떨어져 살아본 적이 한 번도 없었는데, 세대를 내려온 기억에서, 인종적으로 전해온 기억에서, 그리고 풍경에서 전해지는 피할 수 없는 목소리를 어떻게 알 수 있었겠는가? 생존하기 위해서는 그들이 줄 용의가 있었던 것보다, 혹은 줄 능력이 있었던 것보다 더 많은 것들을 필요로 했던 여자아이에 대해서 뭘 알았겠는가? 그들은 이런 정서, 혹은 그 정서를 표현하는 한(恨)이라는 말을 알지 못했던 것이다. (237-8)

미국으로 돌아온 제인이 자신을 소개한 입양기관에 가서 당시의 상황을 알아보려고 많은 노력을 기울이는 것은, 양부모의 인종적인 태도가 개인의 문제를 넘어선 사회구조적인 문제라는 것을 확인하는 작업이다. 따라서 제인은 한국어머니와의 애착과 유대를 매우 중요하게 간직하면서도 양어머니의 역할을 인정하고 그녀의 한계를 포용하게 되는 것이다.

이렇게 두 어머니의 자리를 정립하면서 제인은 한 국가, 한 문화, 한 인종의 경계 안에 머물기를 거부하는 탈경계적 특성을 지니게 된다. 제인은 그런 자신의 특성을 왕나비에 대한 비유로 설명한다. 한 번만 이주해서 정착해 사는 다른 종들과 달리 왕나비는 두 개의 다른 장소를 왕복하는데, 그 이주 사이클을 끝내는데 수세기가 걸린다. 제인 역시 왕나비 처럼 경계를 넘는 이주민이며, 경계를 넘나들면서 자신의 과거와 현재, 미래를 정리하면서 그 과정에서 자신의 정체성을 가다듬는다. 즉 자신의 과거와 현재, 어머니와 자신의 이야기를 만들어내는 작업이 바로 자신의 정체성을 획득해가는 길임을 인식하고 있다.

> 나는 전후 관계의 단서들을 찾아내어 한 가족의 텍스트를 재구성하는 것을 내가 할 일로 삼았다. 내가 하려는 것은, 불확실한 것들을 신뢰하고, 알려진 것들과 알려지지 않은 것들을 병치하고, 못보고 지나친 것들이나 부스러기들--돌이나 깨진 거울, 그리고 버려진 것들--을 모으는 것이다. 이런 것들로 기억과 상상의 새로운 퀼트를 만들 것이며, 한 땀 한 땀이 작은 변화를 일으킬 것이며, 한 땀 한 땀이 애도의 작업이 될 것이다. (150)

상실을 언급하지 않고 얻은 것만을 암시하는 입양인이라는 표현 대신에, "얻은 것과 잃은 것, 문화와 가족, 기억과 상상력"으로 가득 차 있는 "망명자"로서의 자신을 인정하는 것이야말로, "진정한 정체성, 분열되지 않고 안온하고 찬란한 정체성의 궁극적 발견"(244)을 이루는 작업임을 분명히 하는 것이다.

초국가적/초인종적 입양인은 제대로 양육받기 힘든 열악한 상황에서 벗어나 양육과 교육의 기회를 새로 얻은 행운아이면서, 자신의 문화, 인종, 국가, 부모를 강제로 침탈당한 망명자이다. 또 국가적, 문화적, 인종적 경계를 넘는 입양은 "폭력의 행위이면서 사랑의 행위이며, 참기 어려운 파괴이면서 관대한 편입이며, 가치 있는 자원의 착취이며 개인적인 관계의 구성"이다. 초국가적 입양의 이런 양가성이 보내는 나라와 받는 나라 양쪽에서 외면되어 온 것이 사실이다. 보내는 나라인 한국에서는 초국가적 입양의 혜택을 강조하여 국가의 내부적 책임을 방기하며, 이후에는 혈연적 민족주의담론으로 이들을 인적자원으로 이용하려는 정치적 면모를 드러낸다. 받는 나라를 대표하는 미국은 초국가적 입양가족이 백인가정의 결함을 메꾸기 위해 아이의 이데올로기적 노동을 요구하는 욕망의 산물인 점을 부인하고, 인종적 차이를 초월할 수 있게 하는 다문화주의의 예로 제시한다. 그러나 내부의 이방인인 입양아는 오늘날 미국에서 작동하는 복잡한 인종담론을 뒤집어 보게 함으로써 미국 다문화주의의 허구적인 면모를 시사한다.

이런 상황에서 초국가적 입양아는 미국사회에서 인종적 타자로 사는 자신의 혼란스런 삶과, 귀환해서 혈연가족과 모국의 현실을 마주하면서 경험하는 민족담론과의 갈등을 기억하고 마음으로 새기고 글로 쓰는 과정을 통해서, 온전히 미국인도 아니며, 온전히 한국인도 아니며, 또 그 중간적인 위치에 자리한 존재도 아닌 채, 경계를 자유로이 넘나들며 틈새의 공간에서 새로운 공동체를 형성하면서 자신의 과거를 인정하고 미래를 열어가는 새로운 정체성을 확립하는 존재임을 보여준다. 제인 정 트렌카의 『피의 언어』는 그런 갈등과 극복의 과정을 잘 드러내는 소설이지만, 이 소설의 경험이 개별화할 수 없는 다양한 입양인의 경험이 아직 남아있음을 시사한다.

토론 주제

1. 초국가적 입양을 설명하시오.
2. 닫힌 입양과 열린 입양에 관해 논하시오.
3. 초국가적 입양인의 정체성에 관해 논하시오.
4. 제인과 언니 캐롤의 입양경험을 비교하시오.
5. 제인과 미국, 제인과 모국의 관계를 비교하시오.

V.

인간과 비인간

12장
윌리엄 골딩: 『파리 대왕』

● 인간성과 도덕

인간은 과연 어떤 존재인가? 인간은 근본적으로 선한 존재인지, 아니면 악한 존재인지에 대해서는 동양과 서양을 막론하고 일찍부터 많은 논의가 있었다. 서양의 근대철학사에서는 『인간오성론*An Essay Concerning Human Understanding*』(1690)을 쓴 영국의 존 로크John Locke(1662~1704)와, 『사회계약론*The Social Contract*』(1762)에서 인류의 타고난 자연적인 본성은 선하지만 역사문명과 사회제도의 영향을 받아 악하게 되었다고 보는 프랑스의 장 자끄 루소J. J. Rousseau(1712~1728)가 성선설을 대표한다. 『군주론*The Prince*』(1513)을 쓴 이탈리아의 니콜로 마키아벨리Niccolò Machiaveli(1467~1527)와 『리바이어던*Leviathan*』(1651)을 쓴 영국의 토머스 홉스Thomas Hobbes(1588~1679)는 인간은 타고나기를 악하므로 정부 등이 통제할 필요가 있다는 성악설을 대표한다.

유럽 사회에서는 19세기에 급속도로 과학이 발전하면서 머지않아 낙원 같은 세상이 다가오리라는 믿음이 팽배했다. 그러나 20세기 초에 1차 세계대전이 발발하자 발전된 과학의 힘은 더 많은 인간을 더 빠른 시간 내에 죽이는 데 기여한다는 증거를 보여준 셈이 되었다. 1차 세계대전을 겪으면서 인간의 도덕성에 대한 희망을 잃고 혼란을 겪는 와중에 다시 2차 세계대전이 일어나면서 더욱 많은 인명이 살상되었을 뿐 아니라, 아돌프 히틀러Adolf Hitler의 광적인 유대인 살해에 수많은 과학자, 군인, 정치가 등의 엘리트가 참가하여 그 광기를 방조하며 심지어 이론적 배경을 만들어주는 현실은 인간의 도덕적 선함을 더 이상 믿을 수 없게 만든다.

20세기 초반의 문학은 이런 상황에서 새로운 비전을 찾기 위해서 인간의 내적 세계를 탐구하는 모더니즘의 성향을 띠었다가, 2차 세계대전 전과 후의 문학은 혼란된 상황에서 공산주의에 경도하거나 현실적인 맥락에서 해결책을 찾고자 하는 사실적인 경향을 보였다. 그와 달리 인간의 도덕적 본성을 더 근본적으로 성찰하고자 하는 작가들도 있었는데 대표적인 작가가 그레엄 그린Graham Greene(1904~1991)과 윌리엄 골딩William Golding(1911~1993)이다. 가톨릭 신자인 그린의 소설은 인간의 욕망과 기독교적 윤리의 갈등에 중심을 두고 있다면, 골딩의 소설은 위기의 순간에 인간이 자신 안에 있는 어둠의 힘과 싸우면서 자신의 내적 악함을 깨닫는 모습을 통해, "인간은 어떤 종류의 존재인가?"를 질문한다.

● 윌리엄 골딩 소개

윌리엄 골딩(1911-1993)은 1911년 영국의 남쪽에 있는 콘월Cornwall 지방에서 태어났다. 아버지 알렉 골딩Alec Golding은 독학을 해서 과학교사가 되고 지리교과서를 저술한 지적인 인물로 골딩에게 큰 영향을 주었다. 골딩은 아버지의 권유로 과학을 공부하기 위해 19세에 옥스퍼드

대학의 브라스노즈 칼리지Brasenose College에 입학했으나 과학에 흥미를 느끼지 못했으므로 2년 후 영문학으로 전공을 바꾸었다. 옥스퍼드를 졸업한 골딩은 런던의 극장에서 단역과 잡역부 일을 하다가 2차 대전이 발발하자 1940년 해군 대위로 소형함선을 지휘하며 직접 전투에 참가했다. 전쟁이 끝나자 가족을 부양하는 일이 시급했으므로 골딩은 중등학교에서 그리스어, 철학, 영어를 가르치면서 틈틈이 작품을 썼다.

골딩은 전쟁을 치르면서 인간이 철저히 잔인하다는 각성을 깊이 하게 되었고 이런 각성이 그의 소설의 중심주제가 된다. 골딩의 처녀작인 『파리 대왕*Lord of the Flies*』(1954)은 1858년에 출판되어 인기를 끈 로버트 마이클 밸런타인Robert Michael Ballantyne의 『산호섬*The Coral Island*』을 패러디할 목적으로 쓴 소설로, 인간이 근본적으로 사악하다고 인식한 골딩의 비판적인 시각을 잘 드러내는 소설이다. 출판사에서는 『파리대왕』을 소설이 아닌 동화로 판단했고 동화 치고는 너무 비관적이라며 출판을 거절했다. 이후 스무 번이나 거절당한 후 마침내 출판이 되자 『파리 대왕』은 예상을 뒤엎고 베스트셀러가 되었고 독창적인 사고와 힘 있는 글로 비평적 찬사를 받는다.

골딩은 이후 『후계자들*The Inheritors*』(1955), 『핀처 마틴*Pincher Martin*』(1956), 『자유낙하*Free Fall*』(1959), 『나사*The Spire*』(1964)를 출판했고 시, 단편, 연극, 에세이를 출판했다. 이후 긴 침묵의 시간을 보내던 골딩은 70세에 가까운 1979년 『보이는 어둠*Darkness Visible*』을 발표했고, 이후 『통과 의식*Rites of Passge*』(1980), 『종이인간*The Paper Men*』(1984)을 출판했고, 1983년 노벨문학상을 수상하는 영예를 누린다. 그는 1993년 마지막 소설을 집필하던 중에 윌셔Wiltshire에서 사망했다.

● 『파리 대왕』 줄거리

현재의 어느 시점 핵전쟁 중인 영국에서 일군의 학생들을 태우고 출발한 비행기가 어느 무인도 근처에서 추락한다. 생존자 중 랄프Ralph와 피기Piggy가 먼저 만나며, 해변에서 주운 소라고둥을 불어 생존한 다른 소년들을 불러 모은다. 소년들은 어른들처럼 민주적으로 리더를 뽑아 구조대책을 마련하고 살아갈 방도를 모색하자는 의견을 모은다. 합리적인 안을 생각해내는 것은 피기이지만 뚱뚱한 외모 때문에 외면 당하고, 잘 생기고 체격도 좋은 랄프가 리더로 뽑히자 합창단원의 단장으로 지배적인 성향이 있는 잭Jack은 불만스러워 한다.

랄프와 잭, 사이먼Simon이 섬을 탐색하고 돌아오자 아이들은 피기의 안경을 이용해 구조요청을 하기 위한 봉홧불을 피우지만 아이들의 무질서한 행동으로 큰 불이 나고, 그 와중에 일부 어린 아이들의 행방은 묘연해진다. 아이들은 구조를 기다리면서 먼저 거처를 만들자는 랄프와 피기보다는, 식량으로 쓸 돼지를 사냥하자는 잭을 더 따른다. 잭의 사냥 무리들이 봉홧불을 꺼트리는 바람에 구조선을 놓친 일을 두고 랄프는 잭에게 강력하게 책임추궁을 한다. 처음 돼지를 잡아 희열에 들떠 있던 잭은 분노하며 이후 두 사람의 갈등이 본격화된다.

어린 아이들이 괴물이 있다는 말을 한 후로 큰 아이들 사이에도 괴물에 대한 두려움이 퍼지게 된다. 아이들이 자는 동안 하늘에서 전투기들 사이에 공중전이 벌어진 후 추락하는 비행기에서 탈출하던 조종사가 산에 떨어져 죽는다. 그 후 산에서 뭔가 거대한 것이 펄럭이는 것을 보면서 아이들은 그것이 바로 괴물이라고 생각한다. 잭과 랄프는 수색대로 나갔다가 멀리서 펄럭이는 것을 보고 두려워 달아난다. 잭은 자신들이 잡은 돼지의 머리를 잘라 긴 장대에 끼워서 괴물에게 바치는 제물이라며 괴물이 있는 지점 가까이에 세워두는데, 곧 이 머리에 엄청나게 많은 파리들이 꼬인다.

구조에 최우선을 두며 봉홧불을 지키자는 랄프와, 사냥과 그것을 재현한 잔인한 사냥놀이를 통해서 아이들을 지배하려는 잭 사이의 갈등은 점점 커져 간다. 마침내 잭은 자신을 따르는 아이들을 데리고 떠나 다른 곳에 진지를 마련한다. 괴물에 대한 진실을 탐구해보려는 사이먼은 괴물을 찾아 나섰다가 파리떼가 꼬인 돼지머리를 보면서 환상에 빠진다. 환상 속의 돼지머리는 자신이 파리 대왕이라고 하면서, 괴물은 인간의 마음속에 있으므로 인간이 바로 괴물이라고 주장한다. 그 후 산 위로 올라간 사이먼은 펄럭거리던 것이 사실은 낙하산 줄에 얽혀있는 조종사의 시체라는 것을 알고 그 진실을 알리려고 아이들이 있는 곳으로 달려간다. 돼지 사냥을 한 후 모닥불을 돌면서 사냥놀이를 재현하던 아이들은 달려오는 사이먼을 괴물로 오인하고 무자비하게 학살한다.

불을 꺼트린 잭 일당이 쳐들어와 피기의 안경을 강제로 훔쳐가자 랄프와 피기는 잭의 요새로 찾아가서 안경을 돌려달라고 요구한다. 그 때 폭력적인 성향이 있던 로저Roger가 높은 곳에서 큰 바위를 굴리고 그것에 맞은 피기는 그 자리에서 즉사하며 피기가 들고 있던 소라고둥은 산산조각이 난다. 랄프는 잭 일당을 피해서 숲으로 달아난다. 잭 일당은 랄프를 사냥하러 다니다가 랄프가 숨어있는 곳에서 나오게 하려고 숲 전체에 불을 지른다. 연기 때문에 숲에서 뛰쳐나온 랄프는 해변으로 도망치고 아이들이 그를 잡으려고 나무창을 들고 미친 듯이 추격해 오자 결국 랄프는 해변에 나동그라진다. 바로 그때 랄프는 영국 해군 장교가 자신을 내려다보는 것을 발견한다. 아이들이 랄프를 사냥하려고 숲 전체에 지른 불을 보고 구조대가 찾아온 것이었다. 재미있는 장난을 하고 있었냐는 장교의 말에 랄프는 눈물을 흘린다.

● 『파리 대왕』 비평

윌리엄 골딩은 『파리 대왕』에서 선과 악의 갈등이라는 본질적인 주제를 주로 탐구하면서 인간이 어떻게 살고 있는가라는 질문보다는 인간은 어떤 존재인가를 묻고 있다. 골딩은 그런 주제를 우화적인 기법과 풍부한 상징을 통해 형상화하므로, 영국 알레고리문학의 전통을 오늘날의 문학에 재현하고 있는 유능한 우화 작가라는 평가를 받기도 한다. 그런 한편 골딩은 현장감을 생생히 느낄 수 있을 정도의 사실적인 표현을 구사하며 마치 눈앞에 보듯이 생생하게 묘사하여 독자의 상상력을 자극하는, 놀라울 정도로 시각적인 작가이기도 하다. 골딩의 처녀작 『파리 대왕』은 그런 복합적인 면모가 효과적으로 형상화된 성숙한 결과물이다.

골딩 스스로도 밝히고 있듯이 『파리 대왕』은 로버트 마이클 밸런타인의 『산호섬』에 대한 패러디로 출발하므로, 먼저 『산호섬』을 잠깐 살펴볼 필요가 있다.[1] 출간이후 꾸준히 인기가 높았던 『산호섬』은 무인도에 표류한 세 소년, 랄프 로버Ralph Rover, 잭 마틴Jack Martin, 피터킨 게이Peterkin Gay의 모험을 다룬 소설이다. 이들은 서로 협동하여 문명의 기본인 불을 피우고 거처를 만들고 돼지를 사냥해서 먹는 등 섬에서 마주하게 된 실제적인 어려움을 쉽게 극복한다. 또 용감하고 명예를 중시하는 이 세 소년은 문명사회의 도덕적 기준을 그대로 모방하여 화합을 유지하며, 구조될 때까지 감정적으로 단결된 모습을 지속한다. 이 소설은

---

1 『산호섬』과 비슷한 소재를 채택한 다른 작품은 프랑스의 공상과학소설가인 쥘 베른(Jules Verne)의 『이년간의 휴가』(*Deux Ans de Vacances* 1888)로, 우리나라에서는 어린 아동을 대상으로 하여 『15소년 표류기』로 소개되었다. 프랑스, 영국, 미국 등 여러 국적을 가진 15명의 아이들이 무인도에 표류하여 생활하면서 중간에 불화가 일어나지만 나중에 단합해서 함께 해적을 물리치며 결국 구조된다는 내용이다.

당시 수많은 식민지를 가지고 있으며 제국의 남성으로서의 자신감을 지닌 빅토리아조 영국의 낙관적인 분위기를 반영한다. 그러나 골딩은 2차대전에 몸소 참전하면서 전쟁의 무의미함, 도덕적 판단의 불확실성, 인간의 악한 본성을 절감했으며, 학교교사로 근무하면서 폭력적이고 야만적인 성향의 아이들을 직접 경험했으므로, 순진한 낙관주의로 가득 찬 『산호섬』을 수용할 수 없었다. 골딩은 『산호섬』의 소년들이 생명이 없는 종이인형과 다름없다고 비판하면서 자신은 진짜 살아있는 소년을 그려보겠다고 했다. 『파리 대왕』은 "진짜 소년"을 형상화하려는 시도이다.

『파리 대왕』은 핵전쟁을 피해 안전한 곳으로 가던 일단의 소년들이 비행기가 추락하여 무인도에 도착하는 것으로 시작된다. 야자열매 등 먹을 수 있는 과일이 풍부히 널려 있으며 수영을 즐길 수 있는 아름다운 모래 해안이 길게 뻗어있는 이 섬을 보자 아이들은, "책에 있는 대로야"[2] 라고 감탄하면서 자신들이 즐겨 읽었던, 『산호섬』을 비롯한 여러 모험소설을 연상한다. 소년들은 『산호섬』의 소년들과 마찬가지로 질서 있는 공동체를 만들기 위한 기준을 세우자는데 의견의 일치를 본다. 그들은 우연히 발견한 소라고둥을 쥐고 있던 랄프를 지도자로 뽑고, 소라고둥을 가진 아이에게 발언권을 주는 민주적인 절차도 마련하며, 구조신호를 보내려고 불도 피우고, 거처를 마련하려고 한다. "우리는 규칙을 만들어서 지켜야해. 우리는 야만인이 아니니까. 우리는 영국인이잖아. 영국인은 뭐든지 제일이지. 그러니 우리는 일을 제대로 해야 해"(55)라는 잭의 말은 영국인에 대한 제국적 자부심을 형상화한 『산호섬』을 연상시킨다.

그러나 랄프를 중심으로 하여 질서 있는 공동체를 이루려던 노력은 곧 무산되며, 결국 승리하는 것은 인간의 비합리적이고 악한 본성이다.

---

2 William Golding, *Lord of the Flies* (London: Faber, 1954. rpt. 1981), 45. 이후는 인용문 옆에 쪽수를 표시함.

소년들은 구조를 위한 봉홧불에 관심을 잃어버리고, 거처를 짓는 것도 포기하며, 대신 야만인처럼 얼굴에 잔뜩 칠을 하여 마치 가면을 쓴 것처럼 "수치심이나 자의식으로부터 해방된"(80) 기분으로 사냥에 몰두하는 야만적인 상태에 빠져버린다. 결국 사이먼은 아이들의 근거 없는 두려움 때문에 괴물로 오인 받아 살해되며, 피기는 무책임하고 냉혹한 폭력에 의해 살해되며, 랄프는 야만적인 살인 충동에 빠진 아이들을 피해 쫓기게 된다. 피기가 죽을 때 인간의 이성과 민주주의를 상징하던 소라고둥이 산산조각이 나버리는 것은 인간의 악함으로 인해 문명이 파멸된다는 적절한 상징이 된다. 인간에게는 악이 더 강한 본능으로 자리잡고 있으므로 이런 악을 통제하는 전통적인 기구, 즉 종교, 법, 규율 등이 없을 때 이성적 행동은 곧 본능적 욕구에 자리를 내주며, 그 결과 사회적 유기체는 깨어지고 만다는 것이 골딩이 말하고자 하는 요체이다.

골딩은 소년들의 갈등을 핵심적으로 드러내는 인물로 랄프와 잭을 설정하고 있다. 랄프는 어른들의 사회와 같은 민주주의적 질서를 구축하는 것과 구조를 요청하는 봉홧불을 꺼지지 않게 하는 것이 가장 중요하다고 여긴다. 반면 잭은 원래 질서와 조화를 중시하는 합창단 단장이었음에도 불구하고, 규율의 준수를 강요하는 어른이 없는 이 섬에서 본능적인 동물적 욕구에 빠져들어 산돼지를 쫓는 사냥에만 몰두한다. 처음에는 우정을 나누는 모습을 보여주었던 두 소년은, 사냥에 빠져서 봉홧불을 꺼트린 잭을 랄프가 강하게 비난하면서, 이제 "서로 소통할 수 없는 경험과 감정의 두 대륙"(70)처럼 반목한다. 두 사람의 갈등은 근본적으로 "이성에 근거를 둔 고결하고 민주적인 지도자상을 목표로 하는 합리적 의지와, 권위적 체제를 세우고자 하는 비합리적 의지의 충돌"[3]이

3 V. V. Subbarao, *William Golding: A Study* (New York: Vantage, 1987), 7.

라고 할 수 있다. 문제는 대부분의 소년들이 책임과 의무를 강조하는 랄프를 등지고 자유와 본능적 욕구를 충족시켜 주는 잭을 추종하게 된다는 점이다. 현실적인 지혜를 가진 피기는, "너희들처럼 색칠을 한 검둥이 패거리가 되는 것과, 랄프처럼 이성을 찾는 것 중에서 어느 것이 더 낫겠니? 규칙을 만들고 지키는 것과 사냥하고 죽이는 것 중에 어느 것이 더 낫겠니? 법을 지키고 구조되는 것과 사냥하고 깨부수는 것 중에 어느 것이 더 낫겠니?"(221-2)라고 외치지만 피기의 질문은 강력한 본능적 희열 앞에서 공허하게 들릴 뿐이다. 결국 승리하는 것은 인간의 비합리적이고 악한 본성이라는 것이 랄프와 잭의 갈등을 통해서 드러나는 것이다.

그렇다고 해서 랄프와 잭의 갈등이 추상적이고 상징적으로 묘사되고 있는 것은 아니다. 골딩은 이들의 관계가 어린 소년들이 현실에서 겪게 마련인 우정의 형성이나 패거리 간의 다툼이라는 현실적인 문제임을 포착하고 있다. 그것은 두 인물에 대한 성격묘사에서 드러난다. 랄프는 신과 질서를 상징하는 우화적인 인물이 아니라, 어른의 간섭이 없는 무인도에서 당분간 즐겁게 지낼 수 있다는 생각에 좋아서 물구나무를 서는 철없는 아이이다. 또 피기의 외모와 신체적인 약점 때문에 피기를 업신여기기도 하며, 피기의 당부에도 불구하고 피기라는 별명을 아이들에게 폭로하는 무심함과 잔인함도 가지고 있다. 이런 랄프가 소라고둥을 가지고 있으며 인상이 좋다는 것 외에는 별다른 이유도 없이 리더로 뽑히는 현실은, 민주적 절차의 부조리함과 모호함을 상기시킨다. 그러나 랄프는 근본적으로 선한 본성을 더 많이 가지고 있다는 점에서 잭과 차이를 보인다. 랄프는 현실적으로 어려움을 겪으면서 자신이 리더로서 제대로 역할하지 못하고 있는 것을 깨닫게 되고, 피기에게서 도움을 받으면서 피기의 총명함과 현실적 지혜를 깨닫고 존중하게 된다.

잭도 처음부터 악한 존재로만 등장하지 않는다. 잭은 합창단의 단장으로서 타의 모범이 되는 학생이었으며, 무인도에 떨어져서도 합창대의 규율을 지키려고 할 정도로 질서를 지켜야 한다고 믿는 평범한 소년이었다. 또 어린 소년답게 여린 마음을 드러내기도 한다. 잭은 랄프와 의견이 맞지 않아 캠프를 떠나면서 자신을 따를 사람을 구하지만 아무도 따라오지 않자 돌아서며 눈물을 삼키는 모습을 보이는 것이다. 이렇게 질서도 중시하고 인간적인 감정도 보이던 잭이 자신의 행동을 감시하는 시선이 없다는 것을 깨닫자 본능적인 욕구를 따르게 되고 패거리를 형성하여 동물사냥에 몰두하다가 인간사냥에까지 이르게 되는 과정이 실감나게 전달되고 있다.

랄프와 잭의 갈등에 깊이를 더해주는 인물이 피기와 사이먼이다. 피기는 『산호섬』에는 등장하지 않는 인물로 온전히 골딩의 창조물이며 소년들의 악함을 잘 드러내게 하는 기제로 기능한다. 정식 이름이 끝내 소개되지 않은 채 자신이 외면하고 싶어 하던 별명으로만 알려지게 되는 피기는, 천식을 앓고 있으며 뚱뚱하다는 신체적인 결함으로 인해 처음부터 조롱의 대상이 되며 따돌림을 당한다. 그는 자신을 키워준 고모를 맹신하므로 어른이 있으면 모든 것이 해결될 것이라는, 어린애다운 환상을 가지고 있다. 사이먼의 죽음에 대해, 자신도 거기에 동참했다며 책임을 인정하며 괴로워하는 랄프와 달리, 그것은 우연한 사건이었다면서 잊어버리라고 말하는 비겁한 모습도 보인다. 그러나 "삶은 과학적"(105)이라고 믿으면서 상식적이며 현실적으로 사태를 해결하려는 지성을 가진 피기는 합리주의의 목소리를 대변한다. 그는 아이들이 두려워하는 괴물의 실존 자체를 부정하며, 두려워할 존재는 "사람"(105)이라는 혜안을 가지고 있다. 자신의 안경을 뺏긴 후에는 그것을 찾으러 가겠다는 당당한 용기를 보이기도 하고, 위협적인 잭의 패거리들에게 질서 있는 삶의 가치를 절규한다. 이처럼 현실적인 맥락에서 삶을 응시하던, "피기라 불리던 진실하고 현명한 친구"(248)가 로저와 같은 무책임한 소년이 굴린 돌에 맞아 머리가 깨져서 죽는 것을 통해, 골딩은 인간이 합리적인 정신으로 삶에 대응하는 것이 얼마나 허무한 것인가를 상징적으로 보여준다.

인간에 대한 예언적 혜안을 가진 존재로 등장하는 사이먼[4]은 인간에게 내재한 악을 더 직접적으로 독자에게 "말해 주는" 기제로 작동한다. 아이들이 근거 없이 괴물의 존재를 상상하며 두려워할 때, 현실적인 상식에 따라 초자연적인 존재의 실재를 부정하는 피기와 달리, 사이먼은 괴물이 분명히 존재하는데 그것은 바로 "우리"(111)라는 통찰을 한다. 골딩은 사이먼과 돼지머리가 대화를 나누는 환상적인 장면을 삽입하여 사이먼의 통찰을 더 분명하게 전달한다. 사이먼은 아이들이 두려워하는 괴물의 실체를 밝히기 위해 혼자서 산을 올라가다가, 잭이 괴물을 달래기 위해 바친 제물인 장대에 꽂힌 돼지머리를 보게 된다. 부패한 돼시 머리에는 이미 파리떼가 들끓고 있다. 이 돼지머리가 파리 대왕[5]이라는 환상으로 나타나 사이먼에게 말을 걸며, 자신이 재미를 보려는데 왜 방해를 하느냐며 사이먼을 질타한다.

---

4 골딩은 『산호섬』의 피터킨을 모델로 하여 사이먼을 창조하였지만 그의 의도는 신약성서의 "피터라 불리던 사이먼", 즉 베드로를 고려한 것이며 그의 죽음에 대한 묘사에서 성자적 역할이 암시된다.

5 골딩은 막대에 꽂혀서 썩어가는 돼지머리에 파리떼가 들끓는 형상이 악의 총체를 상징한다는 뜻에서 파리 대왕이라고 이름 붙였다. 히브리어와 그리스어에서 바알세붑Beelzebub이 파리 대왕이라는 뜻인데 이후 기독교에서 마왕, 악마라는 뜻으로 쓰인다.

사이먼의 머리는 약간 옆으로 기울었다. 그는 눈을 뗄 수가 없었고 파리 대왕은 눈앞의 허공에 매달려 있었다.

"너는 여기서 혼자 무얼 하느냐? 내가 두렵지 않느냐?"

사이먼은 아니라고 고개를 저었다.

"너를 도와줄 사람은 아무도 없다. 나뿐이다. 그런데 내가 그 괴물이다."

사이먼은 간신히 입을 열어 말을 했다.

"막대기에 꽂힌 돼지머리일 뿐이야."

"괴물을 사냥해서 죽일 수 있다는 멍청한 생각을 하다니!" 머리가 말했다. 잠시 숲과 희미하게 보이던 다른 것들이 마치 웃는 것 같은 메아리가 울렸다. "너는 알고 있었지? 내가 너의 일부라는 걸 말야? 가깝고, 가깝고, 가깝다는 걸! 진전이 없는 이유가 바로 나 때문이란 걸 말야? 왜 현재의 상태로 되어버렸는지를 말야?"….

"나는 네게 경고하는 거야. 나는 화를 낼 거야. 알아듣겠어? 너를 원하는 사람은 없다는 걸. 알아들어? 우리는 이 섬에서 재미를 볼 거라는 걸. 알아들어? 우리는 이 섬에서 재미를 볼 거라는 걸! 그러니 엇나간 이 불쌍한 것아, 시도도 하지 마, 안 그러면--"

사이먼은 자신이 거대한 입 속을 들여다보고 있다는 것을 깨달았다. 그 안에는 암흑이 있었고, 그 암흑이 넓게 퍼져가고 있었다.

"--안 그러면," 파리 대왕이 말했다. "우리가 너를 끝장낼 거라는 걸 알겠어? 알겠어? 잭과 로저와 모리스와 로버트와 빌과 피기와 랄프가 말이야. 끝장낼 거야. 알아들어?" (177-8)

사이먼은 파리 대왕이 "너는 알고 있었지? 내가 너의 일부라는 걸 말야!"라고 외칠 때 자신을 비롯한 소년들 모두의 내부에 있는 어둠의 힘을 확인하게 된다. 파리 대왕은 바로 아이/인간의 본성에 들어있는 내적 악함이 외면적인 형상으로 표현된 것이다. 그 후 사이먼은 괴물이라고 생각한 것이 사실은 낙하산 줄에 매달린 비행사의 시체인 것을 보고 그 사실을 알리려고 달려갔다가, 춤을 추며 광란의 잔치를 벌이던 아이들에게 괴물로 오인 받아 살해된다. 이때 사이먼을 창으로 찌르고 찢기까지 하는 아이들 속에 파리 대왕이 "우리"라고 지칭한 로저, 잭, 심지어 랄프와 피기까지 포함되어 있으므로 파리 대왕의 예언은 완성된 셈이다. 어둠과 괴물에 대한 막연한 두려움 때문에 생겨난 사고라고도 볼 수 있는 이 사건을 계기로, 아이들은 그들을 억제하던 "옛 생활의 금기", 즉 "부모와 학교와 경찰과 법의 보호"(78)를 완전히 잊어버리고 "무책임한 권위"(197)를 행사해도 된다는 자유로움을 느끼며, 이후 로저가 백주 대낮에 돌을 굴려 피기를 살해하는 무모한 행동을 벌이는 것이며, 더 나아가 잭의 패거리 모두가 랄프를 죽이고자 뒤쫓는 행동을 하게 되는 것이다.

랄프나 피기가 현실적인 인물로 그려진 데 반해, 사이먼은 어린 아이답지 않게 인간의 내면을 통찰하며 파리 대왕과 같은 환상을 보는 신비한 인물로 그려진 것이 골딩의 소설을 비현실적인 우화로 만든다고 볼 필요는 없다. 사이먼은 수줍어서 자신이 깨달은 진실 혹은 예언을 제대로 전달할 능력이 없으며, 괴물이 사실은 낙하산에 걸린 비행사의 시체라는 현실을 전달하려고 하지만 그 전에 살해되고 만다. 아이러니컬하게도, 진실을 전달하려는 예언자의 역할이 현실에서 이루어지지 못하면서 오히려 사이먼은 현실적인 인물로 맥락을 얻게 되는 것이다.

랄프를 살해하기 위해 숲을 태우는 파괴의 불을 보고 구조대가 나타나 랄프의 목숨을 구하게 되는 결말은, 인간의 모순적인 삶을 그대로 반영하는 것이며 동시에 이 소설을 아이들에 대한 이야기에서 어른에 대한 이야기로 급변시킨다. 얼핏 보기에 골딩은, 랄프나 피기의 생각과 말을 통해, 어른이 질서의 근원이라고 피력하는 것처럼 보인다. 랄프는 아버지와 살던 과거를 낙원 같은 곳으로 그리워하고, 피기는 자기를 키워준 고모와 같은 어른이 있었더라면 질서가 무너지지 않았을 것이라면서, 부모나 선생과 같은 어른의 규율을 질서와 동일시한다. 잭을 비롯한 아이들이 어른의 통제의 손길이 없어서 타락한 것을 볼 때, 랄프와 피기의 생각은 골딩의 동의를 얻고 있는 듯하다. 실제로 결말에서 어른인 군인 덕분에 파괴행위가 중단되며 랄프는 생명을 건진다.

그러나 어른들로 인해 모든 것이 해결될 것이라는 순진한 생각은 어린 아이의 환상일 뿐, 어른의 세계가 오히려 악의 근원임을 골딩은 처음부터 명시하고 있다. 아이들이 무인도에 표류하게 된 것은 어른들이 핵전쟁을 일으켰기 때문이며, 공포를 일으켰던 괴물은 섬의 상공에서 치열하게 전투를 벌이던 중 추락한 비행사의 시체이므로, 어른세계는 건강한 질서의 세계가 아니라 인간의 더 큰 어둠과 악을 반영할 뿐이다. 따라서 소년들은 구출이 되어 낙원으로 돌아가는 것이 아닌 것은 물론이거니와, 바람직한 현실세계로 되돌아가는 것도 아니다. 그들은 핵전쟁이 일어난 죽음과 파괴의 세상으로 돌아가는 것에 불과하다. "너는 온 곳으로 되돌아갈 거야"(137)라는 사이먼의 예언이 아이러니컬하게 실현되는 셈이다.

골딩의 이러한 인식은 랄프가 마침내 만나게 되는 어른의 무심한 모습에 드러나 있다. 해변에 나타난 장교는 절망적으로 도망쳐와 쓰러진 랄프와 온 몸에 색칠을 한 채 랄프를 뒤쫓아온 야만적인 아이들을 번갈아 보면서 잠시 당황하지만 곧, "재미있는 놀이"(246)를 하고 있느냐고 묻는다. 아이들의 행동을, "멋진 광경이야. 『산호섬』에서처럼"(248)이라고 합리화해버리는 장교의 시각을 통해, 친구를 실제로 살해한 소년들의 악행은 유치한 게임으로 축소되며, 악의 화신이 되었던 잭은 "빨강머리에 특이한 검은 모자 나부랭이를 걸치고 있는 꼬마"(248)로 격하된다. "영국소년들이라면… 이보다는 더 나은 모습을 보일 것으로 여겼는데"(248)라는 안이한 시각을 가진 장교가 대표하는 어른은, 무인도에서 벌어진 참혹한 실상, 즉 사이먼과 피기의 죽음의 진상을 파헤칠 가능성이 없다는 것을 짐작할 수 있다.

이처럼 비관적인 전망에 한 가닥 빛을 주는 것이 랄프의 눈물이다. 소설 초반에 랄프는 무인도에 오게 된 것을 어른이 없는 곳에서 마음껏 놀 수 있다는 생각에 "상상도 못한 꿈이 현실화"(21)된 것으로 여기며 철없이 좋아하던 낭만적인 소년에 불과했다. 그런 랄프가 마지막에 흘리는 눈물은 그가 인간에 대한 깨달음을 얻었다는 것을 보여준다.

> 아이들 한가운데서, 지저분한 몸에, 머리는 엉킨 채로, 콧물을 흘리며, 랄프는 순수의 종말에 대해, 인간 마음의 어둠에 대해, 돼지라 불리던 진실하고 현명한 친구가 공중을 가르며 떨어진 것에 대해 울었다. (248)

사이먼은 신성한 존재이지만 자신의 혜안을 전달하지 못하며 피기의 현실적 지혜는 악을 이기지 못하는 반면, 인간의 본성에 대한 깨달음을 얻은 랄프는 살아남았고, 따라서 자신이 얻은 깨달음을 문명사회로 전달할 가능성을 담지하고 있다. 거기서 우리는 인간의 삶의 건강한 가능성에 대한 골딩의 비전을 엿볼 수 있다.

● 영화 <파리 대왕>

『파리 대왕』은 현재까지 2편의 영화로 만들어졌다. 소설 『파리 대왕』이 한참 인기를 끌던 당대인 1963년에 개봉된 피터 브룩Peter Brook(1925~)의 흑백 영화와, 1983년 골딩이 노벨상을 탄 이후 다시 영화화되어 1990년에 개봉된 해리 훅Harry Hook(1960~)의 컬러 영화이다. 브룩의 영화는 다양한 영상기법을 사용하여 원작에 나타난 도덕적 질문을 영상으로 옮기는 훌륭한 성과를 거두었으나 훅의 영화는 단조로운 구성에 그치고 있다.

1963년.
감독: 피터 브룩
각색: 피터 브룩
주연: 제임스 오브리James Aubrey(랄프)
탐 채핀Tom Chapin(잭)
휴 에드워즈Hugh Edwards(피기)
탐 개먼Tom Gamon(사이먼)

1990년.
감독: 해리 훅
각색: 새러 치프Sara Chiff
주연: 발타자 게티Valthaza Getty(랄프)
크리스 퍼Chris Fur(잭)
대늘 피폴리Daneul Pipoly(피기)
제임스 뱃지 데일James Badge Dale(사이먼)

토론 주제

1. 랄프와 잭의 갈등의 성격을 논하시오.
2. 괴물이 어떤 역할을 하는지 논하시오.
3. 사이먼과 파리 대왕의 대화를 논하시오.
4. 인간성에 대한 골딩의 견해를 논하시오.
5. 어른의 존재가 주는 효과를 논하시오.

13장
올더스 헉슬리: 『멋진 신세계』

● 과학의 발전과 인간의 탄생

인간 탄생의 신비에 대한 과학적 탐구가 계속되면서 인공수정으로 수정란을 여성의 자궁에 착상시켜 아이를 얻는 과정은 이제 흔한 사건이 되었으며, 앞으로는 정자와 난자의 수정이 인공적으로 실험실에서 이루어지거나 체세포의 복제로 인간을 생산하게 될 가능성도 그리 멀지 않은 것 같다. 이처럼 과학이 신의 영역으로 여겨지던 인간 창조의 영역까지 깊숙이 개입한 현실을 앞두고, 아니 가까운 미래를 앞두고, 우리는 어떤 자세를 가져야 할 것인가? 이런 미래는 인간 개개인에게 어떤 영향을 끼칠 것인가? 이런 사회에서 인간의 존엄성과 도덕성은 어떻게 지켜질 것인가?

과학과 기술의 진보는 인간의 진보일 뿐 아니라 미래의 희망이라고 여겨지는 20세기 초의 상황에서 올더스 헉슬리Aldous Huxley는 「과학자들은 무엇을 할 수 있나?What Can the Scientist Do?」라는 에세이에서, 인류의 미래는 과학자의 손에 있으므로 과학자들은 국적을 불문하고 사명감을 가지고 봉사해야 한다고 말하면서, 무차별적인 과학숭배의 문제점을 지적했다. 헉슬리는 기술이 우리의 선택의 영역을 확장시키기도 하지만 우리가 기술의 노예가 될 수도 있다는 점을 우려하면서, 이미 인간적인 목적을 상실하고 인간의 선택을 심각할 정도로 제한하는 도구로 군림한 기술을 비판했다. 21세기를 맞은 우리 역시, 과학과 기술이 삶의 필수적인 기반을 만들고 있는 현대사회에서 과학을 반대할 수는 없지만, 과학과 기술을 어떻게 통제할 것인지, 누가 통제할 것인지, 어떤 목적으로 사용할 것인지 등을 심각하게 사유해야 할 것이다.

● 올더스 헉슬리 소개

『멋진 신세계*Brave New World*』(1932)의 작가인 올더스 헉슬리(1894~1963)는 1894년 영국 서리Surrey에서 출생했다. 그의 집안은 영국 최고의 지성적 가문으로, 할아버지인 토머스 헉슬리Thomas Huxley는 유명한 과학자이며, 아버지 레너드Leonard는 교육자이며 저술가로 이름이 높았다. 헉슬리의 외가는 유명한 문명비평가이자 시인인 매슈 아놀드Matthew Arnold를 비롯하여 여러 문필가를 배출했다. 이처럼 훌륭한 집안을 배경으로 가진데다 본인이 특출한 지성을 소지하였으므로 헉슬리는 지성인으로서의 도덕적 의무감을 강하게 의식했다. 동시에 그는 저속한 면을 보이는 일반대중에 대한 괴리감과 고립감을 자주 느끼면서, 개인의 독특한 개인성을 존중하는 것이 자유의 본질이라고 여기게 되었다. 헉슬리는 14세 때 어머니가 돌아가시자 충격을 받고 인생의 덧없음을 느끼게 된데다, 16세에는 눈병으로 인해 거의 실명할 정도가 되어 원하던 의학공부를 포기할 수밖에 없게 되어 절망감을 맛보기도 한다. 결국 약해진 시력 때문에 과학연구를 포기하고 영문학으로 진로를 바꾸면서 새로운 삶의 활로를 찾게 된다. 소설에서 시각이 중요한 이미지로 등장하거나 과학적 사상이 형상화된 것은 이런 자전적 요인과 관계있다.

대학을 졸업하고 소설을 쓰던 헉슬리는 1920년대에 최고조의 명성을 누리게 된다. 1차 대전 후의 절망과 환멸을 다룬 『기묘한 시골춤*Antic Hay*』(1923), 『대위법*Point Counter Point*』(1928) 이후 『멋진 신세계』, 『가자에서 눈먼 채*Eyeless in Gaza*』(1936)를 출판했다. 1938년에는 할리우드에 가서 영화 대본을 쓰기도 했으며, 1950년대에는 마약의 합리화를 주장해서 논란의 중심에 서기도 했다. 그는 10여 년간 마약을 복용하면서 해가 없는 마약이 있을 것으로 여겼고 이런 경험을 실은 책 『지각의 문*Doors of Perception*』(1954)과 『천국과 지옥*Heaven and Hell*』(1956)을 출판한다. 『섬*Island*』(1962)에서는 고립된 지역에서 유토피아를 만들려고 노력하는 사람들을 다루면서 다시 한 번 인간의 미래에 대한 고민을 하였으며 다음 해인 1963년 세상을 떠났다.

헉슬리의 소설 중에서 오늘날 독자의 뇌리에 가장 남아 있는 소설은, 아이러니컬하게도, 과학소설이라고 볼 수 있는 『멋진 신세계』이지만, 실상 헉슬리는 줄곧 당대 사회에 대한 비판적 안목을 보여준 진지한 소설가로 노력했고 또 그렇게 인정을 받고 있다. 『멋진 신세계』를 쓸 때의 헉슬리의 목표도 당대의 영국을 비롯한 유럽의 현실에 대한 비판을 담고자하는 것이었다. 즉 『멋진 신세계』의 주제는 당시 급속도로 발전되고 있던 과학과 강력하게 힘을 얻어가던 파시즘에 대한 공포를 생생하게 드러낸 것으로 당대의 상황에 대한 은유이며 강력한 패러디이다.

헉슬리는 20세기에 절정에 이른 과학과 기술의 진보가 미래에 어떤 모습으로 나타날 것인지를 생생히 형상화했으므로[1] 그가 그린 미래는

---

1 기술의 발전에 대한 상상력은 다소 시대착오적인 면이 보이는 것도 있다. 버나드가 야만인 구역에서 급히 험홀츠에게 전화를 하는데 연결이 되지 않아 노심초사하고 있는 부분은 휴대전화의 놀라운 발전을 예상하지 못한 것이다.

21세기의 관점에서 보더라도 놀라울 정도로 예지력을 보이며, 따라서 『멋진 신세계』는 20세기의 가장 뛰어난 과학소설 중의 하나가 되었다. 『멋진 신세계』는 쥘 베른Jules Verne과 H. G. 웰즈Wells의 전통을 이은 과학소설의 대작이면서, 웰즈식의 유토피아 소설에 정면으로 도전하는, 20세기의 가장 영향력 있는 반 유토피아 소설, 즉 디스토피아 소설의 원형이 된다. 『멋진 신세계』는 찬사와 비판을 동시에 받으면서 점차 고교의 필독서로 자리 잡았다. 그 매력의 원인은 진지한 작가이자 과학소설 작가로서, 사회소설 작가이자 예언적 비전을 가진 작가로서, 깊고 폭넓은 지성의 소지자이며 풍자의 대가로서의 헉슬리의 풍부한 상상력에 있을 것이다.

● 『멋진 신세계』 줄거리

이 소설은 포드력 632년의 중앙런던 부화조정국에서 시작된다. 이곳의 국장은 헨리 포스터Henry Foster의 도움을 받아 어린 학생들에게 이곳의 장치와 체제를 설명하고 있다. 아이들은 수많은 인간 쌍둥이를 만들어내는 보카노프스키Bokanovsky 과정과 포드스냅Podsnap 과정에 대해 배운다. 인간의 정자와 난자는 병속에서 수정되어 수많은 쌍둥이로 출생할 때까지 자기 계급에 맞게 각종 훈련을 받으며 다섯 개의 계층으로 출병된다. 국장은 유아실에서는 책과 꽃을 싫어하도록 훈련하는 신파블로프 훈련과 수면교육을 통한 기본적인 계급의식화 교육과정, 성교육 현장을 설명한다. 이때 세계 10개 국가 중 유럽주재 총통인 무스타파 몬드Mustapha Mond가 예고 없이 등장해 직접 과거 역사를 설명해준다. 인간 세상에 갈등이 생기는 이유는 가족과 남녀관계에 대한 강력한 욕구 때문이므로 이 사회에서는 가족, 아버지, 어머니의 개념을 없애고 자유로운 성관계를 허용하였으며, 모든 사람에게 일종의 마약인 소마 Soma를 배급하여 고통이나 불쾌감을 잊게 하며, 촉감영화feelie를 통해 성적 쾌락을 느끼게 하며, 일정한 나이까지 늙지 않고 살다가 편안하게 죽음을 맞이하는 행복을 누리게 한다고 자랑스럽게 설명한다.

알파 계층인 버나드 맑스Bernard Marx와 베타 계층 레니나 크라운 Lenina Crowne은 과거의 생활방식을 그대로 유지하고 있는 뉴멕시코의 야만인 보호구역인 말패Malpais로 데이트 여행을 떠난다. 막상 야만인 구역에 도착했으나 생각과 달리 불결하고 원시적인 삶의 방식에 두 사람은 혐오감을 느낀다. 버나드는 친구인 험홀츠 왓슨Helmholtz Watson 과의 통화에서 국장이 자신을 사회의 이단자로 몰아 아이슬랜드로 좌천시킬 계획이라는 것을 알고 절망한다. 바로 그때 인디언 야만인들 사이에서 금발의 잘생긴 청년을 발견하며 그의 어머니 린다Linda도 만나게 된다. 버나드는 린다가 20년 전에 국장을 따라 여행 왔나가 실종된 베타 계층이며, 그 아들 존John은 피임에 실패한 린다가 직접 낳은 국장의 아들임을 알고 이들을 데리고 돌아가기로 한다. 그들을 통해 모종의 관찰실험을 하려는 충동은 이를 허락한다.

존은 어머니 린다를 통해 어머니의 세계에 대한 단편적인 지식을 얻었고, 원주민 노인을 통해서는 기독교와 원주민 종교를 받아들였으며, 우연히 얻게 된 셰익스피어 전집을 읽으면서 모든 상황을 연극과 대비시켜 생각하는 등, 복합적이고 균형 잡히지 못한 모습이다. 존은 레니나를 보자마자 셰익스피어의 극에 나오는 지고지순한 이상적인 여인으로 생각해 사랑에 빠지며, 그런 인간들이 사는 세상은 "멋진 신세계"라고 상상하며 버나드를 따라간다.

버나드는 존과 린다를 만인에게 공개하여 국장에게 창피를 주는데 성공하고, 존을 데리고 있게 되면서 그를 만나고 싶어 하는 사람들에게서 아부를 받는 사교계의 총아로 등극하며, 이제 마음껏 이 세계의 쾌락을 누리게 된다. 그러나 존은 똑같이 생긴 수많은 노동자들, 포르노와 마찬가지인 촉감 영화, 소마를 먹고 환상 속에 사는 엄마 린다, 순결하지 못하게 성적인 욕구를 적나라하게 내보이는 레니나를 보고 혼란을 겪는다. 그는 린다가 아들인 자신을 알아보지도 못하고 죽자 모든 것이 소마 탓이라고 생각해서 노동자들에게 나누어줄 소마를 빼앗아다 던져버리고 그로 인해 노동자들의 폭동이 일어난다. 존을 찾으러 온 버나드와 험홀츠도 이 폭동에 휘말리고 세 사람은 무스타파 몬드 총통에게 불려가 면담을 하게 된다. 몬드는 문학, 종교, 철학, 사랑 등에 대해 세 사람과 대화를 나누면서, 사회의 안정을 위해 그런 것들을 모두 억제할 수밖에 없다는 주장을 한다. 버나드는 추방될 두려움에 히스테리를 부리지만, 험홀츠는 창작의 재료가 있을 가능성을 원하면서 기꺼이 섬으로 추방되겠다고 한다. 존 역시 추방을 선택하지만 총통이 관찰실험을 위해 거부하자 외딴 시골에 자리 잡는다. 존은 야만인 구역의 인디언들이 하던 식으로 자신의 몸에 채찍질을 하며 고행하다가 몰래 카메라에 찍혀 영화로 방영되면서 수많은 구경꾼들이 몰려든다. 그 가운데서 레니나를 발견한 존은 그녀를 구타하다가 희열을 느끼면서 구경꾼들과 함께 집단 광란에 빠져든다. 아침에 깨어나 어젯밤의 자신의 행위를 알게 된 존은 절망하고 자살한다.

● 『멋진 신세계』 비평

『멋진 신세계』는 AF 632년의, 인간의 탄생과 사회적 삶을 완벽하게 통제하는 미래의 세계국가에 대한 이야기를 담고 있다. AF 632라는 연도에서 AF는 "포드 이후After Ford"라는 뜻이다. 헨리 포드Henry Ford가 컨베이어 벨트를 설치해서 공장구조를 획기적으로 바꾸어 분업을 통한 대량생산의 모델을 제시하면서, 그 산물로 자동차 모델 "T"를 양산하기 시작한 1908년은 일반적으로 산업계에서는 신기원으로 여겨진다. 그러나 포드 식의 공장이 확산되는 것은 암이 퍼지는 것이나 마찬가지라고 비판했던 헉슬리는 포드의 업적이 비인격화, 비인간화라는 크나큰 희생을 담보로 하여 인간역사의 흐름을 바꾸어놓은 새로운 기점이라고 본다. 포드라는 이름은 또한 프로이드Freud라고 불리기도 한다. 세계국가의 유럽 주재총통 무스타파 몬드는 프로이드가 인간의 관심을 진리와 미에서 평안과 행복으로 바꾸는 획기적인 전환을 이루었다고 주장한다. 프로이드 심리학의 90%가 허튼 소리라고 비판한 헉슬리는 프로이드 역시 인간의 삶을 부정적으로 바뀌게 한 인물이라고 본다.

이 미래의 세계국가의 핵심적인 특징은 과학과 대량생산 기술의 발전으로 인해 인간도 포드 자동차처럼 규격화된 모습으로 대량생산된다는 점이다. 소설의 첫 장면에서 중앙런던 부화조정국의 국장은 견학 온 어린 학생들에게 인간이 수정과 부화의 과정을 거친 후 탄생되어 적절한 교육을 받는 장면을 자세히 설명해준다. 인간은 알파Alpha, 베타Beta 등의 지배층과 감마Gamma, 델타Delta, 엡실론Epsilon 등의 노동계층으로 나누어진다. 수정과정에서부터 수정란은 어떤 계층이 될지 결정되어 그에 따른 조정을 받는다. 알파와 베타는 생물학적으로 우수한 난자의 산물로서 정상적인 발육과정을 거치는 반면, 노동계층인 감마, 델타, 엡실론의 수정란은 보카노브스키 과정을 통해 똑같은 쌍둥이로 대량생산된다. 보카노프스키 과정은 수정란의 발육과정을 인위적으로 억제하다가 엑스선을 투과하고 알코올을 주입하여 하나의 수정란을 8개내지 96개의 수정란으로 분열시켜 대량으로 만들어내는 과정이다. "마침내 생물학에 적용된 대량생산의 원칙"[2]을 잘 보여주는 과정이다. 이 과정에서 산소를 부족하게 제공하여 발육을 인위적으로 정체시켜 신체적으로나 정신적으로 열악한 인간으로 대량생산된 감마, 델타, 엡실론은, 지성이 한정되어 있거나 전혀 없으므로 반복적이고 단조로운 일에도 싫증을 내지 않고 묵묵히 일을 할 수 있으며 쉽게 통제된다.

수정란은 사회적 조정도 거친다. 컨베이어 벨트 위에 놓인 수정란은 "사회예정실Social Predestination Room"로 들어가면 미래의 직업과 노동 환경에 적응할 수 있도록 조정을 받는다. 이 세계에서의 행복과 미덕의 비결은 자신이 좋아하는 일을 하는 것이 아니라 해야 하는 일을 좋아하는 것이므로, 조정의 목표는 수정란들이 자신의 사회적 운명을 좋아하게끔 만드는 것이다. 미래의 화학 노동자가 될 수정란은 독소를 잘 견디게끔 훈련받고 미래의 열대지방 노동자가 될 수정란은 병에 들어있는 상태로 추위를 싫어하도록 적응 훈련을 받는 것이다. 이렇게 해서 출병decanting, 즉 전통적인 의미의 출산이 되면, 아기들은 외부 환경에 조건반사를 하게끔 신파블로프Neo-Pavlov 훈련을 받는다. 예를 들면 아름다운 꽃이 그려진 책을 펼쳐놓고 아이들이 손을 대면 전기충격을 가해 고통을 주는 일을 반복하여 아이들이 꽃과 책을 피하게 훈련시키는 것이다. 또 어린 시절부터 자유롭게 성행위를 하는 교육을 시켜 성욕의 불만으로 인해 생길 미래의 갈등을 미리 차단한다. 잠자는 동안에는 도덕적

---

2 Aldous Huxley, *Brave New World* (New York: Perennial Classics, 1932. rpt. 1998), 7.이후는 인용문 옆에 쪽수만 표시함.

원칙을 계속적으로 반복하는 수면교육으로 국가의 공식적인 믿음이 무의식에 각인되도록 만든다. 이처럼 공장에서 생산된 아이들에게 가족관계는 존재하지 않는다. 이 세계는 프로이드의 심리학에 의거해, 성적 욕구를 억제할 것을 기본으로 하는 가족관계가 가장 위험하고 광기어린 관계를 낳는 시발점으로 보고 있다. 이제 결혼이나 아버지, 어머니 같은 용어는 차마 입에 올리지 못할 음탕한 용어로 인식된다. 성은 임신이 아니라 쾌락을 위한 것이므로 대부분의 여성은 불임으로 생산되며, 소수의 유전적으로 우수한 여성만이 난자를 생산하도록 허용된다.

이처럼 출산과 양육의 부담을 덜어주고 즐거운 쾌락을 보장한다는 점에서 이 세계는 일종의 유토피아로 여겨질 수 있다. 더구나 사람들은 모든 질병에 대해 예방이 되어 있고, 죽음을 극복하지는 못했지만 살아 있는 동안 일정한 젊음을 유지하는 등 노화를 극복했으므로, 인간이 꿈꾸던 낙원의 면모를 가지고 있다. 이 세계에서는 "충분히 대가를 치르는 것이 없다."(239)는 말처럼, 쾌락을 추구하면서도 그에 따르는 수고를 할 필요가 없으므로 누구나 행복해야 할 것이다. 그러나 이 세계의 사람들은 소마라는 마약을 복용하지 않으면 한 순간도 견딜 수 없이 불안해하는 모순적인 모습을 보인다. 유토피아로 보이는 이 세계가 사실은 디스토피아일 수도 있다는 가능성을 보여주는 부분이다.

이 세계는 개인을 생산자이자 소비자로만 인식하는 대량생산 산업화 사회로서, "공동체, 동질성, 안정성"이라는 모토에서 드러나듯이, 개인의 개성을 인정하지 않고 단일한 사고를 가진 집단적인 체제를 유지하는 것을 목표로 한다. 알파에서 엡실론까지의 각 계층은 공동체와 안정성이라는 전제 하에 서로 조화를 이루도록 계획되어 있고, 각 계층 내에서는 정신적인 동질성을 유지하도록 강제되고 있다. 동질성을 극대화한 표본이 보카노브스키 쌍둥이들이다. 개인성이 인정되지 않는 것은 상층 계급에서도 마찬가지이다. 최고의 지성인인 알파계층도 "지적으로, 또 근무시간에는 성인이지만 감정이나 욕구에 관한한 어린아이"(94)가 되는 것이 이상적이며, 이런 원칙을 위협하는 개성적인 사람은 위협적인 존재로 여겨져 섬으로 추방된다. 이런 개인성을 소지한 인물들이 버나드 맑스, 험홀츠 왓슨, 레니나 크라운이다.

버나드는 알파계층이지만, 금발과 잘 생긴 외모에 체격도 건장한 다른 알파들에 비해, 볼품없는 신체를 타고 났기 때문에 열등감을 느끼고 소외감을 느끼면서 자신이 특이한 개인적인 존재라는 점을 인식하게 된 경우이다.

> 사실 큰 체구를 선호하는 수면교육의 막연한 편견이 보편화되어 있었다. 그래서 그가 프러포즈를 했던 여자가 웃음보를 터뜨린다든가 남자동료들에게서 놀림을 당하게 되었던 것이다. 조소를 당하면서 그는 자신이 이방인임을 실감했고, 이방인이라고 느끼자 이방인처럼 행동하게 되었다. 이런 그의 행동이 다시 그에 대한 편견을 고조시켰고 신체적 결함 때문에 생긴 경멸감과 적개심을 부채질했다. 그로 인해 그는 다시 자신이 이질적이며 고독하다는 의식을 더욱 사무치게 가지게 되었다. (65)

이처럼 스스로가 이질적인 존재라는 인식을 하면서 버나드는 자유를 염원하게 되며, "사회적 몸속의 하나의 세포"가 아니라 "나 자신"(89)이 되겠다고 단언한다. 버나드의 개인성은, 교육받은 대로 여러 여성과 성관계를 맺는 것을 거부하고, 한 여성, 즉 레니나와 특별하고 의미있는 관계를 맺고자 하는 소망으로 두드러지게 나타난다. 야만인 구역인 말패로의 여행은 사회의 구속에서 벗어나 새로운 자유를 찾으려는 시도를 상징적으로 보여주는 것이다.

그러나 버나드의 개인성에 대한 욕구는 내면에서부터 솟구치는 열망이라기보다는, 전형적인 알파로 대우받지 못하는 열등감에서 비롯된 것이므로 편협한 모습으로 나타난다. 버나드는 "경멸 당한다는 만성적인 두려움"(65)을 느끼면서 같은 계층의 사람들을 피하지만, 낮은 계층의 사람들에게는 과도하게 위엄을 부리며, 국장의 위협적인 발언이 허풍이라고 믿고 무시한 후 자신의 당당함에 우쭐하다가 막상 그 말이 현실화되자 잔뜩 겁을 먹고 흥분한다.

이처럼 허약한 버나드는 야만인 존을 발견한 공으로 관심을 받는 존재로 부상하자 자신이 그렇게 적대시 하던 세계와 순식간에 화해하며 그 일원임을 즐거워한다.

> 시간이 지나갔다. 성공의 맛이 버나드의 뇌리를 강타했으며 그런 과정에서 (좋은 술이 그런 역할을 해주듯이) 그는 이제까지 그토록 불만스러워했던 세계와 완전히 타협하게 되었다. 세계가 그를 중요한 존재로 인정하는 한 세계의 질서는 훌륭했다. (157)

그리고 그런 사회적 인정이 사라지고 섬으로 추방되는 현실이 닥치자 울부짖으며 용서를 비는 버나드를 통해 헉슬리는, 인간이 자신의 온전한 개인성을 찾아가는 일이 얼마나 힘든 것인지를 보여준다.

자신의 개인성을 찾으려는 노력을 좀 더 근본적으로 시도하는 인물이 험홀츠 왓슨이다. 버나드가 열등감으로 인해 자신의 독특한 개인성을 인식하기 시작한 반면, 험홀츠는 다른 사람보다 뛰어난 능력 때문에 주변으로부터 소외감을 느끼면서 자신의 개인적 독특성에 눈뜨게 된다.

> 지나친 지적 능력으로 인해 험홀츠 왓슨은, 버나드 맑스의 경우 육체적 결함의 결과로서 일어난 것과 비슷한 영향을 받았다. 빈약한 골격

과 근육이 버나드를 동료들로부터 고립시켰고, 이 고립감은 당대의 기준으로 볼 때는 정신적 과잉이므로, 그 자체가 다시 더 깊은 고립의 원인이 되었다. 그런데 험홀츠를 불편하도록 자아의식으로 몰아넣고 고립감을 준 것은 지나친 능력이었다. (67)

정부에서 수면교육에 사용하는 여러 경구를 만들어내는 감정공학자인 험홀츠는, 자신이 구태의연한 경구를 만들 수밖에 없는 것에 절망하면서 뭔가 중요한 것을 말해야 할 욕구를 느끼지만, 그것이 무엇인지 몰라서 고민하고 있다. 험홀츠는 존과 대화하면서, 자신이 알던 한정된 감정의 세계에서는 맛볼 수 없었던 복수, 사랑, 화합 등의 인간감정을 알게 된다. 그는 셰익스피어의 작품에 나타난 기쁨과 고통의 표현에 놀라움을 느끼며, 그런 표현이 가능했던 것은 신세계가 말끔히 지워버린 인간의 열정, 고통, 갈망 등을 통해서임을 깨닫게 되는 것이다. 따라서 그는 이런 신세계의 제약을 벗어날 수 있는 섬으로 기꺼이 가겠다고 선언한다.

개인적인 존재로 발전한 또 다른 인물은 레니나 크라운이다. 레니나는 전형적인 베타 여인으로 정부의 교육에 충실하게 따르며 체제에 순응하는 인물이다. 그녀는 교육받은 대로 여러 남성과 관계를 맺는 것을 당연히 여긴다. 또한 자신이 다른 계급이 아니라 다행이라며 "모두가 행복하다"(91)거나, 자유롭고 싶지 않느냐는 버나드의 말에 "개인이 느끼게 되면 사회가 흔들린다"(94)는 경구를 되풀이하는 등, 수면교육으로 세뇌 받은 교훈을 삶의 지침으로 깊이 각인하고 있는 여성이다. 이처럼 전형적인 신세계인인 레니나도 성적인 면에서는 신세계의 도덕에서 살짝 벗어나는 균열을 보인다. 그녀는 존 포스터만 계속해서 만난다든지, 버나드가 다소 이상하다고 생각하면서도 그에게 특별히 매력을 느끼는 등 성적인 면에서 개인성을 드러낸다. 결국 존을 사랑하게 된 레니나는

"모두가 모두에게 속한다"(40)는 신세계의 성도덕을 망각하고 존이라는 개인에게 집착한다.

"멋진 신세계"라는 말은 셰익스피어의 낭만희극인 『폭풍*The Tempest*』(1611)에 나오는 구절이다. 프로스페로Prospero는 원래 왕이었으나 동생에게 배신 당해 자신의 나라에서 쫓겨나와 섬에서 유배생활을 하며 미란다Miranda라는 딸을 키운다. 아버지 외에는 사람을 본 적이 없는 미란다는 자신이 알지 못하는 육지와 육지의 사람을 동경하면서, "아, 멋져라. 얼마나 많은 멋진 인물들이 거기에 있는지, 인간은 얼마나 아름다운지, 아, 그런 사람들이 있는 멋진 신세계여"[3]라고 말한다. 그러나 그녀가 멋지다고 생각하는 사람들은 사실은, 계략으로 형을 왕위에서 몰아낸 동생을 비롯한 비열한 인물들과 그리 순진하지만은 않은 다양한 인간들을 포함하고 있다. 그녀가 "멋진 신세계"라고 할 때 그녀는 잠재적인 악을 선이라고 보는 순진성을 보이는 것이다. 헉슬리는 이 이귀를 인용하면서 과학적인 진보를 선이라고 믿는 단순한 사람들을 미란다에 비유하며 풍자하는 것이다.

"멋진 신세계"라는 말은 작품 속에서 세 번 반복되며 각기 다른 의미로 나타난다. 첫째는, 작품 중간 정도에서 말패의 원시부족에 있던 존이 버나드가 사는 곳으로 가자는 초대를 받자, 자신이 가게 될 새로운 세계를 동경해서 하는 말로 희망의 기초로서 언급된다. 이때 존은 16세기의 콜럼버스를 연상시키며, 레니나로 대표되는 신세계의 인간은 존에게 희망의 상징으로 여겨진다. 두 번째는, 신세계를 둘러 보던 존이 수많은 보카노브스키 쌍둥이를 보고 경악하여 구토를 하면서 그 말을 반

3 William Shakespeare, *The Tempest,* V. I. 221-223.

복한다. 이때 그는 자신이 기대했던 아름다운 인류 대신 기계화된 통제, 다양성과 창조성의 상실을 보고서 절망하는 것이다. 세 번째로, 존은 어머니인 린다의 임종을 보면서 감정적으로 격앙되어 있다가 소마를 받으려고 몰려든 못생긴 보카노브스키 노동자들을 보면서 "멋진 신세계"라는 말의 역설적인 의미를 깨닫는다. 존은 자신이 이 세상을 정말로 멋진 신세계, 즉 자유로운 개인이 존재하는 세상으로 바꿀 수 있다는 환상을 품은 것이다. 그는 노동자들에게 줄 소마를 빼앗아 던져버리면서 그들에게 자유를 찾으라고 소리친다. 그러나 존의 노력은 무위로 끝나고 만다. 결국 신세계에 절망한 존은 안락하고 안정적인 신세계의 정당성을 주장하는 몬드 총통에게, "나는 편안함을 원치 않소, 나는 신을 원하오, 나는 시를 원하오, 나는 진짜 위험을 원하오, 나는 자유를 원하오, 나는 선을 원하오, 나는 죄를 원하오"(240)라며, 병들고 늙어죽을 자유가 있는 진짜 삶을 택하겠다고 한다. 이렇게 세 번 등장하는 "멋진 신세계"라는 문구를 통해 헉슬리는 멋진 신세계가 사실은 악몽 같은 디스토피아임을 시사한다.

이 세계 국가의 체제를 뒷받침 하고 있는 것은 보이지 않는 권력의 힘이며 통제의 폭력이다. 인간의 출생부터 계급을 부여하고 업무를 부여하며, 각 계층에 적절한 교육을 실시하며, 꽃과 자연을 싫어하게끔 세뇌시킨 하층계급을 교통과 물자를 소비하는 소비의 주체로 만들기 위해 시골에서 하는 골프 경기를 하게 내모는 것은, 모두 강력한 권력을 시사한다. 따라서 겉으로 보기에 각종 쾌락, 편안함, 마약을 제공하여 시민의 완벽한 행복을 보장해 주기 위해 노력하는 것 같은 이 세계 정부가 사실은 전체주의 국가라는 것이 드러난다. 단지, "정부의 일은 때리는 것이 아니라 앉아 있는 것이다. 결코 주먹으로가 아니라 머리와 엉덩이로 통치한다”(49)는 몬드 총통의 말처럼, 폭력이 아닌 다른 방법으로 이루어지고 있을 뿐이다. 폭동을 일어나게 해서 총통 앞에 잡혀간 야만인 존은 처음에는 반항하려고 했으나, 곧 그의 온화하고 지적인 얼굴을 보고 자신의 의견을 말하게 될 정도로 몬드 총통은 부드럽고 인자한 이미지로 등장한다. 그러나 유연한 권력이라고 해서 권력이 아닌 것이 아니며, 또 유연한 권력도 유사시에는 가차 없이 권력의 무자비한 속성을 발휘한다는 것이 드러난다. 몬드는 어느 과학자의 논문을 읽으면서 그것이 진실을 밝히고 있다고 감탄하면서도, 신세계의 안정을 위협하는 이단적인 이론을 담고 있으므로 출판시키지 않겠다고 결정한다.

> “목적개념에 대한 필자의 수학적 검토는 참신하고 극히 독창적이지만 이단적이다. 현재의 사회질서에 관한 한 그것은 위험하고 잠재적인 전복성을 띄고 있음. **출판불허**.” (177)

뿐만 아니라 그 이론을 낸 학자를 아이슬란드로 전출시키려고 한다. 신세계 주변에는 수많은 섬이 있고, 거기에 쫓겨난 사람들이 있다는 것이 암시된다. 섬이 많이 있어서 다행이라면서 섬이 없었더라면 어쩔 수 없이 처형실로 보낼 수밖에 없었을 것이라고 무심하게 말하는 몬드에게서 절대 권력의 횡포를 실감하게 된다.

실제로 각 개인도 권력의 위협을 암암리에 느끼고 있다는 것이 나타난다. 버나드는 체제에 반항하면서도 그로 인해 자신이 도태되는 것을 두려워한다. 심지어 험홀츠에게 자신의 불만을 이야기하던 도중에도 갑자기 복도에서 누군가가 듣고 있을 지도 모른다며 복도를 살핀다.

> “쉿!” 버나드는 갑자기 경고하듯 손가락을 입술에 갖다 대며 말했다. “문에 누군가 있는 것 같군.” 그가 속삭였다.

> 험홀츠는 일어나서 방을 가로질러 살금살금 걸어가서 재빠른 동작으로 문을 활짝 열었다. 물론 그곳에는 아무도 없었다.
> "미안해." 불안할 정도로 바보스런 느낌과 표정으로 버나드가 말했다. "좀 신경과민인가 봐. 내가 사람들에게 의심을 받으면 나도 사람들을 의심하게 되거든." (70)

그러나 버나드의 이런 행동은 그의 신경과민 때문만은 아닌 현실이다. 레니나의 친구인 패니는 레니나가 한 남자만 계속 만나는 것은 체제에 반하는 것이라면서, 국장이 이 일을 알게 될 경우의 위험에 대해 경고한다. 레니나가 다시 정상으로 되돌아가려고 노력하는 데서도, 보이지 않는 감시의 손길이 개인을 억압하고 있다는 것이 암시된다.

실제로 국장은 버나드가 스포츠와 소마에 대해 견해를 달리하며, 성생활도 비정통적이며, 사무실 밖에서는 어린아이로 행동하라는 포드의 가르침도 어겼다고 비판하면서, 그를 사회의 적이자 전복자로, 문화에 대한 모반자로 낙인 찍고, "비정통성은 한 개인의 삶보다 더 많은 것에 위협이 된다. 사회 그 자체를 강타한다"(148)고 하면서, 버나드를 다른 사람과 접촉할 수 없는 아이슬란드로 보내고자 한다.

> "오락이나 소마에 관한 이단적 견해라든가, 성생활의 치욕적인 이단성이라든가, 포드님의 가르침에 따라 근무시간 외에는 '심지어 유아처럼'" (여기서 소장은 T자를 그었다) "행동하기를 거부함으로써, 그 자는 사회의 적이 되었고, 신사숙녀 여러분, 모든 질서와 안정의 전복자가 되었으며, 문명 자체를 반역한 자라는 것이 밝혀진 것입니다." (149)

물론 신세계의 일반 시민들은 권력의 교묘한 작동을 깨닫지 못하고 있다. 폭력적인 권력은 사람들의 저항을 불러일으키지만, 미시권력은 개개인의 신체에 각인 되고 개개인의 마음속 깊숙이 자리 잡게 되므로, 개인은 자신도 모르는 사이에 권력에 지배되는 것이다. 권력의 억압적 성격을 감추기 위해 소마나 촉감영화, 그리고 성행위의 개방과 자극적인 놀이들을 제공하기 때문에 사람들은 그 즐거움에 빠져 자신이 통제되는 지도 모르고 살아간다. 절대적인 권력 아래에서 권력의 지배가치를 자신 속에 내면화하게 되므로 신세계인들은 스스로 의식하지도 못하는 사이에 지배당하고 통제당하는 것이다. 『멋진 신세계』는 바로 이런 절대권력의 폭력에 대한 이야기를 담고 있는 멋진 소설이다.

● 영화 <멋진 신세계>

두 편의 영화가 있는데 1981년의 영화는 원작을 충실하게 옮긴 것이기는 하나 다소 단조로우며, 1998년의 영화는 원작을 줄이고 느슨하게 각색하여 관객의 현대적 감각에 맞추었으나 원작과는 차이가 있다.

1981년.
감독: 버트 브린커로프Burt Brinckerhoff
각색: 도란 윌리엄 캐넌Doran William Cannon
주연: 버트 코트Bud Cort(맑스)
마샤 스트라스만Marcia Strassman(레니나)
크리스토퍼 타보리Kristoffer Tabori(존)

1998년.
감독: 레슬리 리브만Leslie Libman
래리 윌리엄스Larry Williams
각색: 댄 마쩌 Dan Mazur
데이비드 타우식David Tausik
주연: 피터 갈라거Peter Gallagher(맑스)
리아 킬스테드 Rya Kihlstedt(레니나)
팀 구이니Tim Guinee(존)

토론 주제

1. 신세계의 유토피아적 성격과 디스토피아적 성격을 논하시오.
2. 레니나, 맑스, 왓슨, 존의 개인성에 관해 논하시오.
3. 이 소설에서 "멋진 신세계"라는 말이 의미하는 바를 논하시오.
4. 몬드 총통의 논리에 대해 논하시오.
5. 인간의 출생의 방법과 의미에 대해 논하시오.

14장
필립 K. 딕: 『앤드로이드는 전기 양의 꿈을 꾸는가?』

● SF소설의 정의

SF는 "Science Fiction"이라는 말의 줄임말로서 과학적인 상상에 의거한 허구물을 통틀어 이르며, SF 소설, SF 만화, SF 애니메이션, SF 영화, SF 시 등을 총칭하는 표현이다. 최초의 SF 잡지 『놀라운 이야기들*Amazing Stories*』의 초대 편집장인 휴고 건스백Hugo Gernsback은 Scientific에 Fiction을 보태어 Scientifiction이라는 용어를 고안했으나, 1940년대부터는 Science Fiction이라는 표현이 더 선호되었고, 곧 이어 SF라는 약어가 일반화되었다. 1954년 과학소설 연구가인 포레스트 애커맨Forest Ackerman이 Sci-Fi(사이-파이)라는 약어를 사용하기도 했으나 별로 널리 사용되지 못했고, 일부 저급한 B급 SF 영화를 Sci-Fi라고 부르는 경향이 생기기도 했다. 처음에는 SF는 소설만을 지칭하는 것이었으나 비슷한 주제가 만화, 영화 등 다양한 매체로 확장되자 SF는 이런 장르 전체를 아우르는 의미로 사용된다.

Science Fiction은 처음에는 과학적인 내용의 소설에만 한정되는 용어였으며, 일본과 한국에서 "공상과학소설"로 번역되었다. 그러나 이 번역은 적절하지 않다. 공상과학이라는 용어는 SF에 등장하는 과학이 진정한 과학이 아니라는 점을 가정하는 것인데, SF에서 다루는 과학이 현재로서는 불가능해 보이지만 사실상 미래에 이루어질 가능성이 있으므로 잘못된 가설이다. 또 상상의 산물인 모든 문학이 어찌 보면 공상의 산물이라고 할 수 있는데 굳이 과학적 상상의 이야기에만 공상이라고 이름 붙인 것은 폄하적인 시선을 담고 있다. 따라서 Science Fiction은 과학소설이라고 번역하는 것이 더 타당할 것이다. 그러나 현재는 SF라는 약어가 과학적인 허구물을 통칭하는 용어로 정립된 상태이므로, 과학 소설이라는 명칭 대신에 SF 소설라는 용어가 더 적절하다고 여겨진다.

SF 소설은 또한 장르문학[1]으로 구분되어 순수문학의 영역에서 제외되고 있다. 그런데 문학의 장르는 소설, 시, 드라마 등으로 나누어지므로 SF 소설을 장르문학이라고 구분 짓는 것도 사실상 논리적이지 않으며 SF 소설에 대한 폄하적인 시선을 드러낼 뿐이다. 그러므로 SF 소설을 순수문학의 영역에서 배제할 것이 아니라 작품의 가치로서 평가해야 할 것이며, SF 적인 양식을 순수문학에서 차용하면서 상호교차적인 성과를 이루어야 할 것이다. 『생존자의 회고록*The Memoirs of a Survivor*』(1974)을 쓴 도리스 레싱Doris Lessing이나 『시녀이야기*The Handmaid's Tale*』(1985)를 쓴 마거릿 애트우드Margaret Atwood에서 볼 수 있듯이 순수문학 작가들이 SF 소설의 형식을 이용하며, 필립 딕Philip K. Dick 같은 본격적인 SF 소설가가 그 진지한 통찰로 인해 순수문학가에 걸맞는 비평적 관심을 받고 있는 현상은, SF 소설과 순수 소설의 경계가 점점 무너지는 현실을 잘 보여준다.

SF 소설은 판타지 소설과 구별된다. 물론 이 두 양식의 경계가 모호한 것도 사실이며, 실제로 SF 소설의 거장 어슐러 르 귄Ursula Le Guin을

1 장르문학은 국내에서 SF소설이나 추리소설, 무협소설 등 손쉽게 읽을 수 있는 오락물을 통털어 일컫는 용어로 쓰이고 있다.

비롯한 많은 SF 작가들이 판타지 소설도 함께 쓰고 있다는 점도 그런 모호성을 증가시킨다. SF 소설과 판타지 소설은 둘 다 현실적이지 않은 이야기를 다루고 있지만 가장 큰 차이는, SF 소설은 언젠가는 가능해질 것, 적어도 현실화되고 구체화될 수도 있다고 가정되는 것을 다룬다면, 판타지 소설은 현실적으로 불가능한 초자연적인 현상을 다룬다. SF 소설의 미래 세계는 현재 시점에서는 불가능하다고 여겨지지만 앞으로 가능해질 수도 있는, 개연성 있는 사회인 것이다. 로드 설링Rod Serling의 말처럼, "판타지는 불가능한 것(the impossible)을 그럴 듯하게(probable) 만들어놓은 것이고, SF는 그럴 듯하지 않은 것(the improbable)을 가능하게(possible) 만들어놓은 것이다."[2] SF 소설에 등장한 미래의 과학기술이 실제 현실에서 이루어진 것이 여럿 있다는 것이 바로 그 증거이다. 아이작 아시모프Isaac Asimov의 『나, 로봇*I, Robot*』은 로봇에 대한 과학적 연구와 이론을 촉진시켰으며, 『뉴로맨서*Neuromancer*』에서 윌리엄 깁슨William Gibson이 만들어낸 "사이버스페이스cyberspace"는 인터넷과 가상현실 기술의 발달에 기여했다.

SF 소설은 옥스퍼드 사전에 따르면, "상상적인 미래의 과학적 · 기술적인 진보와 주요한 사회적 · 환경적 변화에 기초를 둔 소설이며, 자주 우주 여행, 시간 여행, 다른 행성에서의 삶을 그리는 것"으로 정의된다. SF 소설의 삼대 거장 중 한 명인 로버트 하인라인Robert A. Heinlein은, "SF 소설은 가능한 미래의 사건에 대한 사실적인 추론으로, 과거든 현재든 현실세계에 대한 적절한 지식과, 자연과 과학적 방식의 의미에 대한 철저한 이해에 굳게 기초를 두고 있어야 한다"[3]면서, SF 소설의 과학

---

2 Rod Serling. "The Fugitive," *The Twilight Zone*. (1962-03-09). http://en.wikipedia.org/wiki/Science_fiction.

3 Robert A. Heinlein, "Science Fiction: Its Nature, Faults and Virtues." *The*

적 사실성을 강조하고 있다. 이런 정의에서 짐작할 수 있듯이, SF 소설은 인간과 과학 기술의 상호 작용을 다루면서, 자연과학의 지식을 사용하여 과학의 무한한 가능성을 상상하고, 현실생활에서는 체험할 수 없는 공포와 경이, 이상 체험을 그린다.

SF 소설의 정의는 다소 변화를 겪기도 했다. 1960년대 들어 영어권 SF 분야를 휩쓴 "뉴웨이브 운동New Wave Movement"의 주창자들은, SF는 단순히 자연과학이나 과학기술만을 다루는 장르가 아니라, 사회과학의 관심사나 인간의 내적 우주까지 탐구하는 "사변 소설Speculative Fiction"의 약어라고 주장하면서, SF 소설의 사색적이고 문학적인 면을 강조했다. SF 소설 연구의 선구자 중 한 명인 다코 수빈Darko Suvin은, 과학소설의 핵심은 인간사회를 생각하는 새로운 방식을 장려하는 것이며 억압받는 자가 저항할 수 있도록 돕는 것이라고 하면서, 이런 전복적인 사고를 "인지적인 낯설게 하기cognitive estrangement"라고 명명했다.[4] 즉 SF 소설은 우리의 현실과 현저하게 차이나는 세계(과학과 기술이 고도로 발달된 미래사회, 혹은 외계인 또는 외계인 세계와의 접촉 등)를 묘사함으로써 현실과의 괴리감을 주어 낯설게 하기를 성취하는 것 같지만, 사실은 이러한 차이를 과학적 또는 논리적으로 설명하여 우리의 현실과의 연관성을 인지할 수 있도록 한다는 것이다.

사실 SF 소설은 결코 미래에 대한 이야기만은 아니다. SF 소설은 표면적으로는 미래 또는 외계인 등을 소재로 다루지만, 궁극적으로는 우리가 사는 현실 속의 인간성과 인간 간의 문제, 또는 인간사회의 변화 등

Science Fiction Novel: Imagination and Social Criticism. Eds. Robert A. Heinlein, Basil Davenport, C. M. Kornbluth and Alfred Bester. (Chicago: Advent Publishers, 1959). http://en.wikipedia.org/wiki/Science_fiction.

4 http://en.wikipedia.org/wiki/Darko_Suvin#Science_Fiction.

을 주제로 다룬다. 수빈은 SF 소설에는 작품 속의 세계와 우리의 현실과의 차이를 상징적으로 보여주는 "노붐novum"[5]이 등장하며, 이런 노붐의 묘사를 통해 우리의 현실에 대한 보다 심층적인 이해가 이루어진다고 주장했다. 그러므로 SF 소설은 과학기술의 발달을 인간성의 변화, 인간관계, 또 사회구조의 변화와 연관시키면서, 모든 것이 물질화되어 가는 환경 속에서 인간의 몸과 정신은 과연 무엇인가라는 근본적인 철학적 문제들을 제기한다. 동시에 SF 소설은 미래의 세계, 혹은 멀리 떨어진 시공의 세계를 다루기 때문에 젠더, 인종, 계급 등의 다양한 주제를 아무 제약 없이 다룰 수 있는 가능성을 품고 있는 장르이다. 따라서 SF 소설을 통해서 우리는 20세기와 21세기 사회의 변화하는 인간과 사회의 모습을 새롭게 조명할 수 있다. 요약하자면, SF 소설은 미래를 다루고 있지만 현재의 총체적인 문화를 담고 있으며, 또 인간과 사회에 대한 통합적인 통찰을 포함하고 있으므로, 이들 작품들이 갖는 함의의 다양성 때문에 현대의 삶 속에서 점점 중요한 비중을 차지하고 있다.

● 인간과 인조인간

인간은 존재하기 시작한 이래 자신을 다른 존재와 구별하면서 스스로의 정체성을 확립해왔다. 인간은 무엇인가?라는 질문은 늘 인간과 다

5 노붐은 라틴어로 새로운 것이라는 뜻이며, 수빈과 SF 학자들에 따르면 SF 소설에 나온 과학적으로 그럴듯한 새롭고 혁신적인 기술을 의미한다. 수빈에 따르면 SF 장르가 판타지와 다른 점은 인지적 논리로 타당화 되는 노붐에 의해 추동된다는 점이다. 즉 SF에 나온 가상적인 새로운 것은 마술이 아니라 과학적인 수단으로 존재하게 된다.

른 존재, 특히 다른 동물과의 차이를 부각시키면서 정의되었다. 인간은 도구를 사용하는 존재이며, 이성과 감정이 있으며, 사회적 존재라는 것이 대체로 인간에 대한 정의였다. 이제 인간은 기계, 로봇, 인조인간, 복제인간과 무엇이 다른지에 대한 대답도 마련되어야 할지 모른다. 인간보다 더 지적이고 더 공감적인 인조인간을 어떻게 인간과 구별할 수 있을 것인가? 또 과연 구별해야 할 것인가? 인간의 가치는 과연 어디에 있는가? 필립 K. 딕Philip K. Dick의 소설 『앤드로이드는 전기 양의 꿈을 꾸는가?*Do Androids Dream of Electric Sheep?*』는 우리에게 이런 질문을 던진다.

● 필립 K. 딕 소개

필립 K. 딕(1928-1982)은 과학소설 분야에서 44편의 소설, 121편 가량의 단편소설과 여러 에세이를 발표하여 과학소설계에서 확고한 명성을 누리고 있다. 더구나 저급한 대중문학이라고 폄하 받는 SF소설 작가임에도 불구하고 정통 작가로 인정받을 정도로 훌륭한 성과를 거두었다.

딕은 일리조이 주 시카고에서 태어났으며 그의 아버지는 농림부의 관리로 일했다. 딕의 쌍둥이 여동생인 제인은 출생 후 5주 만에 죽었는데 이것이 그의 작품에 큰 영향을 미쳤고 많은 작품에 "유령 쌍둥이"라는 모티프를 주었다. 가족은 샌프란시스코로 이사를 했고 딕은 부모의 이혼 후 어머니와 함께 워싱턴에서 살다가 다시 캘리포니아로 돌아왔으며 이후 과학소설에 관심을 가지게 된다. 딕은 버컬리 대학에 잠시 다니다 중퇴한 후 계속 글 쓰는 일에 몰두했다. 가정적으로는 불행해서 다섯 번의 결혼이 모두 이혼으로 끝났다. 1982년 캘리포니아의 샌터애너Santa

Ana에서 사망한 후 쌍둥이 여동생의 묘지 옆에 묻혔다.

그의 소설 『높은 성의 남자*The Man in the High Castle*』(1962)는 역사소설과 과학소설의 간극을 메운 새로운 소설이며, 『유빅*Ubik*』(1969), 『내 눈물을 흘려라, 경찰관은 말했다*Flow My Tears, the Policeman Said*』(1974) 등이 있다. 딕의 소설은 현재 여러 편이 영화로 제작되었는데, 『앤드로이드는 전기 양의 꿈을 꾸는가?』(1968)가 <블레이드 러너>로 영화화된 것을 비롯하여, <토탈 리콜>, <마이너리티 리포트>, <임포스터>, <페이첵> 등이 있다.

필립 K. 딕의 소설에서 미래는 독점적인 회사나 전제적인 정부에 의해 주도되는, 대체로 디스토피아적인 사회이다. 그 세계에 사는 허약한 정체성의 주인공이 자신의 일상세계가 사실은 거대한 정치적 음모이거나 초현실적 존재에 의해 구성된 환상에 불과하다는 것을 깨닫고 자신의 삶을 찾으려고 노력하는 이야기들이 주를 이루고 있다. 이들은 영웅적인 주인공이 아니지만 이런 각성을 통해 새로운 삶의 가능성을 추구한다는 점에서 영웅적인 면모를 갖게 된다.

● 『앤드로이드는 전기 양의 꿈을 꾸는가?』 줄거리

『앤드로이드』는 핵전쟁 이후 방사능으로 심하게 오염된 2021년의 지구를 배경으로 한다. 지구는 전쟁과 방사능으로 인해 황폐해졌으며 우주로 이주해간 사람들이 남긴 키플kipple[6]이 가득 쌓여 있는 디스토피아이다. 건강한 사람들은 이미 다른 행성으로 이주해 버렸고 지구에는 신

6 쓰레기. 딕이 만든 조어.

체 검사에서 불합격을 받은 특이자들specials과 합격판정을 받은 정상인들regulars 일부만 남아있다.

샌프란시스코 근처에서 우울증에 걸린 아내 아이랜Iran과 함께 살고 있는 릭 데커드Rick Deckard는 현상금 사냥꾼bounty hunter이다. 이 소설은 2021년 1월 3일 하루 동안에 걸쳐 주인공인 데커드가 도망친 최신 앤드로이드android인 넥서스 식스Nexus 6 여섯을 추적하는 내용을 다룬다. 데커드는 전업사냥꾼은 아니고, 캘리포니아 북쪽 구역을 장악하고 있는 고참 사냥꾼 데이브 홀든Dave Holden이 채 처리하지 못한 남은 사건만 다룬다. 홀든이 앤드로이드의 공격을 받아 샌프란시스코의 병원에서 수술을 받게 되자 데커드는 그를 대신해서 앤드로이드들을 추격하라는 요청을 받는다. 아내인 아이랜은 우울증을 극복하지 못하고 기분기계mood organ을 사용해 더욱 우울한 기분에 접어들고, 그런 아내와 소통하지 못하는 데커드는 진짜 살아있는 양을 한 마리 사는 것을 꿈으로 삼고 있다. 진짜 동물들은 방사능 때문에 거의 다 죽어 희귀한 존재라서 무척 비싸므로 사람들은 대부분 로봇 동물을 키우고 있으며, 데커드도 현재 전기 양을 한 마리 키우고 있다. 데커드는 앤드로이드를 제거하는 일이 내키지 않지만 진짜 양을 살 돈을 벌기 위해 앤드로이드를 추적하기로 결심한다.

그는 공중부양차를 타고 시애틀의 로젠 회사Rosen Industries로 가서 최신 앤드로이드인 넥서스 식스의 신경체제를 검사할 수 있는 새로운 감별법이며 공감력을 테스트하는 보이트캄프Voight-kampff 검사법을 시험해 보려고 한다. 앤드로이드를 만드는 기술이 점점 발전하면서 이제는 앤드로이드와 인간을 거의 구별할 수 없을 정도에 이르렀고, 그에 맞추어 앤드로이드를 식별해내는 테스트도 점점 발전한 것이다. 데커드는 먼저 레이첼Rachael을 인터뷰하라는 요청을 받는다. 로젠사는 레이첼이 인간이지만 다른 행성을 식민화하려고 쏘아올린 우주선에서 어린 시절을 보냈기 때문에, 앤드로이드에게는 없고 인간에게는 있다고 가정하는 "공감"이 결여되었다고 설명한다. 그러나 데커드가 테스트 후에 레이첼이 앤드로이드라고 밝힌다. 로젠사는 레이첼은 가짜 기억을 주입당했으며 자신이 앤드로이드라는 사실을 모른다고 한다. 그러나 사실 레이첼은 자신이 앤드로이드라는 것을 알고 있으며 다른 앤드로이드들을 현상금 사냥꾼에게서 보호하려고 성적 매력을 흘린다고 암시된다.

데커드는 앤드로이드인 오페라 가수 루바 루프트Luba Luft를 제거하면서, 인간성과 도덕성, 공감이 과연 무엇인지와, 지금까지 자신이 알고 있던 인간의 도덕성에 대한 혼란을 느낀다. 데커드는 그 과정에서 체포되어 경찰서로 이송되는데, 그곳에서 거짓 기억을 주입한 앤드로이드라는 비난을 받는다. 그러나 데커드는 곧 그곳의 경찰들이 모두 앤드로이드라는 것을 파악한 후 다른 사냥꾼인 필 레쉬Phil Resch의 도움을 받아 탈출한다. 데커드는 냉혹하고 감정이 없는 필을 앤드로이드라고 생각했었는데 막상 그가 인간이라는 것을 알고서 더욱 도덕적 당혹감에 빠진다.

데커드 외에 이 소설을 이끌어가는 또 한 주인공은 존 이시도어John R. Isidore이다. 이시도어는 유전적으로 손상된 저능인이므로 지구를 떠날 수 없는 특이자로 분류되었고 현재 로봇동물을 수리하는 회사의 운전수로 일하고 있다. 그는 텅 비어있는 도시의 빌딩숲에서 공감이입기Empathy Box만 의지한 채 혼자 외롭게 살아간다. 레이첼과 동일한 앤드로이드인 프리스 스트래튼Pris Stratton이 이 건물로 옮겨오자 이시도어는 그녀와 친해지려고 하지만 프리스와 그녀의 앤드로이드 친구들은 이시도어를 이용해 데커드를 유인하려고 한다. 위험을 느낀 데커드는 레이첼의 도움을 청하게 되고 두 사람은 성관계를 갖는다. 레이첼은 자신이 다른 사냥꾼들과도 잠자리를 가지면서 그들의 연민을 불러 일으켜 그들이 앤드로이드를 사냥하지 못하게 했는데, 냉담한 필 레쉬의 경우에는 실패했다고 고백한다. 데커드는 레이첼을 살려주면서 로젠 회사로 돌아가라고 한다.

데커드는 남은 앤드로이드들과 맞서서 그들을 다 죽이지만 자신의 일과 인간성에 대한 회의를 느끼며 집으로 돌아간다. 아이랜은 레이첼이 집에 와서 데커드가 새로 산 진짜 염소를 옥상에서 밀어서 죽였다고 증언한다. 앤드로이드를 죽인 자신에게 레이첼이 복수를 한 것이라고 여기면서 데커드는 그녀가 아내를 죽이지 않은 것에 감사한다. 그는 이제 아내와 공감적인 관계를 회복했다고 느낀다. 데커드는 차를 몰고 오레곤 주의 황량한 사막으로 달려가 명상을 하면서 자신의 의문에 대한 깨달음을 얻고자 한다. 그곳에서 공감박스에 나오는 예언자 윌버 머서 Wilbur Mercer가 가장 좋아하는 동물이며 멸종된 것으로 알려진 두꺼비를 발견하고 기뻐하지만, 막상 집에 가져오자 아이랜은 그것이 인조동물이라고 알려준다. 그러나 이제 데커드는 인조 동물도 인정하고 사랑할 준비가 된 자세를 보인다.

● 『앤드로이드는 전기 양의 꿈을 꾸는가?』 비평

『앤드로이드는 전기 양의 꿈을 꾸는가?』는 필립 K. 딕이 1968년에 출판한 과학소설로 대중적으로 가장 유명하면서도 가장 복잡하고 난해한 소설이며, 풍부한 비유와 상징으로 정통 문학계에서도 인정을 받는 소설이다. 여기서 딕은 인간과 인조인간을 대비하고, 매스미디어와 대안종교의 역할을 점검하면서, 인간의 존재론적 의미를 탐구한다.

『앤드로이드』의 배경은 가까운 미래인 2021년[7]이다. 지구는 최후의 전쟁World War Terminus 동안 핵전쟁으로 인해 거의 다 파괴되었고 인간과 동물을 비롯해 많은 생명체가 소실되었으며 현재는 방사능 낙진으로 인해 황폐해진 상태이다. 릭 데커드는 화성에서 탈출하여 지구로 잠입한 앤드로이드를 쫓는 현상금 사냥꾼이다. 탈출한 넥서스 식스 앤드로이드 여섯을 "은퇴retire"시키기 위해, 즉 죽이기 위해서 뒤쫓는 데커드의 행동을 따라가면서 우리는, 과연 "인간"은 어떤 존재인지를 데커드와 함께 질문하게 된다.

최후의 전쟁으로 대부분이 파괴된데다 방사능 낙진이 내리고 있는 지구를 더욱 황폐하게 만드는 것은 점점 더 쌓여가는 키플, 즉 쓰레기이다. "지구는 방사능 낙진이 아니라 키플에 의해 죽을 것이다"[8]라고 할 수 있을 정도로 사방에 쓰레기가 넘쳐나므로, 전쟁 이후 지구에서 가장 중요한 사업이 된 것은 쓰레기 수거와 처리이다. 전쟁과 방사능 낙진 때문에 서식하던 동물들은 거의 멸종되었으며, 대부분의 지구인들은 식민지인 화성으로 이주한 상황이다. 여러 이유로 지구에 남아있는 많은 사람들은 방사능으로 인해 이미 병들었거나 유전자에 손상을 입은 상태로 파괴되고 버려진 도시의 건물에서 살아가며, 성상인과 특이자를 구별하는 건강검진을 주기적으로 받아야 한다. 경찰은 특이자와 앤드로이드를 색출해내려고 수시로 불심검문을 하면서 불안감을 조성한다. 방송에서는, "당신은 떠날 것입니까, 아니면 퇴보할 것입니까? 선택은 당신의 몫입니다"(8)라는 광고를 통해 우주의 식민지로 이주하라고 압박한다.

7 처음에는 1992년으로 설정되었다가 수정되었다.

8 Philip K. Dick, *Do Androids Dream of Electric Sheep?* (New York: A Del Rey Book, 1968), 87. 이후는 인용문 옆에 쪽수만 표시함.

아직도 이런 우울하고 황폐한 환경의 지구에 남아 살아가는 인간들은 서로 소통하고 공감하는 능력을 상실한 상태이다. 그 점에서 그들은 자신들의 주변상황이나 마찬가지로 황량한 내면을 가지고 있다. 그것은 주인공인 데커드와 그의 아내 아이랜의 관계에서도 나타난다. 데커드는 아이랜의 우울한 기분을 이해하지 못하며, 아이랜은 남편과 소통을 추구하는 대신 기분 기계에서 마음의 위로를 구한다. 이들은 데커드가 앤드로이드들을 처치하는 과정에서 나름대로 각성을 얻은 후인 소설의 마지막에서 마침내 서로를 이해하고 소통하는 관계로 변한다. 데카드는 자신이 "비열한 경찰 업무를 하는 더러운 경찰"(242)이라는 아이랜의 말이 옳았음을 인정하며, 또 "당신이 우울할 때 당신이 얼마나 고통스러운지 이제 이해할 수 있어"(174)라며 각성된 모습을 보이는 것이다. 심지어 자신의 의견보다 아이랜의 의견을 더 신뢰하는 모습을 보이기까지 한다.

> 그는 마치 혼란스럽다는 듯이 그녀를 바라보았다. "다 끝났어, 그렇지?" 그녀를 믿고 있는 그는 그녀가 답을 알고 있으며, 그것을 그에게 말해줄 것을 기다리는 듯 했다. 자신의 말은 의미가 없다는 듯, 릭은 자신의 말을 확신하지 못했다. 자신의 말은 그녀가 동의하지 않는다면 현실이 아니었다. (241~2)

이처럼 데커드의 성장을 다룬다는 점에서 『앤드로이드』는 전통적인 교양소설의 면모를 지니고 있으며, 불통과 불신으로 시작된 인간관계가 데커드의 성장과 더불어 소통과 화해로 변화하는 모습을 통해 미래의 디스토피아에서도 인간 간의 공감이 가장 중요하다는 것이 드러난다.

황폐해진 이 미래세계의 또 다른 특징은 전통적으로 서구사회의 정신적 기반이었던 기독교가 사라지고 대신 생겨난 머서리즘이 인간들의 유대를 이어주고 있다는 점이다. 방사능과 키플로 황폐해진 지구에서 기독교는 더 이상 인간에게 공감을 주지 못해 사장되었으며, 대신 데커드와 이시도어, 아이랜을 궁극적으로 연결해주는 것이 바로 머서리즘이다. 공감이입기에 앉아 손잡이를 잡고 화면을 보고 있으면 허름한 옷을 입은 노인의 모습인 윌버 머서가 나타난다. 끊임없이 산을 오르는 머서에게 어디선가 돌이 날아와서 그를 맞히고 그로 인해 머서가 고통을 느끼고 피를 흘릴 때, 공감이입기에 앉은 사람들도 마치 가상현실을 경험하는 것처럼 같은 고통을 느끼며 함께 공감을 나눈다. 이시도어의 경험을 보자.

> 이시도어는 어디선가 날아온 돌에 팔을 맞았다. 그는 아픔을 느꼈다. 그가 반쯤 몸을 돌렸을 때 날아 온 두 번째 돌은 미끄러지듯 빗나갔다. 그는 돌이 땅위에 떨어지는 소리에 소스라치게 놀랐다. 누구지? 그를 괴롭히는 사람이 어디선가 엿보고 있을 거라고 생각했다. 그의 시야 밖에 있는 그들, 적대자들은 언덕을 오르는 이시도어를 추격하곤 했다. 그들은 정상까지 남아있었다. … 오 신이시여! 그는 지쳐갔다. 이것이 정당한 것인가? 내가 왜 이곳에 홀로 남겨진 거지? 왜 내가 볼 수 없는 것에 고통 받아야 하는 것인가? 다음 순간, 그의 내면에서 융합된 사람들이 웅얼거림에 홀로 있다는 환상이 깨졌다. (23)

고통 받는 머서를 보면서 사람들은 그와 동일한 경험을 공유하고, 동시에 같은 시간대에 공감이입기에 앉은 타인들과도 감정적 동일시를 경험한다. 이처럼 아이러니컬하게도 기계라는 새로운 공간을 이용하여 다른 사람들과 경험을 공유하며 소통하는 장이 새로운 종교인 머서리즘이다.

그런데 머서리즘이 사실은 사기라는 것이 나중에 밝혀진다. 머서리즘만큼이나 당대 대중의 마음을 사로잡고, 정신적인 각성을 주장하는 머서리즘과 달리 물질주의를 조장하는 텔레비전 프로그램인 <버스터 프

렌들리와 그의 다정한 친구들*Buster Friendly and his Friendly Friends*> 에서 사회자 프렌들리는, 머서가 가짜라는 사실을 밝힌다. 윌버 머서는 앨 제리Al Jarry라는 술주정뱅이 단역 배우가 연기한 것에 불과하며 머서가 오르던 거칠고 황량한 언덕과 그에게 던지던 돌, 심지어 상처까지도 위조된 가짜라는 것이다. 그런 폭로가 있은 후에 이시도어가 "머서, 어디에 계십니까?"(213)라고 부르짖으며 그를 찾을 때 등장한 머서는, 자신이 가짜라는 폭로가 사실이라고 밝힌다. 그러나 동시에 머서는, "하지만 그들은 변한 것이 아무것도 없음을 이해하기 힘들 것이다. 지금 네가 여전히 여기에 있고 나 역시 여기에 있기 때문이다"(214)라고 말한다. 여기서 딕은 머서의 진위 여부에 상관없이 그가 인간에게 위안을 준다는 점을 중시한다. 머서의 실체가 무엇인지보다는 각 개인이 그것을 어떻게 믿느냐는 것, 즉 개인의 마음이 중요하다는 것을 강조한다.

지구에 남은 인간에게 또 한 가지 중요한 요소는, 동물을 키우고 사랑하면서 동물에 대한 공감적 능력을 키우고 또 과시하는 일이다. 전쟁과 방사능으로 인해 거의 모든 동물이 멸종했거나 멸종 위기에 있는 상태에서 동물을 소유하고 있다는 것은 그 사람의 부와 지위를 나타낸다. 동시에 동물을 키우며 사랑할 수 있는 공감적 능력은 인간성을 증명하는 중요한 요건으로 여겨진다. 동물을 돌보지 않는 행위는 "비도덕적인 반-감정이입 상태"(13)로, 스스로 인간임을 포기하는 행위이다. 그래서 주로 동물에 대한 공감력을 테스트하는 질문이 앤드로이드들을 가려내는 질문으로 만들어져 있다. 이런 상태에서 인간으로 인정받기 위해서는 동물을 키워야 하지만 값비싼 진짜 동물을 살 수 없는 많은 사람들은 이웃의 시선을 의식해서 진짜보다 훨씬 값이 싼 인조 동물을 키운다. 데커드도 원래는 진짜 양을 가지고 있었지만 어느 날 파상풍으로 양이 죽자 전기 회로로 움직이는 가짜 양을 키우고 있기 때문에 진짜 양을 구하는 것이 소원이다. 그래서 진짜 양을 살 수 있는 돈을 벌기 위해 내키지 않지만 앤드로이드들을 죽이는 일을 맡은 것이다. 그에게 앤드로이드는 "동물에 대한 관심을 갖고 있지 않으며, 다른 생명체의 성공이나 슬픔에 대한 감정이입을 할 수 없는"(32) 기계에 불과할 뿐이다. 여기서 우리는 과연 앤드로이드들이 기계에 불과한지 살펴볼 필요가 있다.

앤드로이드는 원래 지구를 떠나 식민행성에 이주하여 사는 사람들을 돕기 위한 노동자로 계획되고 만들어졌다. 유엔에서는 인간에게 지구바깥에 있는 식민지로 이주할 것을 장려하면서 하인용 앤드로이드를 제공하겠다고 선전한다.

> TV속 목소리가 소리치고 있었다. "남북전쟁 이전의 남부의 평화로운 시대를 그대로 재현하였습니다. 특별히 당신의 필요에 의해, 오직 당신만을 위한 개인 하인 또는 지칠 줄 모르는 농장 일꾼과 같은, 고객 맞춤의 휴머노이드 로봇이 당신이 도착한 즉시 제공됩니다. 지구를 떠나기 전에 신청하신 장치가 모두 포함되어 있습니다." (17)

이처럼 원래는 인간의 필요에 맞는 도구로 만들어진 존재로서 인간을 완벽하게 복제한 모습의 휴머노이드 로봇인 앤드로이드는 인간을 도와 식민행성 개척에 일익을 담당하지만 여전히 소모품이며 기계일 뿐이라고 여겨진다. 그러나 앤드로이드는 점점 개량 발전되어 "인간에 가깝게 진화"(54)되며, 나중에는 신체적으로 인간과 구별되지 않을 뿐 아니라 지적인 능력에서는 인간과 거의 유사하거나 심지어 더 뛰어나다. 이처럼 지성을 갖춘 앤드로이드들은 자신들의 처지와 짧은 수명에 불만을 품고 "인간다운 삶"을 꿈꾸게 된다. 화성의 공장에서 생산되어 식민지에서만 거주하도록 되어 있는 앤드로이드들이 지구로 도망쳐 나와 인간 속에 숨어 인간으로 행세하며 살아갈 위험성이 생기자 존재의 위협을 느낀 인간들은 지구로 도망쳐 온 앤드로이드를 색출하여 제거하고자 하는 것이다. 이제 앤드로이드는 타자이며 억압되어야 할 대상이 되는 것이다.

그런데 거의 인간과 가깝게 진화한 앤드로이드를 인간과 구별하는 일은 쉽지 않으며, 앤드로이드 생산 기술이 발전함에 따라 앤드로이드 감별법도 점점 정교해져야 한다. 현재 최종적으로 나온 앤드로이드가 넥서스 식스라면 이들을 구별해내는 최종적인 감별법이 보이트캄프법이다. 이 검사법은 일명 공감검사법으로, 앤드로이드는 인간과 달리 동물이나 인간, 즉 타자에 대해 감정적으로 공감하는 능력이 없다는 것을 기본 가설로 삼고 있다. 따라서 검사대상에게 주로 동물에 대한 감정적 반응을 일으키는 질문을 해서 이들의 정서적 반응이 느리거나 없으면 앤드로이드라고 규정짓는 것이다. 그렇다면 과연 태생적으로 인간으로 태어난 존재는 모두 공감적이고, 태생적으로 기계로 탄생한 앤드로이드는 공감력이 없는 존재인가? 딕은 데커드의 하루 동안의 행동을 추적하면서 과연 어떤 존재가 더 공감적인지, 또 공감적이라는 것의 의미가 과연 무엇인지를 질문하면서, 인간됨의 의미를 되묻고 있다.

공감력을 진정한 인간의 기준이라고 보는 관점은 처음부터 삐걱거린다. 이 소설에서 가장 공감력이 뛰어난 사람은 바로 정상적인 인간으로 인정받지 못하는 이시도어이기 때문이다. 이시도어야 말로 "모든 생명은 하나"(148)라는 머서주의의 공감적 평등주의 윤리에 따라 살아간다. 그는 자신이 운반하는 것이 가짜 동물이라는 것을 알고 있으면서도 그 동물이 내는 신음 소리에 심장이 오그라드는 것과 같은 고통을 느낄 정도로 공감력이 뛰어나다. 그에게는 "가짜동물을 포함해서 모든 것들이 살아 있는 것"(77)이기 때문이다. 따라서 그는 프리스와 로이 베티Roy Baty, 임가드 베티Irmgard Baty를 도와주면서 자신이 다른 사람에게 도움을 줄 수 있는 존재라는 것에 행복감을 느낀다. 이처럼 이시도어는 진정으로 타인, 앤드로이드, 동물, 가짜 동물에까지 공감하는 인간다움을 보여주지만, 그는 인간의 기준에 미치지 못하는 특이자에 불과하다. 인간사회에서는 진짜 동물을 키우는 존재만 공감력이 있는 인간으로 여겨지기 때문이다. 그러므로 공감력으로 앤드로이드를 감별해낸다는 것은 사실상 터무니없는 기준일 뿐이다.

과연 앤드로이드들은 타자에 대한 공감력이 인간에 비해 떨어지는가? 소설 시작 부분에서 데커드는 당연히 그렇게 생각하므로 진짜 양을 사기 위해서 기계에 불과한 앤드로이드를 죽여야 하는 일에 별로 가책을 느끼지 않는다. 실제로 앤드로이드들이 동물에 대해 잔인한 행동을 하는 장면도 있다. 18장에서 우연히 살아 있는 거미를 발견했을 때 이시도어는 기뻐하지만 앤드로이드인 프리스와 임가드는 거미가 몇 개의 다리가 없어도 걸을 수 있는지 보겠다며 거미 다리를 잘라내며, 거미의 다리를 자른 후 프리스는 미소를 짓고 로이는 성냥불을 거미에게 들이댄다. 그러나 이런 모습이 과연 앤드로이드에게만 있는 특성일까? 그것은 인간에게서 흔히 볼 수 있는 광경일 뿐이며, 완벽히 인간을 닮은 인간형 로봇이기에 앤드로이드는 인간의 성정을 그대로 드러내는 것에 불과하다. 그러므로 특별히 앤드로이드의 공감력이 부족한 것이라고 볼 수도 없다.

데커드는 기계로 생각되는 앤드로이드들을 죽이기 위해 추적하는 과정에서 오히려 이들의 인간적인 면을 더 많이 발견하고 자신의 행동에 대한 반성을 하게 된다. 특히 레이첼을 만나면서 앤드로이드에 대한 데커드의 선입견은 크게 흔들린다. 레이첼을 검사하면서 데커드는 그녀가 앤드로이드라는 것을 알고 있음에도 불구하고 그녀의 부드러운 향수 냄새에서 앤드로이드의 차가움이 아니라 "따뜻함"(56)을 느끼게 되며,

"당신은 가짜 동물들처럼 트랜지스터 회로로 만들어진 게 아니라 살아 있는 존재야"(198)라고 고백하게 된다. 실제로 레이첼은 공감 테스트를 거의 신뢰할 수 없을 정도로 인간적인 감정을 가지고 있으며, 데커드에게, "아이를 가진다는 것은 어떤 느낌일까요? 태어난다는 것은 어떤 건가요?"(193)라고 물으면서 인간으로서의 삶을 갈구하는 모습을 보인다. 나중에 데커드가 자신의 앤드로이드 친구들을 다 죽였음에도 불구하고 레이첼은 데커드의 아내 아이랜을 죽이는 것이 아니라 그의 염소를 옥상에서 밀어서 죽이는 심약한 복수를 할 정도로 냉혹함과는 거리가 멀다.

앤드로이드를 새롭게 보게 되는 경험은 오페라 가수로 위장한 앤드로이드 루바 루프트를 만나면서도 일어난다. 그녀의 노래를 듣고 감동한 데커드는 그녀가 앤드로이드가 아닐지 모른다는 생각을 한다. 실제로 루바는 데커드가 "매우 괴상하고 완고하며 이상한 사람"(102)이라며 혹시 앤드로이드가 아니냐고 주장한다. 이 말은 이제 인간과 앤드로이드의 위치를 역전시키며 인간이 더 잔인한 존재라는 인식으로 우리를 이끌어간다. 심지어 데커드는 "앤드로이드에게도 영혼이 있나?"(135)고 질문할 정도로 앤드로이드를 인간과 가까운 존재로 인식하게 된다. 이런 인식은 다른 현상금 사냥꾼인 필 레쉬에 의해 더욱 진전된다. 루바를 잔인하게 제거하는 레쉬를 보면서 데커드는, 인간이 더 잔인하고 비열하며 비인간적이라는 인식을 강화하게 되는 것이다. 앤드로이드들은 프로그램의 설정에 따라 꼭두각시로 사는 노예적인 삶을 거부하고 자신의 존재성을 획득하기를 원했을 뿐인데, 이들에게 폭력을 행사하는 비공감적인 존재는 오히려 인간인 것이다. 앤드로이드는 억압받는 타자이며, 그들을 색출하여 처단하는 인간이야말로 비인간적이라는 진실이, 혼란스런 데커드를 통해 독자에게 전달된다. 데커드가 앤드로이드와 인간의 경계를 확실히 하기 위해 앤드로이드를 제거하는 작업을 계속하면 할수록 인간의 정체성과 앤드로이드의 정체성에 대한 의문이 강화되며, 궁극적으로 인간의 존재론적 의미에 대한 정의를 새로이 할 준비가 된다.

데커드는 결국 앤드로이드들을 다 처치하지만 그런 자신에 대해 "비열한 경찰 업무를 하는 더러운 경찰"(242)이라고 자책하면서, 홀로 오레곤의 황야로 가서 머서처럼 산 정상을 오르면서 반성하는 기회를 가진다. 그는 스스로에게 "분노와 경멸"(230)을 느끼며 어디선가 날아오는 돌을 맞고 "완전한 고립과 고통을 경험 한다"(231). 그때 데커드는 자신 앞에 머서가 나타나는 것을 느끼고 자신의 "그림자"(231)인 듯도 한 머서와 초월적인 융합을 하는 느낌을 받는다. 이때 이미 멸종된 것으로 알았던 두꺼비를 발견하고 그것을 가지고 집으로 돌아온다. 그의 아내 아이랜은 데커드의 온 몸이 모래투성이이지만 눈만은 마치 어린아이의 눈처럼 경이로움으로 환하게 빛나는 것을 보고, "그가 신나게 놀았고 이제 그만 두고 집에 돌아온 것처럼 보인다"(239)고 여긴다. 여기서 데커드가 새롭게 태어난 것을 알 수 있다.

데커드가 각성하는 이런 장면은 과학소설과 어울리지 않게 다소 추상적이고 초자연적인 느낌을 주는 것도 사실이다. 그러나 데커드가 자신을 비열한 경찰이라고 인정한 순간 이미 인간성에 대한 각성을 이루었으며 황야에서의 경험은 그런 각성을 스스로 마음속에서 확인하는 절차로 보아야 할 것이다. 그런 자기 확인은 충분히 정신적이고 추상적인 경험으로 이루어질 수 있을 것이다. 이런 성찰을 이룬 후 집에 돌아온 데커드는 이제 자신의 염소를 죽인 레이첼의 복수를 이해하면서 그 손실이 단지 경제적인 것에 불과한 점에 감사한다. 또 자기가 가져온 두꺼비가 진짜가 아니라 인조 전기 두꺼비라는 것을 알게 되지만, "전기 생명체에도 자신들만의 삶이 있어. 비록 그들의 삶이 보잘 것 없더라도 말이야"(241)라고 말하면서 다른 형태의 삶을 인정하는 성숙한 존재가 된 것을 보여준다. 데커드는 인간과 앤드로이드를 진짜와 가짜로 구분하는 것이 아니라, "모든 것은 진실"(227)임을 깨닫고 모든 존재 자체를 중시 여기게 된 것이다. 딕은 데커드의 각성을 통해 타자를 설정하여 인간의 정체성을 확립하는 인간중심적 사고를 벗어나, 타자성을 지닌 주변의 모든 것과 유기적인 관계를 맺어야 한다는 것을 암시한다.

● 영화 <블레이드 러너*Blade Runner*>[9]

리들리 스콧Ridley Scott 감독이 1982년에 개봉한 <블레이드 러너>는 영상예술로도 뛰어난 성과를 거두면서 필립 K. 딕의 『앤드로이드는 전기 양의 꿈을 꾸는가?』를 대중에게 새로이 각인시키는 계기가 된다. 1950년대와 60년대는 매카시즘의 영향으로 인한 공산주의에 대한 공포와 더불어 미지의 것에 대한 막연한 공포와 외계에 대한 공포가 미국사회를 휩쓸었으므로 주로 외계인의 침략을 다루는 SF 영화가 많이 만들어졌다면, 이 영화가 나온 1980년대는 미지의 세계에 대한 낙관적인 비전이 주도하던 시대였다. 외계인과의 역사적인 만남을 사실적으로 그려낸 <제 3종과의 근접 조우*Close Encounters of the Third Kind*>(1977)가 상당한 인기를 얻었으며, 외계인과의 낭만적인 조우와 우정을 다룬 <이티*E.T*>(1982)가 큰 인기를 얻었다.

---

9 제목 "블레이드 러너"는 앨런 E. 놀스Alan E. Nourse의 책에서 제목만 사들인 것이다.

반면, <블레이드 러너>에서 스콧의 화면은 서기 2019년의 로스엔젤리스의 산업자본주의사회의 암울한 모습을 포착한다. 비로 질척거리는 거리와 피라미드 모양의 300층 빌딩 사이로 경찰순찰차와 광고선이 날아다니고, 홍콩과 신주쿠 뒷골목을 합친 모습을 연상시키는 도시에 음울한 음악과 코카콜라의 광고판이 교차되면서 도시의 타락한 분위기가 제대로 전달되고 있다. 이런 음울한 내용과 어두운 화면 때문에 흥행에 실패했고 비평가들에게서도 혹평을 받았다. 레너드 마친Leonard Marchin은 별 1개 반만 주었고 시스켈 앤 에버트Siskel & Ebert는 사망판정이라는 뜻으로 엄지를 내렸다. 그러나 곧 <블레이드 러너>는 매니아들을 양산했으며 영화평론가들뿐만이 아니라 많은 미래학자들과 시각디자이너, 건축가 등의 관심을 불러일으키면서 새롭게 평가되기 시작했다. 이후 스콧 감독이 다시 편집한 1992년 감독판이 일반대중에게 새로이 개봉되었으며 시스켈 앤 에버트는 재평가를 하여 엄지 두 개를 치켜 올리는 극찬을 한다.

원작의 앤드로이드라는 명칭은 영화에서는 복제인간이라는 뜻의 레플리컨트replicant로 바뀌어 지칭되고 있지만 그 주조적인 분위기는 제대로 전달된다. 레플리컨트는 신체적으로 완벽한 존재일 뿐 아니라 섹스도 하며 지성은 인간보다 더 뛰어나다. 게다가 주입된 기억을 바탕으로 하여 점차 감정까지 가지게 된다. 이렇게 우수한 레플리컨트들이 인간을 지배하게 되는 위험을 막기 위해 이들에게 부여된 생명은 4년뿐이다. 과거에 인간이 불사의 약을 얻기 위해 노력했듯이 레플리컨트들은 인간의 수명을 얻기 위해 노력하게 된다. 이들을 제거하는 현상금 사냥꾼이 "블레이드 러너"이다.

스콧 감독은 원래 이 영화를 세 가지 판으로 만들었다. 1982년의 오리지널 극장판에서는 처음부터 데커드가 해설자로 등장하며, 초원을 달리는 차 안에 앉아있는 데커드와 레이첼, 또 레이첼이 인간의 수명을 가졌다는 데커드의 독백 등을 통해서 이 둘의 미래가 안전하게 보장되어 있다는 것이 관객에게 전달되지만, 그로 인해 긴박감은 떨어진다. 두 번째 판 역시 해설자가 등장하며 두 사람은 헬리콥터를 타고 떠난다. 그러나 감독판에서는 해설자로서의 데커드가 사라짐으로써 여러 사건이 긴박감 있게 전달된다. 또 데커드와 레이첼이 탈출하기 위해 엘리베이터를 타는 것에서 영화가 끝나므로 두 사람의 미래는 미지수로 남는다.

소설에서는 앤드로이드를 뒤쫓는 데커드를 통해서 과연 인간은 무엇인가를 질문한다면, 영화는 데커드의 정체성, 즉 그가 레플리컨트인가 아닌가에 대한 의문을 일으킨다. 데커드가 레플리컨트라는 암시는 여러 장면에서 등장한다. 최고의 블레이드 러너였다가 레플리컨트를 살해하는 자신의 직업에 염증을 느끼고 그만 둔 데커드에게 상관이었던 브라이언트Bryant 반장은 억지로 임무를 떠맡기며 위협한다. 그것은 데커드가 레플리컨트이기 때문이며, 진짜 블레이드 러너는 그 옆에 있는 거프Guff라고 암시된다. 데커드는 레플리컨트들을 다 제거한 후 레이첼과 도망 갈 때 거프가 남기고 간 종이접기를 발견하는데 그것이 유니콘 모양이다. 데커드가 유니콘 꿈을 꾸었다는 것을 거프가 알고 있다는 암시이므로 데커드의 기억은 레플리컨트에게 주입된 기억인 것이다.

영화는 인간과 인조인간의 경계를 허무는 작업을 더 과감하게 시도한다. 데커드와 레이첼의 사랑에 큰 비중을 둔 것은 대중성을 추구하는 할리우드 적인 기호를 맞춘 것이기도 하지만, 인간과 인조인간의 사랑과 결합의 가능성을 타진함으로써 인간의 정체성에 대한 근원적인 질문을 던지는 셈이다. "인간보다 더 인간답게"라는 모토 하에 제작된 레이첼은 언어, 사고 , 감정 뿐 아니라 과거에 대한 기억까지 있다는 점에서 인간과 다름없다. 레이첼은 자신의 기억이 외부에서 이식된 기억임을 알게 되자 혼란과 고통을 느끼며, 이러한 레이첼에게 사랑을 느끼는 데커드도 혼란스러워한다. 이로 인해 인간과 기계/인조인간 사이의 인위적 경계가 무너진다.

영화 역시 소설처럼 인간의 도덕적 정체성에 대한 의문을 제기한다. 레플리컨트를 만든 창조주이면서도 자신이 만든 피조물에게 냉혹하게 대하는 타이럴Tyrell 회장, 데커드에게 냉정하고 위협적으로 명령하는 브라이언트 반장은 인간이지만 철저히 자기중심적이고 비공감적이다. 그러나 레플리컨트들의 끈끈한 동료애, 특히 조라Zhora에 대한 레온Leon의 가슴 뭉클한 애정과, 프리스를 잃은 후 주체할 수 없는 상실감으로 솟구쳐 흐르는 로이의 눈물은, 인간에게서 볼 수 없었던 "인간적인 감정"을 보여준다. 그리고 자신을 죽이려던 데커드를 구해주는 로이의 모습에서 드디어 인간과 인조인간의 관계는 완전히 역전된다. 데커드를 구해준 후에 "내 기억은 모두 곧 사라지겠지. 비속의 내 눈물처럼. 죽을 시간이야."라며 자신의 웅장한 기억이 영원히 사라질 것에 대한 회한을 드러내며 죽어가는 로이는, 비극의 주인공과 다름없는 위대한 인간으로 우뚝 서 보인다.

1982년.
감독: 리들리 스콧
각색: 햄픈 팬처Hampton Fancher
데이비드 웹 피플즈David Webb Peoples
주연: 해리슨 포드Harrison Ford(데커드)
루트거 하우어Rutger Hauer(로이 베티)
숀 영Sean Young(레이첼)

토론 주제

1. 이 소설에서 인간은 어떻게 정의되고 있는지 논하시오.
2. 데커드의 성장에 대해 논하시오.
3. 데커드와 레이첼의 사랑은 어떤 의미가 있는지 논하시오.
4. "인간적"이라는 관점에서 인조인간에 대해 논하시오.
5. 소설과 영화의 차이점과 성과를 비교하시오.

참고 문헌

1. 『오만과 편견』

강평순. 「『오만과 편견』에 나타난 아이러니의 양상」. 『영어영문학연구』. 50. 4 (2008): 1-18.

김종석. 「텔레비전 스크린의 <오만과 편견>」. 『문학과 영상』. 10. 1 (2009): 55-82.

김현숙. 「여성의 경제행위로서의 결혼—『오만과 편견』 연구」. 『19세기 영어권 문학』. 9. 2 (2005): 5-25.

오스틴, 제인. 『오만과 편견』. 윤지관, 전승희 역. 서울: 민음사, 2003.

이혜수. 「"내 당돌함 때문에 나를 좋아했나요?: 『오만과 편견』의 새로움과 낯익음」. 『근대영미소설』. 14. 1 (2007): 123-141.

Austen, Jane. *Pride and Prejudice*. Ed. Donald J. Gray. New York: Norton, 1966.

Brower, Reuben. "Light and Bright and Sparkling: Irony and Fiction in *Pride and Prejudice*." *Jane Austen: A Collection of Critical Essays*. Ed. Ian Watt. Englewood Cliffs, N. J.: Prentice-Hall, Inc., 1963. 62-75.

Burlin, Katrin R. " 'Pictures of Perfection' At Pemberley: Art in *Pride and Prejudice*." *Jane Austen: New Perspectives*. Ed. Janet Todd. New York: Holmes & Meier Publishers, Inc., 1983. 155-170.

Evans, Mary. *Jane Austen & The State*. London & New York: Tavistock Publications, 1987.

Gooneratne, Yasmine. *Jane Austen*. Cambridge: Cambridge University Press, 1970.

Mudrick, Marvin. "Irony as Discrimination: *Pride and Prejudice*," *Jane Austen: A Collection of Critical Essays*. Ed. Ian Watt. Englewood Cliffs, N. J.: Prentice-Hall, Inc., 1963. 76-97.

Satz, Martha. "An Epistemological Understanding of *Pride and Prejudice*: Humility and Objectivity." *Jane Austen: New Perspectives*. Ed. Janet Todd. New York: Holmes & Meier Publishers, Inc., 1983. 171-186.

Williams, Michael. *Jane Austen: Six Novels & Their Methods*. New York: St. Martin's Press, 1986.

2. 『에마』

강석진. 「『에머의 전복성』」『근대영미소설』 9-1 (2002): 5-27.

김현숙. 「『에머』에 나타난 여성권력의 실체」. 『19세기영어권문학』. 12. 2 (2008): 7-31.

문학숙. 「제인 오스틴의 『에머』에 나타난 전통사회」. 『인문연구』. 20. 2 (1999): 239-262.

이정호. 「『엠마』에 나타난 제인 오스틴의 글쓰기 전략」. 『인문논총』. 46 (2002): 169-192.

Austen, Jane. *Emma*. Stephen M. Parrish. Ed. New York: Norton, 1972.

Butler, Marilyn. *Jane Austen and the War of Ideas*. Oxford: Clarendon Press, 1975.

Ferguson, Frances. "Jane Austen, *Emma* and the Impact of Form." *Modern Language Quarterly*. 61. 1 (2000): 157-180.

Harvey, W. J. "The Plot of Emma." *Essays in Criticism*. 17 (1967): 48-63.

Johnson, Claudia L. "*Emma*: Woman, lovely woman reigns alone." Jane Austen. *Emma*. Ed. Stephen M. Parrish. New York: Norton, 1972. 400-413.

Litz, A. Walton. "The Limits of Freedom: *Emma*." Jane Austen. *Emma*. Stephen M. Parrish. Ed. New York: Norton, 1972. 373-381.

Mooneyham, Laura G. *Romance, Language and Education in Jane Austen's Novels*. London: Macmillan Press, 1988.

Mudrick, Marvin. *Jane Austen: Irony as Defense and Discovery.* Princeton: Princeton University Press, 1952.

Schorer, Mark. "The Humiliation of Emma Woodhouse." *Jane Austen: A Collection of Critical Essays*. Ed. Ian Watt. Englewood Cliffs, NJ: Prentice-Hall, Inc., 1963. 98-111.

Smith, LeRoy W. *Jane Austen and the Drama of Women*. Basingstoke: Macmillan, 1983.

Waldron, Mary. *Jane Austen and the Fiction of Her Time*. Cambridge: Cambridge UP, 2000.

Wiesenfarth, Joseph. "*Emma*: Point counter point." *Jane Austen: Bicentenary Essays*. Ed. John Halperin. Cambridge: Cambridge University Press, 1975. 207-220.

3. 『제인 에어』

김진옥. 「제인의 양면적인 서술」 『신영어영문학』 45 (2009): 33-54.

김현숙. 「『제인에어』의 여성적 낭만주의」 『논문집』 14 (1996): 35-49.

박상기. 「『제인 에어』와 영국 민족주의」 『19세기 영어권 문학』 11. 2 (2007): 69-86.

박종성. 「지배질서 비판과 포섭 사이: 『제인 에어』의 양가성 연구」 『근대영미소설』 18. 1 (2009): 87-110.

손영희. 「『제인 에어』: 괴물성이 제거된 아내의 자서전」 『근대영미소설』 16. 1 (2009): 157-187.

Brontë, Charlotte. *Jane Eyre*. Ed. Richard J. Dunn. New York and London: W. W. Norton & Company, 1847. rpt. 1987.

Kucich, John. *Repression in Victorian Fiction: Charlotte Brontë, George Eliot, and Charles Dickens.* Berkeley: University of California Press, 1987.

Leavis, Q. D. *Collected Essays I: The Englishness of the English Novel.* Ed. G. Singh. London: Cambridge UP, 1983.

Moglen, Helene. *Charlotte Brontë: The Self Conceived*. New York: W. W. Norton and Co., 1976.

Rich, Adrienne. "Jane Eyre: The Temptations of a Motherless Woman." *Jane Eyre*. Charlotte Brontë. New York: Norton, 1987. 462-475.

Senf, Carol A. "Jane Eyre: The Prison House of Victorian Marriage." *Journal of Women's Studies in Literature*. 1. 4 (1968): 353-59.

Yeazell, Ruth Bernard. "More True than Real: Jane Eyre's Mysterious Summons." *Nineteenth -Century Fiction*. 29. 2 (1974): 127-143.

4.『주홍글자』

김현숙.「이상적인 여성에 대한 호손의 비전과 갈등」『19세기 영어권 문학』 5 (2001): 27-51.

정신홍.「호손의『 주홍 글씨 』: 페미니즘적 접근」『영미문학페미니즘』 5. 1 (1997): 91-107.

원유경.「호오손과 헤스터:『주홍 글자』의 여성론적 검토」『영어영문학』 41. 1 (1995): 25-44.

Baym, Nina. *The Scarlet Letter: A Reading*. Boston: Twayne Publishers, 1986.

DeSalvo, Louise. *Nathaniel Hawthorne*. Atlantic Highlands, NJ: Humanities Press International, 1987.

Dryden, Edgar A. *The Poetics of Enchantment*. Ithaca and London: Cornell University Press, 1977.

Fielder, Leslie A. *Love and Death in the American Novel*. New York: Stein and Day, 1982.

Fogle, Richard Harter. *Hawthorne's Fiction: The Light and the Darkness*. Norman: University of Oklahoma Press, 1964.

Gordon, Hunter. *Secrets and Sympathy: Forms of Disclourse in Hawthorne's Novels*. Athens: U of Georgia P, 1988.

Hawthorne, Nathaniel. *The Scarlet Letter*. New York: Norton, 1978.

Kaul, A. N. Ed. *Hawthorne: A Collection of Critical Essays.* Englewood Cliffs, N.J.: Prentice-Hall, Inc., 1966.

Leverenz, David. "The Aambivalent Narrator of *The Scarlet Letter.*" *The Scarlet Letter.* Ed. Seymour Gross et al. New York: Norton, 1988: 415-23.

Levin, Harry. *The Power of Blackness.* New York: Alfred A. Knope, 1976.

Martin, Terence. *Nathaniel Hawthorne.* Boston: Twayne Publishers, 1965.

Mcpherson, Hugo. *Hawthorne as Myth-Maker: A Study in Imagination.* University of Toronto Press, 1969.

Waggoner, Hyatt H. *Hawthorne: A Critical Study.* Cambridge, Massachusetts: The Belknap Press of Harvard UP, 1963.

5. 『나의 안토니아』

김현숙. 「『나의 안토니아』: 낭만적 서술자 짐의 안토니아 "읽기"와 안토니아의 안토니아 바로 "쓰기"」 『미국학논집』 29. 1 (1997): 237-252.

윤조원. 「미국의 성장기: 『나의 안토니아』가 재현하는 이질성과 다양성」 『안과 밖』 19 (2005): 279-305.

이경화. 「윌러 캐더의 『나의 안토니아』와 미국의 이상주의적 갈등」 『미국학논집』 38. 3 (2006): 241-262.

Brown, E.K. *Willa Cather: A Critical Biography.* New York: Knopf, 1953.

Cather, Willa. *My Ántonia.* Boston: Houghton Mifflin Company, 1918. rpt. 1977.

Daiches, David. *Willa Cather: A Critical Interpretation.* Ithaca, NY., 1951.

Fryer, Judith. *Felicious Space: The Imaginative Structure of Edith Wharton and Willa Cather.* Chapel Hill: U of North Carolina P, 1988.

Gelfant, Blanche H. "The Forgotten Reaping-Hook: Sex in *My Ántonia*." *American Literature*. 43. 1 (1971): 60-82.

Irving, Katrina. "Displacing Homosexuality: The Use of Ethnicity in Willa Cather's *My Ántonia*." *Modern Fictions Studies*. 36. 1 (1990): 91-102.

Lambert, Deborah G. "The Defeat of a Hero: Autonomy and Sexuality in *My Ántonia*." *American Literature*. 53. 4 (1982): 676-690.

Martin, Terence. "The Drama of Memory in *My Ántonia*." *PMLA*. 84. 2 (1969): 304-311.

O'brien, Sharon. *Willa Cather: The Emerging Voice*. New York: Oxford UP, 1987.

Randall, John H. III. *The Landscape and the Looking Glass: Willa Cather's Search for Value*. Boston: Houghton Mifflin, 1960.

Rosowski, Susan J. *The Voyage Perilous: Willa Cather's Romanticism*. Lincoln & London: U of Nebraska P, 1986.

Shaw, Patrick W. "*My Ántonia*: Emergence and Authorial Revelations." *American Literature*. 56. 4 (1984): 527-540.

6. 『올리버 트위스트』

문상화. 「『올리버 트위스트』 다시 읽기–바흐찐의 시각으로」 『영어영문학 21』 22. 4 (2009): 49-63.

윤강섭. 「*Olive Twist*의 이분법 세계에 나타난 부조리성」 『영미어문학연구』 19. 1 (2003): 5-29.

Brook, G. L. *The Language of Dickens*. London: Andre Deutsch, 1970.

Brown, James. *Dickens: Novelist in the Market-Place*. Basingstoke and London: Macmillan, 1982.

Dabney, Ross H. *Love and Property in the Novels of Dickens*. London: Chatto & Windus, 1967.

Daleski, H. M. *Dickens and the Art of Analogy*. New York: Schocken

Books, 1970.
Dickens, Charles. *Olive Twist.* Harmondsworth: Penguin, 1837-9. rpt. 1966.
Gold, Joseph. *Charles Dickens: Radical Moralist.* Minneapolis: U of Minnesota P, 1972.
Hardy, Barbara. *The Moral Art of Dickens*. Oxford: The Athlone P of the U of London, 1970.
Hobsbaum, Philip. *A Reader's Guide to Charles Dickens*. London: Thames and Hudson, 1981.
House, Humphry. *The Dickens World*. London: Oxford UP, 1941. rpt. 1960.
Jackson, T. A. *Charles Dickens: The Progress of A Radical*. New York: International Publishers, 1987.
Marcus, Steven. *Dickens from Pickwick to Dombey*. New York: Norton, 1965. rpt. 1985.
Page, Norman. *A Dickens Companion.* London: Macmillan, 1984.
Smith, Grahame. *Dickens, Money, and Society.* Berkeley: U of California P, 1968.
Stewart, Garrett. *Dickens and the Trials of Imagination.* Cambridge, Masschusetts: Harvard UP, 1974.

7. 『위대한 유산』

김현숙. 「침묵시키기/저항하기— 『막대한 유산』에 나타난 여성의 목소리」 『19세기영어권문학』. 7. 2 (2003): 5-24.
강석진. 「『막대한 유산』의 사실적 효과」 『신영어영문학』. 32 (2005): 1-19.
이인규: 「영화로 보는 찰스 디킨즈의 『위대한 유산』」 『영상영어교육』. 5. 2 (2004): 49-64.
성은애. 「도시적 감수성의 문학적 형상화: 『막대한 유산』을 중심으로」 『근대영미소설』. 9. 2 (2002): 23-44.

장남수. 「새로 읽는 고전: 디킨즈의 『막대한 유산』: 개인과 사회의 변증법」. 『안과밖』. 16 (2004): 232-252.

Brown, James. *Dickens: Novelist in the Market-Place*. Basingstoke and London: Macmillan, 1982.

Daleski, H. M. *Dickens and the Art of Analogy*. New York: Schocken Books, 1970.

Dickens, Charles. *Great Expectations*. Ed. Angus Calder. Harmondsworth: Penguin, 1860-1. rpt. 1965.

Holbrook, David. *Charles Dickens and the Image of Woman*. New York: New York UP, 1993.

Ingham, Patricia. *Dickens, Woman & Language*. Toronto: U of Toronto Press, 1992.

Leavis, F. R. and Q. D. *Dickens the Novelist*. Harmondsworth: Penguin, 1970. rpt. 1972.

Miller, J. Hillis. *Charles Dickens: The World of His Novels*. Cambridge, Massachusetts: Harvard UP, 1959.

Partlow, Robert B. Jr. "The Moving I: A Study of the Point of View in *Great Expectations*." *Dickens: Hard Times, Great Expectations and Our Mutual Friend*. Ed. Norman Page. London: The Macmillan Press, 1979. 118-124.

Slater, Michael. *Dickens and Woman*. London: J. M. Dent & Sons, 1983.

8. 『위대한 개츠비』

손병용. 「로망스의 맥락으로 『위대한 개츠비』 읽기」. 『영어권문화연구』. 5. 1 (2012): 219-240.

정진농. 「계급, 사랑, 성의 문제를 통해서 본 『위대한 개츠비』 다시 읽기」. 『현대영미소설』. 16. 3 (2009): 327-350.

한애경. 「잭 클레이튼 감독의 <위대한 개츠비>와 "미국의 꿈"」. 『근대 영미소설』. 17. 3 (2010): 153-174.

Bewley, Marius. “Scott Fitzgerald and the Collapse of the American Dream.” *Modern Critical View: F. Scott Fitzgerald*. Ed. Harold Bloom.
New York: Chelsea Publishers, 1985. 23-47.

Bruccoli, Andrew J. Ed. *New Essays on The Great Gatsby*. New York: Cambridge University Press, 1985.

Chambers, John B. *The Novels of F. Scott Fitzgerald*. London: Macmillan, 1989.

Coleman, Dan. “Turning in to Conversation in the Novel: Gatsby and the Dynamics of Dialogue.” *Style* 34. 1 (2000): 52-77.

Fitzgerald, F. Scott. *The Great Gatsby*. Harmondsworth: Penguin, 1926. rpt. 1974.

Lehan, Richard D. *F. Scott Fitzgerald and the Craft of Fiction*. Carbondale, IL: Southern Illinois UP, 1966.

Turnbull, Andrew. Scott Fitzgerald. New York: Charles Scribner’s Sons, 1962.

9. 『가장 푸른 눈』

김현숙. 「백인의 시선 아래에 선 검은 몸-『가장 푸른 눈』」. 『현대영미소설』. 7. 2 (2000): 83-103.

이강선. 「『제일 파란 눈』: 인종적 수치심의 전승 과정에 관한 고찰」. 『영어영문학연구』. 51. 3 (2009): 239-258.

이숙희. 「식민담론의 내면화와 그 폐해: 『가장 푸른 눈』에 있어서 정체성 형성의 문제」. 영어 영문학. 45. 3 (1999): 629-645.

정혜령. 「모리슨의『가장 푸른 눈』: 타자 시선의 극복 전략」. 『새한영어영문학』. 49. 4 (2007): 51-71.

차민영. 「『가장 푸른 눈』: 흑인성 상실의 문제」. 영어영문학연구. 50. 4 (2008): 265-287.

Bjork, Patrick Bryce. *The Novels of Toni Morrison: The Search for Self and Place Within the Community.* New York: Peter Lang, 1992.

Carmean, Karen. *Toni Morrison's World of Fiction*. Troy, New York: The Whitston Publishing Company, 1993.

Davis, Cynthia A. "Self, Society, and Myth in Toni Morrison's Fiction." *Contemporary Literature* 23. 3 (1982): 323-342.

Grewal, Gurleen. *Circles of Sorrow, Lines of Struggle: The Novels of Toni Morrison.* Baton Rouge: Louisiana State University Press, 1998.

Harris, Trudier. *Fiction and Folklore: The Novels of Toni Morrison.* Knoxville: The University of Tennessee Press, 1991.

Matus, Jill. *Toni Morrison.* Manchester and New York: Manchester University Press, 1998.

Morrison, Toni. *The Bluest Eye*. Washington Square Press, 1970.

Page, Philip. *Dangerous Freedom: Fusion and Fragmentation in Toni Morrison's Novels*. Jackson: UP of Mississippi, 1995.

10. 『엠. 나비』

김인표. 「데이비드 헨리 황의 『엠. 나비』: 제국주의적 환상 깨뜨리기」. 『영어영문학연구』. 35. 2 (2009): 39-56.

김혜진. 「데이빗 헨리 황의『엠. 나비』에 나타난 남성성의 부재」. 『영어영문학연구』. 35. 4 (2009): 17-38.

박미선. 「포스트모던 제국의 우울증 -데이빗 헨리 황의 『엠. 버터플라이』」. 『영어 영문학』. 54. 4 (2008): 579-597.

정은숙. 「데이비드 헨리 황의 『엠. 나비』에 나타난 백인 이성애 미국인 정체성의 위기」. 『영어 영문학』. 56. 2 (2010): 187-217.

Chow, Rey. "The Dream of a Butterfly." *Human, All Too Human: Essays from the English Institute*. Ed. Diana Fuss. New York: Routledge, 1996. 61-92.

DiGaetani, John Lois. "*M. Butterfly*: An Interview with David Henry Hwang." *Drama Review*. 33. 3 (1989): 141-53.

Garber, Majorie. "The Occidental Tourist: *M. Butterfly* and the Scandal of Transvestism." *Nationalism and Sexualities*. Eds. Andrew Parker, et al. New York: Routledge, 1992. 121-46.

Hwang, David Henry. *M. Butterfly*. New York: Plume, 1989.

Kondo, Dorienne K. "*M. Butterfly*: Orientalism, Gender, and a Critique of Essentialist Identity." *Cultural Critique*. 16 (1990): 5-29.

Lye, Colleen. "*M. Butterfly* and the Rhetoric of Antiessentialism: Minority Discourse in an International Frame." *The Ethnic Canon: Histories, Institutions, and Interventions*. Ed. David Palumbo-Liu. Minneapolis: U of Minnesota P, 1995. 241-59.

Pao, Angela. "The Critic and the Butterfly: Social Contexts and the Reception of David Henry Hwang's *M. Butterfly*." *Amerasia Journal*. 18. 3 (1992): 1-16.

Rossini, Jon D. "From *M. Butterfly* to *Bondage*: David Henry Hwang's Fantasies of Sexuality, Ethnicity, and Gender." *The Journal of American Drama and Theatre*. 18. 3 (2006): 54-76.

11. 『피의 언어』

김영미. 「초국가적 입양소설에 나타난 동화와 민족 정체성 문제: 마리 명옥 리의 『누군가의 딸』과 제인 정 트렌카의 『피의 언어』를 중심으로」. 『미국소설』 15. 2 (2008): 27-52.

이삼돌(토비아스 휘비네트). 『해외 입양과 한국 민족주의: 한국 대중문화에 나타난 해외 입양과 입양 한국인의 모습』. 뿌리의 집 옮김. 서울: 소나무, 2008.

이소희.「초국가적 시민주체: 귀환한 해외 입양인들의 탈경계적 정체성」.『탈경계인문학』3. 2 (2010): 199-223.

임지선.「'똑똑한' 한국 아이 2169만원이오」.『한겨레 21』760 (2009): 1-8. 한겨레신문. 14 May, 2009. Web. 13 Mar., 2010.

Bartholet, Elizabeth. "International Adoption." *Children and Youth in Adoption, Orphanages, and Foster Care*. Ed. Lori Askeland. Westport CT: Greenwood Publishing Group Inc., 2005. 107-130.

Dorow, Sarah. *Transnational Adoption: A Cultural Economy of Race, Gender, and Kinship*. New York: New York UP, 2006.

Eng, David. "Transnational Adoption and Queer Diaspora". *Social Text*. 21. 3 (2003): 1-37.

Freundlich, Madelyn and Joy Kim Lieberthal.『국제 입양에 대한 입양인의 인식: 1999년 국제 한국 입양인 대회』이상미 역. 서울: 홀트아동복지회, 2000.

Kim, Eleana. "Wedding Citizenship and Culture: Korean Adoptees and the Golbal Family of Korea." *Social Text* 21. 1 (2003): 57-81.

Min, Eun Kyung. "The Daughter's Exchange in Jane Jeong Trenka's *The Language of Blood*." *Social Text* 26. 1 (2008): 115-133.

Novy, Marianne. "Introduction." *Imagining Adoption: Essays on Literature and Culture*. Ed. Marianne Novy. Ann Arbor: The U of Michigan P, 2004. 1-16.

Park, Soon Ho. "Spatial Distribution of Korea-born Adoptees in the United States." *Journal of the Korean Geographical Society* 30. 4 (1995): 411-28.

Trenka, Jane Jeong. *The Language of Blood*. Saint Paul, Minnesota: Graywolf Press, 2003.

Volkman, Toby Alice. "Introduction: Transnational Adoption." *Social Text* 21. 1 (2003): 1-5.

Yngvesson, Barbara. "Going Home: Adoption, Loss of Bearings, and the Mythology of Roots." *Social Text*. 21. 1 (2003): 7-27.

12. 『파리 대왕』

김현숙. 「『파리 대왕』의 변용: 소설 서사에서 영상 서사로」. 『새한영어영문학』. 52. 3 (2010): 19-46.

이소영. 「『파리 대왕』: 모더니즘의 재현」. 『영어영문학연구』. 47. 2 (2005): 349-363.

이효석. 「윌리엄 골딩의『파리 대왕』」. 『현대영미소설』. 14. 1 (2007): 75-99.

Boyd, S. J. *The Novels of William Golding*. London: Harvester, 1990.

Dicken-Fuller, Nicola C. *William Golding's Use of Symbolism*. Sussex, England: The Book Guild Ltd., 1990.

Dickson, L. L. *The Modern Allegories of William Golding*. Tampa: University of South florida Press, 1990.

Friedman, Lawrence S. *William Golding*. New York: A Frederick Ungar Book, 1993.

Gindin, James. *William Golding*. London: Macmillan, 1988.

Golding, William. *Lord of the Flies*. 1954. London: Faber and Faber Ltd., 1981.

Gregor, Ian & Mark Kinkead-Weekes. *William Golding: A Critical Study*. London: Faber and Faber, 1984.

Hodson, Leighton. *William Golding*. New York: Capricorn Books, 1969.

Johnston, Arnold. *Of Earth and Darkness: The Novels of William Golding*. Columbia & London: University of Missouri Press, 1980.

Page, Norman. Ed. *William Golding's Novels, 1954-67.: Lord of the Flies, The Inheritors, Pincher Martin, Free Fall, The Spire, The Pyramid*. London: Macmillan, 1985.

Subbarao, V. V. *William Golding: A Study*. London: Oriental University Press, 1987.

13. 『멋진 신세계』

이상엽. 「『멋진 신세계』와 〈가타카〉에서 살펴 본 인간의 자유와 자유의지」. 『문학과영상』 5. 2 (2004): 87-116.

추재욱. 「『프랑켄슈타인』과 『멋진 신세계』에 나타난 과학과 생명윤리 연구: 포스트휴먼 시대의 생태학적 생명윤리」. 『현대영미소설』 16. 2 (2009): 27-48.

Deery, June. *Aldous Huxley and the Mysticism of Science*. London: Macmillan Press, 1996.

Ferns, C. S. *Aldous Huxley, Novelist*. London: Athlone Press, 1980.

Firchow, Peter Edgerly. *The End of Utopia: A Study of Aldous Huxley's Brave New World*. London and Toronto: Associated UP, 1984.

Holmes, Charles M. *Aldous Huxley and the Way to Reality*. Bloomington: Indiana UP, 1970.

Huxley, Arnold. *Brave New World*. Perennial Classics, 1932, rpt. 1998.

Kuehn, Robwert E. Ed. *Aldous Huxley: A Collection of Critical Essays*. Englewood Clffs, N. J.: Prentice-Hall, Inc., 1974.

Meckier, Jerome. *Aldous Huxley: Satire and Structure*. London: Chatto & Windus, 1969.

Nance, Guinevera A. *Aldous Huxley*. New York: Continuum, 1988.

Routh, Michael. *Aldous Huxley*. York Press, 1982.

Varricchio, Mario. "Power of images/ images of power in *Brave New World* and *Nineteen eighty-four*." *Utopian Studies* 10. 1 (1999): 98-114.

Watts, Harold H. *Aldous Huxley*. Boston: Twayne Publishers, 1969.

14. 『앤드로이드는 전기 양의 꿈을 꾸는가?』

강규한. 「인간과 기계 사이 -『브이』, 『브레이드 러너』, 『2백년을 산 사나이』에 나타난 인조인간의 문제」. 『영어 영문학』. 50. 3 (1995): 715-732.

김경옥. 「인간존재에 대한 근본적 물음: 필립 딕의 『안드로이드는 전기 양을 꿈꾸는가?』를 중심으로」. 『새한영어영문학』. 53. 2 (2011): 49-72.

박옥경. 「과학기술 시대의 디스토피아 비전: <블레이드 러너>와 『앤드로이드는 전기 양의 꿈을 꿀까?』」. 『영어영문학21』. 18. 2 (2005): 43-67.

장정윤. 「수동적 감정의 가능성: 필립 K. 딕의 『안드로이드는 전기 양을 꿈꾸는가?』」. 『현대영미소설』. 18. 1 (2011): 123-146.

Butler, Andrew M. "Reality versus Transience: An Examination of Philip K. Dick's *Do Androids Dream of Electric Sheep*? and Ridley Scott's *Blade Runner*." *Philip K. Dick: A Celebration Programme Book*. Ed. Jeff Merrifield. Epping Forest College, Loughton: Connections, 1991.

Chung, Sohyoung. "The Construction of Human Subjectivity in Ridley Scott's Blade Runner." 『문학과 영상』. 3. 2 (2002): 263-279.

Dick, Philip K. *Do Androids Dream of Electric Sheep*? New York: Ballantine Books, 1968.

Galvan, Jill. "Entering the Posthuman Collective in Philip K. Dick's *Do Androids Dream of Electric Sheep*?" *Science Fiction Studies*. 24. 3 (1997): 413–429.

Lee, Kihan. "Towards a De-Kippleization of Philip K. Dick's *Do Androids Dream of Electric Sheep*?" 『영미연구』. 12 (2005): 63-86.

Sims, Christophe A. "The Dangers of Individualism and the Human Relation to Technology in Philip K. Dick's *Do Androids Dream of Electric Sheep*?" *Science-Fiction Studies*. 36. 2 (2009): 67-86.

Warrick, Patricia S. *Mind in Motion: The Fiction of Philip K. Dick*. Carbondale: Southern Illinois UP, 1987.

김현숙

저자는 부산대학교 사범대 영어교육과를 졸업하고, 서울대학교 영문과에서 석사와 박사학위를 받았다. 현재 수원대학교 인문대 영문과 교수로 있으며, 풀브라이트 연구비로 미국 하버드대학교 영문과에서 방문교수로, 학술진흥재단 해외파견 연구비로 미국 스탠퍼드대학교 비교문학과에서 방문교수로 연구한 바 있다. 저서로 『디킨즈 소설의 대중성과 예술성』, 『영미소설 속의 여성, 결혼, 그리고 삶』(2007년 학술원 우수학술도서 선정), 『영미명작, 좋은 번역을 찾아서 1, 2』(공저), 『19세기 영어권 여성문학론』(공저), 역서로 제인 오스틴의 『이성과 감성』, 찰스 디킨즈의 『황폐한 집』(편역), 『아시아계 미국문학의 길잡이』(공역), 『인간등정의 발자취』(공역) 등과 다수의 논문이 있다.

영미문학 산책

1판 1쇄 발행 _ 2012년 10월 30일
1판 4쇄 발행 _ 2020년 9월 10일

저　　자 · 김 현 숙
발 행 인 · 정 현 걸
발　　행 · 신 아 사
인　　쇄 · 대명프린팅
출판등록 · 1956년 1월 5일 (제9–52호)
주　　소 · 서울특별시 은평구 통일로 59길 4 (2F)
전　　화 · 02)382–6411 · 팩스 02)382–6401
홈페이지 · www.shinasa.co.kr
E-MAIL · shinasa@daum.net

ISBN 978–89–8396–783–1(93840)

정가 *13,000*원